目前，我国对中小企业的融资并不符合市场经济发展的规律。随着中小金融机构的发展、VC的成长和民间金融市场的开拓，社会资金可以更好的积聚起来，并通过专业的投资管理获得升值。

风险资本对我国中小企业IPO抑价影响的研究

FENGXIAN ZIBEN DUI WOGUO ZHONGXIAO QIYE IPO YIJIA YINGXIANG DE YANJIU

本书结合我国风险资本、IPO市场和中小企业特征，以理论推演和实证检验相结合的方法，探析我国风险资本持股影响中小企业IPO抑价的机理问题，旨在为规范VC、中小企业和IPO市场发展提供理论指导和对策支持。

李西文◎著

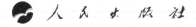

人民出版社

总　序

　　时光荏苒,岁月如梭,河北经贸大学已历经 60 年岁月的洗礼。回首她的发展历程,深深感受到经贸学人秉承"严谨为师、诚信为人、勤奋为学"的校训,孜孜不倦地致力于书山学海的勤奋作风,而"河北经贸大学学术文库"的出版正是经贸师生对她的历史底蕴和学术精神的总结、传承与发展。为其作序,我感到十分骄傲和欣慰。

　　60 年来特别是改革开放以来的三十多年,河北经贸人抓住发展机遇,拼搏进取,一步一个脚印,学校整体办学水平和社会声誉不断提升,1995 年学校成为河北省重点建设的 10 所骨干大学之一,1998 年获得硕士学位授予权,2004 年在教育部本科教学工作水平评估中获得优秀,已成为一所以经济学、管理学、法学为主,兼有文学、理学和工学的多学科性财经类大学。

　　进入新世纪以来,我国社会经济的快速发展,社会各届对高等教育提出了更高的要求,高等教育进入了提升教育质量、注重内涵发展的新时期,不论是从国内还是从国际看,高校间的竞争日趋激烈。面对机遇和挑战,河北经贸人提出了以学科建设为龙头,走内涵发展、特色发展之路,不断提高人才培养质量,不断提升服务社会经济发展的能力和知识创新的能力,把我校建设成高水平大学的奋斗目标和工作思路。

　　高水平的科研成果是学科建设水平的体现。出版"河北经贸

1

大学学术文库"的主要目的是进一步凝练学科方向、推进学科建设。近年来,我校产业经济学、会计学、经济法学、理论经济学、企业管理、财政学、金融学、行政管理、马克思主义中国化研究等重点学科在各自的学科领域不断进取,积累了丰富的研究成果。收入文库的著作有的是教授们长期研究的结晶,有的则是刚刚完成不久的博士学位论文,其作者有的是在本学科具有较大影响力的知名专家,更多的则是年富力强、立志为学的年轻学者,文库的出版对学科梯队的培养、学科特色的加强将起到非常积极的作用。

感谢人民出版社为"河北经贸大学学术文库"的出版所付出的辛勤劳动,人民出版社在出版界的影响力及其严谨务实的工作作风,与河北经贸大学积极推进学科建设的决心相结合,成就了这样一个平台。我相信,借此平台我们的研究将有更多的机会得到来自社会各界特别是研究同行们的关注和指教,这将成为我们学术生涯中的宝贵财富;我也希望我们河北经贸学人能够抓住机会,保持锲而不舍的钻研精神、追求真理的科学精神、勇于探索的创新精神和忧国忧民的人文精神,在河北经贸大学这块学术土壤中勤于耕耘、善于耕耘,不断结出丰硕的果实。

河北经贸大学校长　纪良纲

2

·目　录·

第一章　导论 …………………………………………………… 1

第一节　选题依据和研究意义 ……………………… 1

第二节　研究思路和研究内容 ……………………… 8

第三节　研究方法与创新 …………………… 14

第四节　基础理论分析 ……………………………… 21

第五节　IPO 抑价理论综述 ………………………… 35

第六节　风险投资对企业成长与 IPO 抑价影响的
研究综述 …………………………………… 50

第二章　中小企业融资及背景分析 ………………… 76

第一节　我国中小企业发展现状与融资特征 ……… 76

第二节　风险资本发展与特征分析 ………………… 94

第三节　IPO 市场建设特征 ………………………… 125

第三章　风险资本影响 IPO 抑价模型的构建 ………… 142

第一节　模型构建的思路 …………………………… 142

第二节　IPO 抑价的基本模型 ……………………… 148

第三节　风险资本影响 IPO 抑价的模型推导 ……… 170

第四节　基本抑价模型及 VC 抑价模型的应用

分析 ……………………………………… 183

第四章 数据、样本和变量描述 …………………… 195
　第一节　数据来源和样本分布 ……………………… 195
　第二节　变量选择与实证分析方法 ………………… 206
　第三节　特征变量的描述性分析 …………………… 214

第五章 风险资本对中小企业 IPO 抑价影响的实证
　　　　分析 …………………………………………… 231
　第一节　实证研究假设 ……………………………… 231
　第二节　IPO 抑价、VC 与其他变量的相关性
　　　　　分析 ………………………………………… 243
　第三节　对分组样本的比较分析 …………………… 252
　第四节　多元回归分析 ……………………………… 265

第六章 研究结论与建议 ……………………………… 287
　第一节　研究结论 …………………………………… 287
　第二节　对我国中小企业、VC 发展和 IPO 市场
　　　　　建设的建议 ………………………………… 292

参考文献 ……………………………………………… 301
后　记 ………………………………………………… 328

·图 表 目 录·

图 1—1　研究路线 ………………………………………… 11

图 1—2　研究框架 ………………………………………… 12

图 1—3　风险投资委托代理关系 ………………………… 29

图 1—4　企业生命周期 …………………………………… 34

图 1—5　基础理论与本书研究的关系 …………………… 35

图 1—6　VC 决策流程图 ………………………………… 52

图 1—7　VC 投资研究的思路 …………………………… 61

图 2—1　风险资本供求关系 ……………………………… 88

图 2—2　风险资本投资总量和交易量汇总（2002—

　　　　2011 年）…………………………………………… 99

图 2—3　我国风险投资基金募资统计（2002—2011 年）…… 107

图 2—4　深圳市东方富海投资管理有限公司投资流程图 … 120

图 2—5　中小企业板上市公司行业分布 ………………… 134

图 2—6　创业板上市公司行业分布 ……………………… 135

图 4—1　地域分布对比 …………………………………… 206

表 2—1　中小企业划分标准 ……………………………… 78

表 2—2　美国风险资本发展的特征概览 ………………… 101

表 2—3　我国 VC 募资来源结构统计 …………………… 108

表 2—4　我国风险资本发展的特征概览 ……………… 111

表 2—5　风险投资机构组织形式比较 …………… 118

表 2—6　达晨创投的筛选标准 ………………… 121

表 2—7　中小企业板建设历程一览 ……………… 126

表 2—8　中小企业板上市融资和交易概况 ……………… 129

表 2—9　中小企业板与创业板上市要求对比 ………… 132

表 2—10　深圳交易所上市规则关于限售和持续督导的

　　　　　规定 ……………………………… 139

表 4—1　上市年度分布 ……………………… 197

表 4—2　行业分布 …………………………… 198

表 4—3　制造业明细分布 …………………… 199

表 4—4　地域分布 …………………………… 200

表 4—5　上市年度分布比较 ………………… 202

表 4—6　行业分布比较 ……………………… 203

表 4—7　制造业分布比较 …………………… 203

表 4—8　地域分布比较 ……………………… 204

表 4—9　企业特征变量一览 ………………… 207

表 4—10　发行特征变量一览 ………………… 210

表 4—11　VC 特征变量一览 ………………… 211

表 4—12　抑价指标 …………………………… 213

表 4—13　中小企业特征描述结果 …………… 215

表 4—14　每股指标描述结果 ………………… 216

表 4—15　成长性描述结果 …………………… 216

表 4—16　盈利能力描述结果 ………………… 218

表 4—17　营运能力描述结果 ………………… 219

表 4—18　资本结构特征描述结果 …………… 220

表4—19　申报次数分布·· 221

表4—20　IPO 筹备与承销情况统计 ······························ 221

表4—21　新股认购情况统计······································· 222

表4—22　上市首日表现统计······································· 223

表4—23　VC 参与管理情况统计 ·································· 224

表4—24　VC 持股情况描述 ·· 225

表4—25　VC 持股企业特征描述 ·································· 226

表4—26　VC 企业财务指标描述 ·································· 227

表4—27　抑价总体描述··· 228

表4—28　不同年度抑价比较······································· 228

表4—29　不同行业的抑价描述···································· 229

表5—1　相关分析结果——公司特征与发行特征与抑价

　　　　相关性 ·· 247

表5—2　相关系数统计结果——财务指标与抑价相关性 ··· 248

表5—3　相关性检验——VC 持股特征与抑价相关性········ 250

表5—4　中小企业特征对比·· 252

表5—5　每股指标对比结果·· 253

表5—6　成长性对比结果··· 255

表5—7　盈利性对比结果··· 256

表5—8　营运能力对比结果·· 258

表5—9　资本结构比较结果·· 260

表5—10　筹备与承销状况比较结果······························ 261

表5—11　申购特征比较结果······································· 262

表5—12　首日表现比较结果······································· 262

表5—13　抑价的分组描述结果···································· 264

表5—14　配对比较结果··· 265

表 5—15　基本抑价模型回归结果（全样本）……………… 269

表 5—16　基本抑价模型回归结果（配对样本）…………… 272

表 5—17　分层回归结果（全样本）…………………… 274

表 5—18　分层回归结果（配对样本）…………………… 276

表 5—19　不同年龄 VC 持股企业抑价和年龄比较……… 280

表 5—20　不同年龄 VC 信息不对称变量比较…………… 282

表 5—21　不同年龄 VC 特征比较………………………… 283

表 5—22　不同年龄 VC 财务特征比较…………………… 285

第一章 导 论

第一节 选题依据和研究意义

一、问题的提出

企业在首次公开募股(Inital Public Offering,简称 IPO)的过程中,往往会产生一种异象,即首日收盘价格显著高于发行价格的现象,通常被称为抑价(Underpricing)。因这一现象形成之谜一直未解开,所以始终是财务学界探讨的热点和难点。借 IPO 退出获取高回报的风险资本(Venture Capital)的飞速发展,更使得抑价问题扑朔迷离。这吸引了众多学者对 VC 是否影响抑价以及如何影响抑价问题的关注。目前,我国风险资本发展和 IPO 市场建设正在走向成熟,而相关文献还较少,因此本书选择以风险资本对 IPO 抑价的影响为主题展开研究。

(一)IPO 市场高抑价问题

对抑价这一异象的关注,最早可追溯到 Stoll 和 Curley (1970)、Reilly(1973)、Ibbotson(1975)等人的研究。他们的研究发现,美国企业在上市过程中形成了显著的抑价。很多学者在其他国家市场也均发现了同样的现象,如加拿大、澳大利亚、日本等国家(Jog 和 Ridding,1987;Frank 和 Ron,1988 等)。

一般认为,发达国家市场较为成熟,信息不对称程度较低,所以抑价水平相对较低;而发展中国家则多数为新兴市场①,信息不对称程度较高,因此抑价程度也较高。这种观点,事实上是基于信息不对称理论得出的。

基于信息不对称角度,探讨抑价形成原因是相关研究的一个重要流派。如 Baron(1982)认为发行人与承销商之间的信息不对称导致承销商可以借助信息优势压低发行价格,以吸引更多的市场投资者,尽快将股票发行出去;再如,Welch(1989)等认为发行人与投资者之间的信息不对称为高质量公司提供了一种信号传递的策略选择,使其可以借助抑价在后续发行中赢得更多利益;而 Rock(1986)则提出,为了促进更多的人参与股票认购,发行人将 IPO 股票发行价定在低于股票期望价值的水平,即通过 IPO 抑价手段来吸引不知情投资者以保证 IPO 成功。

但是,信息不对称理论并没有完全解释抑价存在的原因。制度成因学派认为,抑价产生可能源于法律诉讼规避(Ibbotson,1975)、承销商托市(Ruud,1993)、股份锁定或者股权分散等因素的影响,但这些假说只是部分地解释了 IPO 抑价产生的原因。行为金融学的兴起又为财务学家提供了一条新的研究路径,如 Delong 等(1990);Ljunqvist 等(2004)从投资者情绪、Loughran 和 Ritter(2002)等从前景理论、Welch(1992)从信息瀑布等角度分别阐述了发行人和投资者行为对抑价的影响,但限于行为金融学的固有缺陷②,这一理论始终不能解释抑价的根本原因。

事实上,这些解释抑价的理论各有优缺点,都为寻找抑价现象

① 一般来说,新兴市场泛指发展中国家,本书特指类似我国中小企业板的创业板市场。
② 行为金融学发展已有近50年历史,但始终未能成为研究主流,未形成系统的模型和统一的理论体系。

产生的原因提供了思路和借鉴。任何研究的目的都不应该局限于现象本身,也不应该满足于探索现象背后的原因,而应该溯本求源,将研究的最终落脚点放在推动理论研究和实践发展上。因此,结合我国中小企业发展和 IPO 市场建设特征,本书重点选择基于信息不对称理论对抑价现象的研究——主要以发行人与投资者之间的信息不对称为视角——更适于引入风险资本影响的博弈结构,构建理论模型。这种设计思路,对研究风险资本对抑价影响更具有可操作性和现实性,也可以更好地为理论研究者、政策制定者或实务从业者提供有益的指导和借鉴。

(二)VC 持股企业的高抑价问题

风险资本(Venture Capital,简称 VC),又称创业资本①,是一种以私募方式募集的、主要投资于未上市的高科技中小企业并追求高额回报的资金形态。以风险资本投资为主要经营业务的企业称为风险投资机构。不同于其他资本形态,风险资本不仅为创业企业提供赖以发展的资金、技术等生产要素,也为创业企业生存与发展提供各种管理增值服务。正因为风险资本能够促进企业,尤其是代表经济新生力量的创业企业的成长,所以人们普遍将风险资本视为经济发展的重要推动力量。各国政府部门也为推动风险资本和创业企业的发展积极探索着不同的政策法规建设,积极营造其发展的有力环境。

VC 自身的高回报特征是其他资本形态无法企及的。在美国,VC 创造的"硅谷神话",一直是各国竞相追逐的目标。值得注意的是,VC 的繁荣,往往依赖于完善的 IPO 市场。投资的阶段

---

① 2006 年 3 月 1 日起实施的《创业投资企业管理暂行办法》对"创业投资"的解释是:"向创业企业进行股权投资,以期所投资创业企业发育成熟或相对成熟后主要通过股权转让获得资本增值收益的投资方式。"

性——专注投资于中小企业成长甚至更早的创业期、以及组织形式的特殊性——组织形式多为有限合伙制、经营期限一般较短(5—10 年为常见)等特征,决定了 VC 不是传统意义上的战略投资者,也不是一般的追求短期或者定期回报的私募基金或是投资公司。通常,当企业成长到一定阶段,成长速度开始或即将下降前,VC 就会迅速退出。但其投资的这些企业一般为非公众公司,如果股票不能上市交易,那么 VC 可能因股票流动性差而无法取得超额回报,甚至无法出售股票而贻误退出的最佳时机,从而无法实现高回报的目标,也有可能因此而影响后续融资,乃至威胁生存。研究表明,最有利可图的退出机制就是首次公开发行(Gompers 和 Lerner,2001)。所以,创业板市场的活跃,不仅可以为中小企业融资提供更好的融资平台,也是 VC 顺利退出的保障。众所周知,美国的"硅谷神话",纳斯达克市场是功不可没的。

既然 VC 通过 IPO 可以获得更高的回报,那么 VC 是否会对 IPO 价格产生影响就成了令人感兴趣的问题。Ritter(2010)[1]报告的全样本在 1998—2009 年平均抑价 18.1%,其中 VC 支持企业平均抑价 28.1%,无 VC 为 12.7%;而据作者初步统计,我国中小企业板上市公司在 2004—2010 年抑价平均为 94.09%(96.90%[2]),有 VC 样本平均抑价为 103.65%(103.52%),无 VC 样本则为 90.37%(94.22%)。尽管这两项统计的地点、时间均有差异,但基本规律是一致的,即有 VC 持股企业抑价高于无 VC 持股企业。对美国市场的这种 VC 持股企业高抑价现象解释的经典假说是

---

[1] 数据参考 Jay Ritter 提供的 IPO 抑价数据,见 http://bear.warrington.ufl.edu/ritter/ipodata.htm。

[2] 括号外报告为经深圳综指(399106)调整抑价,括号内为经中小板综指调整抑价(399101)。

Gompers(1996)提出的,即逐名假说(Grandstanding Hypothesis)。他认为,年轻的 VC 为了追求声誉和后续融资,会过早地推动企业上市,从而导致高抑价。而且,这一假说还得到了其他专家学者的证据支持(Barnes,Cahill 和 McCarthy,2003;Lee 和 Wahal,2004 et al.)。那么,我国中小企业板 VC 持股企业高抑价现象背后的原因又是什么呢？曾江洪和杨开发(2010)实证研究发现,在我国风险资本对抑价影响的认证作用、筛选监督作用、逆向选择和躁动效应并不存在;雷星晖,李金良和乔明哲(2011)也得出了类似结论;蒋健,刘智毅和姚长辉(2011)则提出创业投资对受资企业在上市前的盈利能力与业绩成长能力有促进作用,因而提升了 IPO 抑价。遗憾的是,这些研究缺少深入的理论分析,实证证据也不够充分。

事实上,与 Gompers(1996)的逐名假说观点相反,有学者认为 VC 可以降低信息不对称程度,向市场传递质量信号,从而降低抑价。如 Barry,Muscarella,Peavy,等(1990)指出,VC 可以通过更好的监督降来低抑价。他发现,VC 为投资公司提供了广泛的监督服务。监督服务的质量可以被资本市场识别,因为更好的监督者支持的 IPO 具有更低的抑价。类似的,Megginson 和 Weiss(1991)提出,VC 可以为持股企业进行质量认证,从而在 IPO 过程中可以降低抑价。Brav 和 Gompers(1997),Gorman 和 Sahlman(1989)等也提出了相同的观点,并利用实证检验给予了数据支持。不过,这一理论显然是不适合解释 VC 持股企业高抑价现象的。

我国 IPO 市场,不论从市场发育程度,还是从发行审核机制,抑或 VC 发展特征和拟上市中小企业特征方面看,都与美国有很大差异。因此,仅仅围绕这些经典理论假说的分析思路展开研究,可能很难得出适合解释 VC 对中小企业抑价影响的观点和结论。这就需要通过结合研究对象及其所处环境的特征重新拟定研究框架,搜寻更契合实际的理论研究视角。

结合前面分析,本书拟在信息不对称前提下,以发行人和投资者之间的信息不对称为切入点,分析询价制背景下抑价形成的特征,并进而引入 VC 的影响,探究 VC 持股对中小企业抑价的影响机理,以为 VC 持股企业高抑价现象提供更合理的解释依据,同时也可以为促进 VC、中小企业乃至 IPO 市场发展提供指导。

二、研究目的与意义

简单说,本书的研究目的在于通过基于信息不对称抑价模型的推导,对 VC 影响抑价的机理进行辨析,以借此寻找 VC、中小企业、IPO 市场建设投融资过程中存在的问题,揭示 VC 影响抑价的程度和原因,为促进中小企业发展进而带动我国经济增长提供指导和借鉴。

(一)理论意义

本书以 Chemmanur(1993)基于信息不对称的 IPO 抑价模型为基础,结合周孝华、熊维勤和孟卫东(2009)、张小成(2009)等以询价制为背景的抑价模型,对发行人和投资者在 IPO 时的决策函数、均衡价格和均衡抑价进行了推理和分析,并进一步引入 VC 对信息搜集成本和预期价值的影响,探究其对 IPO 抑价影响的原因和路径,最后结合市场发展状况、VC 与中小企业发展特征,对我国 VC 影响抑价程度和机理进行了实证检验。本书认为,信息不对称是影响投资者决策的主要因素,风险资本有助于企业提高投资者对企业发展前景的预期并降低信息搜集成本,此时,IPO 抑价会降低;相反,当风险资本投机性地选择上市公司且增加信息搜集成本时,会增加发行人与投资者之间的信息不对称,从而提高抑价。

进一步分析,在成熟市场环境下,年轻 VC 为追求声誉的做法引发了高抑价,但如果市场中成熟 VC 居多,则从整体上比较时,有 VC 持股企业抑价就会降下来;新兴市场环境下,例如我国,VC普遍年轻且逐利性强,即便不追求声誉,也会因其短期逐利、攫取超额回报等特征令外部投资者对投资企业前景生疑,从而导致信息搜集成本加大,造成高抑价现象。因而探讨 VC 持股对企业抑价程度的影响问题,还需要结合 VC 和市场特征进行分析。只有这样,得出的结论才可靠,并拓展与丰富现有理论研究内容和视角。

综上所述,本书观点的提出,是具有积极的理论意义的。本研究可以有针对性地解释我国 VC 持股对抑价影响的机理,并有利于疏导现有理论研究观点的冲突。因此,既可以为类似我国的新兴市场国家的相关研究提供借鉴,也可以弥补现阶段 VC 研究实证检验多于理论推导的不足。

(二)实践意义

本书选题涉及了 VC、中小企业、IPO 抑价三个财务领域常见的研究对象,也均是目前我国资本市场建设过程中涉及的热点问题。事关如何引导 VC 发展方向、如何缓解中小企业融资难、提高IPO 融资效率等问题,既具有紧迫性和现实性,也具有研究必要。本书拟以我国大陆的新兴市场——中小企业板为研究样本,借助对上市公司招股说明书手工搜集整理和分析,结合 Wind 金融资讯等数据库提供的相关数据,对中小企业上市过程中的 IPO 抑价问题进行剖析,重点探讨 VC 持股对中小企业 IPO 抑价影响的原因。在分析过程中,通过对中小企业 IPO 前后业绩进行比较分析,以探索并检验 VC 影响抑价的路径,探寻 VC 对抑价的影响是因为培育时间短而无法提高企业业绩,进而不能有效发挥认证作用;还是因为年轻 VC 逐名,从而推动了业绩较差的企业上市而导致高抑价;抑或是由于 VC 的投机性参与加大了信息不对称水平,从而拔高了抑价水平。据此,既可以有针对性地发掘 VC 退出中小企业过程中存在的问题,也可以借此为提高中小企业板发行定价效率、改进 IPO 相关制度提供政策指导和建议。

第二节　研究思路和研究内容

一、研究思路

（一）理论推导

在发行新股前,发行人与投资者之间信息不对称程度较高。相对于主板上市企业,中小上市企业具有更高的成长性以及成长过程中较高的不确定性,而且信息不对称问题更为严重(谭庆美和吴金克,2011)。VC 通常专注于投资 IPO 前期的科技型中小企业,在预期目标实现后借助股权转让、IPO、并购等方式退出。其中,IPO 是最受 VC 和中小企业欢迎的一种方式。但是,作为积极的投资者,VC 如何获取超额回报,如何影响 IPO 抑价,至今仍然是一个饱受争议的问题。

在信息不对称环境下,本书以我国现行上市制度——询价制为背景,对中小企业 IPO 过程中投融资两方参与人的博弈关系进行了探讨,并引入 VC 作为第三方参与人分析博弈均衡的变动,以寻求 VC 影响抑价的潜在机理。

一般来说,高质量企业因业绩好,愿意在询价过程中给予投资者搜集信息激励,以获得更高的发行价格,降低融资成本;而低质量企业则相反,投资者搜集的信息越多,越容易暴露其本质,影响其上市收益,因此不愿意为投资者提供激励。询价制下,发行人无论质量高低,都会选择一个有利于自身决策的询价区间。在这一区间内,投资者根据自身投资函数决定报价高低。投资者报价时,会在不搜集信息直接报价和搜集信息报价决策两种方案中进行选择。当预期信息搜集带来的收益增加大于搜集信息成本和预期直接报价风险时,投资者会选择搜集信息。根据发行人和投资者的函数联合求解,可得到均衡价格。假定二级市场能够在首日收盘时如实反映企业真实价值,那么,就可以得到抑价公式。然后,分别对函数内影响因子进行求导,结合询价发行过程中的实际情况分析,探讨不同因素对抑价可能产生影响的方向和原因。这样,就得到了本书的基本模型和主要分析思路。

本书基本模型构建的最终目的,是根据推导的抑价模型,引入VC持股,分析VC持股作用于抑价的方式和原因,从而分析求解VC影响抑价的机理。结合抑价模型,对不同目标条件下VC与各不同抑价影响因素之间的关系进行深入分析,从而找到VC影响抑价的作用机制,并为现有理论之间的融合提供一个可供参考的思路。

进一步,本书对基本抑价模型和VC抑价模型的应用条件进行分析,重点考虑市场成熟状况对抑价分析结果的影响。当二级市场较为成熟时,首日收盘价可以视为公司真实价值的代理变量。但在新兴市场条件下,需求的理性与否会影响市场价格反映真实价值的时效和程度,采用首日收盘价对基本抑价模型与VC抑价模型进行检验需要谨慎对待。进而,放松二级市场首日收盘价可以反映公司真实价值的假设,本书针对需求状况对抑价产生的影响进行了专门分析,为利用我国中小企业板上市公司数据进行实证分析打下铺垫。

因为这一推导过程,以目前世界各国流行的询价制为背景,以信息不对称理论为基础,并在对发行人和投资者博弈分析的前提下,引入了 VC 的影响,而且还引入不同市场条件,进行了更加具有普遍意义的分析,因此不仅可以部分地解释现有理论与实证矛盾的原因,也可以为今后研究提供借鉴。

(二)实证检验

首先,本书对风险资本特征、中小企业特征以及投融资环境特征进行描述性分析。在分析过程中,本书对风险资本和中小企业在 IPO 前的特征进行了详细梳理,尤其是那些涉及我国特色的部分,以为实证研究假设和对策建议的提出提供背景支持。本书以万德金融资讯(简称 Wind)、中国经济金融数据库(简称 CCERTM)提供的公开数据,结合作者根据巨潮网络公布的中小企业招股说明书等资料手工搜集的 VC 持股数据,进行描述统计分析和对比分析。

其次,以基本抑价模型为前提,结合描述性分析结果,提出实证研究假设,设计多元回归模型,对我国中小企业板 IPO 抑价受 VC 影响情况进行实证检验。根据相关性分析结果,利用 SPSS17.0 运行回归模型,得到回归结果,并对回归结果进行分析和解释,验证理论模型和实证研究假设的合理性。

最后,对现有 VC 影响抑价的经典理论进行补充分析,以进一步说明 VC 影响抑价模型在解释我国 VC 持股高抑价现象的合理性,增强结论稳健性。

(三)研究路线

本书在广泛阅读相关文献、参与学术交流、数据初步分析观察和案例调查的基础上,确定选题、设计研究思路并选择研究方法。首先,对相关文献与数据资料进行搜集和整理,利用归纳法对资料进行初步分析,以寻找理论分析的突破口,为本书主要观点的推导和提炼奠定基础。其次,在代理框架下,利用博弈分析方法,构建基本的IPO抑价模型,推导引入VC的抑价模型。再次,结合研究对象的特征分析,提出实证研究假设,设计多元回归模型,采用SPSS17.0软件作为分析工具,对中小企业和VC持股数据进行实证检验,进而对检验结果进行分析和解释。最后,提出改进VC与中小企业投融资对接、提高中小企业板IPO效率的相关建议,以为政策制定和相关研究提供参考。

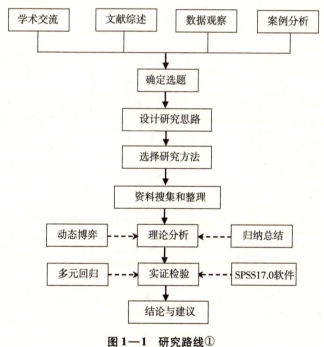

图1—1 研究路线①

---

① 实线箭头表示研究顺序,虚线箭头表示工具支持。

二、研究内容

(一)研究框架

本书共分导论、背景分析、理论分析、实证检验和结论五个部分,共六章(由于实证部分涉及内容较多,分为两章展开论述)。其中,理论模型的构建和实证检验是核心,主要观点的提出、论证和检验都集中在核心部分论述,共分三章。其他章节对于整个研究体系而言,也是必不可少的,是对核心章节的必要补充和强化。

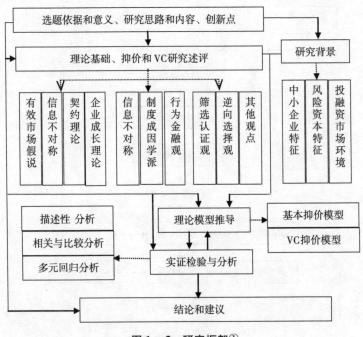

图 1—2　研究框架①

---

① 实线表示研究顺序和思路,虚线表示内容构成。

（二）主要内容

为了便于读者了解本书的脉落和结构，笔者在此对本书的主要内容简述如下。

导论部分，统领全文，主要介绍选题的提出和研究思路和方法、写作框架以及主要贡献。

文献综述部分，首先对理论基础进行梳理，以奠定立论的根基；然后，对 IPO 抑价和 VC 影响抑价理论各派观点分别进行述评。从文献综述可以发现，尽管学术界对抑价形成原因尚未达成一致看法，但现有关于 IPO 抑价的研究已经非常丰富，VC 对抑价影响的研究也有相当分量。这些文献无疑为本书奠定了深厚的研究基础，并提供了参考和借鉴。不足的是，限于创业板市场建设较晚和数据取得的困难性，国内对于 VC 影响抑价的研究较少，而我国新兴市场特征也决定了 VC 对抑价影响的特殊性，进而决定了本研究不能局限于已有研究框架和思路。虽然这增大了研究难度，但这在某种程度上也提升了研究价值。

背景分析部分，主要从中小企业融资特征、风险资本发展特征和 IPO 市场建设及制度背景三个方面进行表述。这一章以信息不对称为切入点，为研究 VC 持股问题提供了现实背景，也为研究 VC 影响中小企业 IPO 抑价的特殊性提供了分析思路，同时还为实证研究假设和实证模型设计奠定了基础。

理论分析部分，在对现有基于信息不对称的抑价模型与询价制下异质预期模型分析基础上，结合二者优势，重新设计了以发行人和投资者信息不对称为框架、以信息搜集成本、投资项目质量等变量为约束的基本抑价模型。由于 VC 不仅作用于 IPO 前企业业绩，也对企业发展前景（包括投资项目质量）有影响，还可能影响外部投资者对信息搜集成本的估计，所以 VC 可以借此影响抑价高低。引入 VC 后的抑价模型,不仅可以调解现有理论冲突,也可以为我国 VC 突击入股造成的高抑价现象提供合理解释。

在实证检验部分,对中小企业、IPO 和 VC 持股特征进行描述分析、对比分析基础上,提出实证研究假设,设计回归分析模型,选择适合的回归分析方法和分析工具,对 VC 影响 IPO 抑价的结果和原因进行剖析。对 VC 影响抑价的实证分析,不仅为 VC 抑价模型适用性提供证据支持,也可以对我国 VC 影响抑价提供合理的理论解释,还可以为促进 VC 与中小企业投融资的有效对接、完善 IPO 市场建设等政策建议提供依据。

在结论和建议部分,对研究的理论观点和实证结果进行总结阐述,同时针对研究发现的问题,提出合理的政策建议。

第三节　研究方法与创新

一、研究方法

(一)理论推导

本书基于信息不对称理论利用双人博弈模型对 IPO 市场的重要参与人——发行人和投资者的决策函数进行了推理和论证,然后以参与人预期价值最大化为目标,利用完全信息动态博弈方法求解最优均衡发行价格,进而得到均衡 IPO 抑价。然后,分别对抑价影响因素求偏导数,分析并解释这些因素影响抑价的原因。通过影响因素分析,为进一步研究 VC 持股对抑价的影响提供接入口。

VC 是企业发行人股东之一,但又不同于一般发行人股东。结合 VC 投资特征与退出动机分析,本书将 VC 嵌入到基本抑价模型中,得到 VC 抑价模型。具体讲,VC 的嵌入是在考虑到 VC 投资目标和动机的前提下,分析其在 IPO 过程中对信息搜集成本和质量分布概率的可能影响,从而找寻 VC 影响抑价的路径,探究其影响机理,从而解决现有研究的矛盾,并提出新兴市场条件下 VC 投机性逐利增加抑价的新观点。最后,放宽现有研究对首日收盘价反映企业真实价值的假设条件,对二级市场条件可能影响引发抑价模型和 VC 抑价模型解释力度的问题进行辨析,以更好地为解释我国市场背景下 VC 对抑价产生不同影响的原因提供借鉴。

(二)实证分析

本书以 2004—2010 年在中小企业板上市公司的公开数据和手工搜集数据为主体,对中小企业板 VC 持股抑价现象进行了详细的分析和检验。实证检验方法包括描述性分析、对比分析、相关性分析、多元回归分析。描述性分析部分不仅包括对中小企业特征、发行特征的统计分析,还包括对 VC 持股特征的归纳总结。对比分析,主要采用独立样本 T 检验,并使用配对样本检验进行了补充和辅助。相关分析,同时采用了参数与非参数检验两种方法,以保证结果更加准确。在多元回归分析中,为了保证结果的稳健性,本书以普通最小二乘法(OLS)的逐步回归法分别对全样本和配对样本进行检验;同时为了验证 VC 在 IPO 过程中的作用,还采用了分层回归方法对全样本和配对样本进行分组回归分析,以保证结果的稳健性,增强结论的说服力。

二、研究创新

(一)融合经典模型,构建了更适合解释抑价现象的基本抑价模型

1.对 Chemmanur 模型中发行人收益函数进行了重新设计

Chemmanur(1993)基于信息的抑价模型,采用发行人和外部

投资者博弈框架,对询价制背景下发行人询价、外部投资者报价决策函数进行了探讨。这一模型以外部投资者独立搜集并承担信息成本为前提,推导出外部投资者搜集信息报价的临界点,然后结合市场需求提出了高质量发行人总是抑价发行,而低质量发行人总是溢价发行的结论。信息搜集成本影响外部投资者决策的分析思想为本书提供了思路。但该模型对发行人的分析不够深入。事实上,企业上市的动机很复杂,并非像该模型暗含的追求二级市场价格最高。

而且,该模型假定股东可以在发行和上市过程中两次出售股份的做法也适用于解释我国新股发行的情况。由于 IPO 均是新股发行,为项目公开融资,因此对发行人决策会产生重要影响。考虑到这一特征,本书认为企业投资项目质量是发行人询价决策时不可或缺的影响变量,这一信息将直接影响发行人询价区间,进而影响抑价。本书在此基础上,考虑投资项目对发行人上市融资的影响,并且根据发行人在上市过程中对投资项目收益和抑价的权衡设计了发行人收益函数。进一步,本书对发行人在 IPO 过程中询价范围决策进行了推理。

2.在异质预期模型基础上引入外部投资者收益函数

异质预期抑价模型分析了发行人和机构投资者在定价过程中对发行价格不同预期影响抑价的过程。在分析时,张小成也指出了信息不对称可能是影响异质预期的重要因素,但却没有将信息不对称纳入模型。而且,该模型没有对外部投资者收益函数进行分析,也没有考虑到外部投资者报价时可能面临的搜集信息成本问题。但以询价制为背景设计的模型框架更加符合实际,也为本书提供了借鉴。因此,本书在此模型的基础上纳入了对外部投资者收益函数的分析,从而能够更准确地分析发行人与外部投资者的博弈过程。

3.以新股发行为背景,利用信息搜集成本,构建基本抑价模型

本书结合前面两个模型的优点,立足于新股发行和信息不对称的背景条件,构建了基本抑价模型。显然,该模型更适合分析哪些因素可能对发行人和外部投资者决策产生影响,更有利于寻找在我国新兴市场环境下抑价产生的原因。首先,不同于国外,我国企业上市均为新股发行,这使得包含 Chemmanur 抑价模型在内的以股份转让上市为条件的经典模型在解释 IPO 抑价形成原因方面存在不全面性。而抑价基本模型则是以新股发行为出发点设计的发行人与投资者决策函数,更贴合我国 IPO 市场实情。其次,将信息搜集成本引入异质预期抑价模型,分析外部投资者与发行人在询价过程中的博弈关系,弥补了异质预期抑价模型未展开说明异质预期来源的不足,使模型在解释抑价形成原因时更具有说服力。

(二)结合 VC 投资动机,创造性地将 VC 嵌入抑价模型

1.结合 VC 特征分析,提出研究 VC 影响抑价的新思路

成熟市场中,风险资本的收益主要是通过对处于初创期、成长期的中小企业进行严格、专业的筛选和长期培育然后借助 IPO 退出获取的。但是,限于风险资本一般采用有限合伙制,年轻 VC 通常没有耐心等到企业成长到上市的最佳时期,就急于兑现,以为后续融资积累声誉。研究表明,当 VC 提高企业业绩时,会向市场传递高质量信息,从而降低抑价;而当 VC 为追求声誉,较少参与企业管理时,反而会增加抑价。深入挖掘这些理论发现,VC 对抑价的影响结果只是 VC 投资动机在 IPO 过程中的一个表现,而且市场发展程度和信息不对称水平对 VC 投资动机和投资行为具有重要影响。进一步说,不同市场环境下,VC 投资动机对 VC 持股比

例、参与管理程度、退出决策等均具有重要影响,进而导致 VC 在
IPO 退出过程中扮演不同角色。这一发现不仅为 VC 引入基本抑
价模型提供了线索,而且为分析我国 VC 影响抑价的机制提供了
思路。正是以此为借鉴,本书结合对 VC 投资特征的分析提出了
我国 VC 存在投机性逐利动机的观点。

2.以信息搜集成本为切入点,提出了更具包容性的 VC 抑价
模型

已有研究对 VC 影响抑价的不同结论并没有找到合理的解
释。本书通过对不同观点的深入分析,提出信息不对称是影响 VC
投资动机和行为的主要因素,而且不同动机对 IPO 过程中参与人
决策具有不同影响。结合基本抑价模型分析,VC 对抑价的影响
主要是作用于企业质量和信息搜集成本。当 VC 以培养企业为目
标时,会积极参与企业管理进而改善业绩,所以会在 IPO 过程中
发挥认证作用,向外部投资者传递高质量信号,VC 的存在不仅降
低了信息搜集成本,还提高了外部投资者对企业质量的预期,从而
降低抑价;当 VC 以建立声誉为目标时,参与企业管理程度会明显
降低,因而对业绩的改善也非常有限,所以鉴于 VC 持股更加年
轻,反而会向市场传递风险信息,这使得外部投资者搜集信息成本
增加,预期收益降低,从而导致抑价增加。综上所述,通过信息搜
集成本和企业质量将 VC 引入基本抑价模型,可以很好地解释现
有 VC 抑价理论。

更重要的是,现有理论并不适合解释我国 VC 持股高抑价现
象。遵循以信息搜集成本和企业质量为出发点,并从 VC 持股动
机和投资行为着手分析 VC 影响抑价原因的思路,为 VC 投机性逐
利造成我国 VC 持股企业高抑价现象观点的提出提供了帮助。考
虑到我国风险投资机构特征,尤其是在中小企业板的突击入股现

象,本书提出正是 VC 的投机性逐利动机增加了外部投资者对 VC 持股企业的信息搜集成本和估值难度,从而对抑价产生负面影响。庆幸的是,与对现有 VC 抑价理论分析一样,这一观点可以通过将 VC 嵌入基本抑价模型予以证明。

本书在对 VC 投资的不同动机和投资结果分析基础上,将 VC 对信息搜集成本和企业质量分布的影响纳入基本抑价模型,推导出 VC 抑价模型。这一分析弥补了现有对 VC 和抑价之间关系研究缺少有力的理论支持的不足,尤其是该模型不仅可以为相关研究提供一种更切合实际的分析思路,也可以为研究我国大陆创业板相关问题提供借鉴。

(三)使用新变量、新数据对 VC 抑价模型进行实证检验

1.选择新变量代理信息不对称,对理论模型和实证假设提供有力支持

与 Rock(1986)将外部投资者分为有优势信息和无优势信息两类不同,本书将外部投资者分为搜集信息报价和不搜集信息报价两类,同时又根据外部投资者收益函数将搜集信息者再细分为搜集信息报价和放弃报价两类。在实证过程中,精确区分这些投资者很困难。根据基本抑价模型,本书选择网下超额申购倍数作为发行人和机构投资者之间的信息不对称代理变量。

在新兴市场环境下,发行人与机构投资者之间的信息不对称程度较高,所以搜集信息成本较高,而且,这一市场中的机构投资者并不成熟,信息评估能力也较低,这导致了搜集信息报价者较少,随机报价者较多,尤其是在我国中小企业板,这种现象可能更严重。更何况,机构投资者还存在故意压价的可能。结果是,搜集信息报价者往往不足以满足新股发行的需求,即中签者中充斥了大量随机报价者。信息不对称程度越高,随机报价者中签的概率

也就越大。因而,超额认购倍数可以在某种程度上反映信息不对称程度或者信息搜集成本的高低。对我国中小企业板数据的实证检验证明,信息搜集成本越高,IPO 抑价越高;同时,投机性逐利的 VC 会增加信息搜集成本,从而提高抑价。

2.利用手工搜集数据,严格区分 VC 和 PE,增强了结论的说服力

中小企业板上市公司数据可以直接从现有数据库中获取,但供风险投资机构投资入股时间、参与管理情况等相关数据却无法从公开数据直接获取。因此,笔者根据招股说明书以及相关网站对数据进行手工搜集和整理,从而为本书研究提供了更多佐证,而且还为进一步研究提供了数据储备。

更重要的是,与我国现有研究将 VC 和 PE(Private Equity,私募股权,简称 PE)归为一类不同,本书还通过再分组剔除了 PE 类投资公司可能对回归结果的影响,从而增强了结论的稳健性。由于我国 VC 与 PE 投资具有极高的相似性,所以目前多数研究未对两者进行区分。显然,这种做法模糊了 VC 和 PE 的差异性,很可能影响结论的准确性。为此,本书在搜集整理 VC 持股数据过程中,对 VC 与 PE 进行了划分。对那些在招股说明书中明确投资机构主营业务为创业投资、风险投资或者高科技企业投资的界定为 VC,其他类似投资机构归为 PE 类。在实证分析时,本书不仅采用全样本和配对样本对数据进行检验,还特别对剔除其他投资机构后的 VC 持股样本与无 VC 持股企业进行了对比分析,进一步增强了结论的稳健性。

此外,本书对政策制定、VC 与企业投融资对接等问题提出了具有指导意义的建议。无论是理论分析,还是实证检验,本书对 VC 影响抑价的分析都是立足于我国国情的。当然,本研究的意

义并不局限于我国 VC 对 IPO 抑价的影响,对与我国相似情况的新兴创业市场国家同样具有借鉴价值。结合现有研究和对中小企业融资背景的分析,本书对 IPO 抑价和 VC 影响进行了理论推导和实证检验,然后根据研究发现的问题,提出了相应建议,因此是非常具有针对性的。这些建议不仅可以为政策制定者提供理论指导,还可以为企业选择 VC 融资、规避上市风险提供借鉴,同时还可以引导 VC 关注声誉建设和长远发展。

第四节　基础理论分析

一、有效市场假说

(一)假说的提出

Gibson(1889)在 1889 年所撰写的《伦敦、巴黎和纽约的股票市场》一文中最早提及有效市场假说(Efficient Capital Market Hypothesis,简称 ECMH)的思想萌芽。但正式提出这一思想的是 Bachelier(1900):他使用随机过程方法对股价变化的随机性(布朗运动)进行了研究,并且提出市场在信息方面的有效性——过去、现在,甚至将来事件的贴现值都会反映在股票价格上。有效市场假说的基本思想是"股票价格会按照公平游戏(Fair Game)模型运动"。

在随后的几十年里,几乎无人关注股价变化。随着电子计算机和网络技术的发展和普及,Kendall(1953),Roberts(1959),Osborne(1959)和 Cootner(1964)等学者开始关注股价的随机游走现象。这些研究的不足之处是仅仅将研究局限于实证结论,从而缺乏一个系统的理论研究框架。直到 Samuelson(1965)、Mandelbrot(1966)利用数学推导证明了公平游戏模型和随机游走之间的关系,才开始在理论上阐释了有效市场和公平游戏模型的对应关系,并进一步为 Fama(1970)的有效市场假说奠定了理论基础。

1970 年,Fama 在《Journal of Finance》上发表了著名的《有效市场:理论与实证研究回顾》一文。这篇论文一直被视为现代金融理论的经典文献。原因在于,该论文对有效市场进行了详细的阐述和归类,不仅对有效市场前期研究做出了系统的总结,而且还提出了研究有效市场假说的完整理论框架。正是因为有了这个理论框架,有效市场假说的研究才得以不断加深、拓展,最终发展成为现代财务学的经典理论之一。

(二)假说的主要内容

按照 Fama(1970)的定义,有效市场指的是证券价格能够瞬时充分反映市场上全部的可得信息。"可得信息"可分为三大类:第一类是历史信息,如股票的历史价格、会计报表等;第二类是所有的公开信息,如股利宣告、资产重组、增资发行等;第三类是内部信息,具体是指在市场上没有完全反映的内幕信息。根据证券价格所反映信息的不同,有效市场假说进一步分为三个不同的类别:

1.弱势有效市场(Weak Form Efficiency Market)

弱势有效市场是指,证券价格已经反映了所有的历史信息,如成交价、成交量、换手率等。在弱势有效市场中,任何投资者均无法利用历史信息取得超额报酬。换句话说,想使用历史价格信息对未来做出预测都是不切实际的。但是,通过历史信息之外的其他信息获利却是可能的。相比较而言,这种市场类型下投资者具有更多的获利途径。

2.半强势有效市场(Semi-strong Form Efficiency Market)

半强势有效市场是指,证券价格已经反映了所有的公开信息,如股利宣告、资产重组、增资发行以及所有公开披露的公司经营和财务信息。显然,半强势有效市场的效率高于弱势有效市场。在这一市场中,任何投资者不仅无法利用历史信息获得超额收益,也不能利用公开信息获得超额收益。换句话说,只要信息一经公布,价格就会迅速调整到应有水平上,从而那些想利用对公开发表信息的分析获利的企图成为妄想,只有那些通过挖掘内幕信息并参与交易的极少数人才可以获得超额收益。

3.强势有效市场(Strong Form Efficiency Market)

强势有效市场是指,证券价格已经反映了所有信息,即涵盖了全部的公开信息、私人信息以及内幕信息。在这一市场中,任何投资者均无法获得超额报酬。可惜的是,包括美国在内的发达市场经济国家仍无法达到这一理想市场状况。显然,尚处于转轨时期的我国市场更难以达到这一高度。

(三)对有效市场假说的评述

1.有效市场假说的意义

有效市场假说自提出以来,从饱受追捧到屡遭质疑,历经了起起落落,却依然保持着旺盛的生命力。尽管随着信息不对称理论、契约理论以及行为金融理论的形成与发展,有效市场假说的条件逐渐被放松和质疑,但其在学术界的基础地位仍不可撼动。

有效市场假说提出后,一系列财务学的经典理论和模型随之诞生,如投资组合理论、资本资产定价模型(CAPM)、B-S期权定价模型等逐步奠定财务学研究的地位,并扩大了财务学研究的范畴,将财务学的研究向前推动了一大步。在此基础上,实证研究也得到了迅速的发展和应用。如 Fama 等(1969)、Kaplan 和 Ro11(1972)等均对美国市场半强势有效的观点提供了实证支持。

2.有效市场假说的局限

任何事物的发展都有两面性。学者们对有效市场理论的批

评,主要集中在以下三个方面:

(1)关于理性人的假设。事实上,投资者并非总是理性的。Black(1986)指出投资者购买时依据的往往是"噪音",而不是信息。此时市场的有效性就不再是信息的函数。显然,如果推翻该假设,那些经典的财务理论的解释力就很难不被质疑,甚至可能动摇传统财务学研究的根基。但行为金融学的研究还没有形成足以推翻现有财务理论基础的力量,在多数研究中仍被视为一个新视角,或者对传统财务理论的修正或补充。

(2)关于在长期条件下市场趋于均衡价格的争论。有效市场假说认为即使存在噪声交易者,这些交易也是杂乱无序的,在长期条件下其影响会相互抵消。事实上,投资者不仅仅是偶然地偏离理性,而是可能经常以某种同样的方式偏离理性。行为金融理论提出的投资者情绪、投资者信念等都是很好的例子。重要的是,他们还找到了实证的证据支持,这无疑对有效市场假说形成了强烈的冲击。

(3)关于套利者能否消除从众影响的问题。有效市场假说认为,套利者的存在可以消除可能存在的盲目从众行为,但实际情况却是市场中的套利者并不能完全消除非理性投资者的影响。这是因为,多数情况下套利者找不到合适的证券替代品,或者套利者也面临不确定性风险,这使得套利活动受到了限制。

(四)对本书的借鉴作用

1.我国资本市场的有效性问题

中国股市是一个新兴市场,同时又是在转轨背景下发展起来的。俞乔(1994),谢平和俞乔(1996)认为中国股市还没有达到弱势有效。吴世农(1994,1996)、张永东(2003)等人的研究均对此观点予以了支持。一系列研究表明,中国股票市场最多只是一个弱势有效市场,是低效率市场。张兵和李晓明(2003)基于渐进有效性的研究,提出1997年之前市场无效;1997年之后市场呈现出弱势有效的观点。吴东辉和薛祖云(2005)认为中国的股票市场尚未达到Fama(1970)意义上的半强式有效。刘维奇、牛晋霞和张信东(2010)研究认为,股权分置改革后资本市场趋于有效。王智波(2004)认为,这种弱势现象是因为"在中国证券市场上,由于政府严格的管制和频繁的干预破坏了经济自由和市场选择的结果,而'庄家'的操纵行为又破坏了竞争结构,因而相关研究倾向于发现市场无效"。苏冬蔚(2008)则认为噪声交易使实际价差缩小,进而削弱了市场有效性。

综上所述,更多的观点支持我国A股资本市场尚处于弱势有效程度。可以推断,刚刚建立起来的中小企业板有效性会更差些。在现有市场条件下,中小企业IPO效率及风险资本扮演的角色问题能否用西方经典理论解释以及用什么样的理论解释都是值得思考的。

2.对本书的借鉴意义

参照有效市场假说,风险资本之所以能够取得超额回报率的原因在于资本市场的非有效性。换句话说,风险资本高回报率的存在基础是源于股票价格不能及时反映企业的全部信息。由于具有信息优势,风险资本家才有机会挖掘到"具有投资价值"的创业企业(因此风险资本家也称为积极投资者),也可以利用自身专业优势进行筛选、培育,最后通过IPO、并购或者清算等方式退出来实现高额回报。

风险资本的存在是有效市场理论不能解释的一个现象。同样,IPO抑价也是有效市场无法解释的。尽管有效市场理论不能解释这些现象,但却可以为这两种现象的研究提供基本的分析思路,包括假设条件的提出,不同效率市场的特征都将为本研究提供借鉴。纵观世界各国,风险资本的回报几乎都高于一般权益资本,而且在 IPO 过程中,无论市场有效程度如何,抑价现象始终存在。同时,市场有效程度的不同对 IPO 抑价的影响也有所差异。Ritter(1997)对世界各国 IPO 抑价的统计研究发现,发达国家抑价水平明显低于新兴市场国家。既然如此,研究风险资本的超额报酬与 IPO 超额回报形成的原因,以及如何采取有效手段约束风险资本的投机行为、降低 IPO 抑价以提高资本市场运作效率就是有意义的。相对我国来言,国外此类研究并不少见。近年来,我国学者也陆续展开了相关研究。由于市场发展程度的不同,套用国外的理论去解释和验证我国的现象显然是远远不够的,因此需要创建适合我国资本市场特点的研究框架。进一步讲,在我国证券市场尚且弱势有效的前提下,研究中小企业板这一新兴市场环境下,风险资本退出对 IPO 效率的影响,不仅对我国制定 IPO 相关法律法规有借鉴意义,对其他新兴市场建设也有参考价值。

二、信息不对称理论

(一)信息不对称理论的提出与贡献

有关信息不对称的研究起源于 20 世纪早期。1921 年,Knight 在发表的论文《风险、不确定性与利润》中提出,"信息是一种主要的商品",并对风险与不确定性做出了较明确的区分。20 世纪 60 年代,Simon、Arrow 等一批欧美经济学家开始质疑"充分(完全)信息假定"。1970 年,Akerlof 在《经济学季刊》上发表了著名的《柠檬市场:质量不确定性和市场机制》一文,明确地提出了信息不对称问题,直接对有效市场假说提出了挑战。他指出,是市场双方拥有信息的不对称造成了交易的不确定性。在文中,他以旧车市场为例,讲述了卖方拥有并隐藏信息,造成劣币驱逐良币,并最终导致市场萎缩的故事。由于信息不对称在市场中是广泛存在的基本事实,阿克洛夫的逆向选择模型(事前信息不对称)因其具有的重要经济学分析价值而备受推崇。

信息不对称理论的另一个经典分支是道德风险问题(事后信息不对称)。Stiglitz(1976,1988)将信息不对称问题引入对保险市场和信贷市场的研究中,提出了道德风险问题。由于保险公司与投保人之间存在着信息不对称,保险公司面临着由于投保人"不道德"行为可能造成损失的风险,情况严重时有可能导致保险公司无法继续经营。随后,他还提出了信息甄别模型,为信息不对称理论研究作出了巨大贡献。如果说逆向选择是隐藏信息,那么道德风险则是隐藏行为。这两个方面构成了信息不对称理论的主要内容。

在考虑信息分散和信息有成本的情况下,Grossman(1976,1978)假定所有交易者都只能获得部分信息且市场中存在 N 种类型的知情交易者条件下,提出均衡价格是对市场上全部可获得信息统计量的概括。Grossman 和 Stiglitz(1980)通过信息成本的存在以及市场效率和竞争均衡的不相容性,论证了有效市场的不可能性。

信息不对称理论不仅强调了信息对市场经济的重要性,还揭示了市场体系中的缺陷,从而为政府干预市场提供了理论依据。在这个信息纵横的时代中,由信息不对称导致的各种问题困扰着发展中国家的经济转型。无疑,相比有效市场假说,信息不对称理论为我们提供了一个更加接近现实的研究框架。

(二)信息不对称理论对本书的借鉴意义

通常,我们认为,信息不对称是成就风险资本高额回报的重要

原因。这是因为,资本市场的不完美性意味着对技术型中小企业
融资有着更苛刻的要求,从而影响创新企业的外部融资(李厚德,
陈德棉和张玉臣,2002)。实践中,对于面临融资约束的科技型中
小企业,风险资本投资无异于救命稻草。更重要的是,风险资本的
增值服务还能够为企业提供战略指导、市场开拓等无形资产,这可
以帮助企业度过经营难关。但是,风险资本并非"大善人",其投
资目的是为了在退出时能够得到高于市场平均收益率的超额回
报。研究表明,IPO 是风险资本获利最多的一种方式。而 IPO 过
程中面临的信息不对称问题更加复杂,不仅发行人和投资者之间
存在信息不对称,还增加了风险投资机构、证券承销商、注册会计
师等中介机构与这些参与人之间的信息不对称。综合现有研究来
看,在 IPO 过程形成的抑价是否受到这些参与者,尤其是 VC 持股
的影响以及影响程度如何都是尚未有明确答案的问题。

　　较早的,Sahlman(1990)将信息不对称理论引入风险投资研
究。Sahlman 提出,风险资本家、接受投资的创业企业、以及最终
投资者之间存在着双重委托代理关系(见图 1—3)。考虑到风险
资本投资的特征,可以推断出,风险资本家比一般投资者承担了更
高的风险。这也使得研究风险资本与创业企业之间的相互影响更
具挑战性。但目前来看,更多研究关注的是在存在着严重信息不
对称的投融资关系中,高额回报是如何产生的,即超额回报产生的
原因和机理。与此相同,本书仍旧将风险资本家与创业企业之间
的信息不对称作为研究的前提;不同的是,本书研究的背景是信息
不对称程度更高的新兴市场条件下 IPO 抑价是否受到风险资本
持股的影响以及影响的路径和原因。

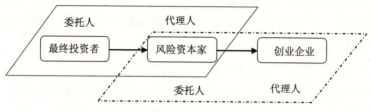

图1—3　风险投资委托代理关系

三、契约理论

（一）主要内容

完全契约理论，又称委托代理理论，是在信息不对称前提下形成的又一重要研究学派。该理论认为，两权分离的前提下，委托人的"隐藏行动"和代理人的"隐藏信息"会引发机会主义行为和道德风险，因此需要事前设计恰当的激励机制————一份完全合约来解决风险承担和有效激励的问题。

受到人的有限理性、信息的不完全性与交易事项的不确定性等限制，缔结完全契约的成本会很高，所以契约不可能是完全的。更加切合实际的不完全契约理论是由 Grossman 和 Hart(1986)、Hart 和 Moore(1990)等开创并发展起来。在不完全契约框架下，由于状态信息不能被第三方证实，缔约双方不能缔结一份状态依存的完全契约，只能选择规定所有权、控制权、决策规则等变量。该理论通常被分为事前效率模型和事后效率模型两类。前者指的是事前关系专用型投资的激励问题，后者则是指当状态实现之后不能无成本的再谈判时会导致哪些低效率的问题(博尔顿和德瓦特里庞，2008)。一般的，不完全契约理论被看做是研究企业理论和公司治理理论问题的重要分析工具，尤其是在研究控制权的配置对激励和信息获得的影响方面经常会用到契约理论框架和观点。由于本书中涉及企业所有者中的特殊产权人——风险投资机构,以及在 IPO 过程中涉及信息不对称问题,因而,契约理论也是本书研究的基础理论之一。

(二)契约理论在 VC 研究中的应用

Sahlman(1990)较早的将契约理论应用于风险资本契约研究。作为一种新型财务契约形式,风险契约的具体实践丰富和扩展了现有的契约理论,尤其是创业资本家与企业家在对创业企业控制权问题的处理上所采用的相机分配方法(Aghion 和 Bolton,1992)。研究认为,由于创业者掌握更多的内部信息,风险资本家和企业之间存在着严重的信息不对称。通常,我们将风险资本家视为信息劣势的一方,而把企业看作是具有信息优势的一方。这种信息的不对称会产生逆向选择问题。那些成长潜力小、风险高的创业企业或者中小企业往往会面临融资困难。由于迫切地需要资金支持,它们往往会通过各种手段推销和包装自己,以吸引风险资本家的目光。风险资本家为了降低由于错选代理人而给自己带来的损失,会在对市场代理人的平均能力进行估计的基础上,降低支付的价格(郭名媛,2005)。逆向选择问题就此产生,如不加以规制,最终劣质企业可能将优质企业逐出市场。一旦风险资本家投入资金,还可能面临创业者的道德风险,稍有不慎,风险资本家就会被创业者陷阱套牢。然而,通过使用特别的金融工具以及各种契约和限制,可以改进效率。一般来说,风险投资者与企业会签订一系列契约,这些契约包括分阶段融资、退出安排等。在高度不确定的风险环境中,这些契约既有效地维护了风险资本家的利益,也对企业形成了强有力的激励与约束机制。当然,鉴于契约的不完全性,机制设计并非总是完全有效的。这就使得风险契约问题研究更有现实意义。

纵观风险契约的研究可以发现,正是由于风险契约的不完全性,使得风险资本家和创业企业在投融资对接后往往会产生利益冲突——各自为了实现自身价值最大化而努力工作。通常,在合作初期,风险资本家和创业者的利益往往更具一致性:风险资本家会尽心尽力为企业制定战略规划提供指导,同时为企业提供各种市场营销、管理咨询、人力资源招聘等帮助;创业者也会积极利用辛苦融来的资源展开研发和市场开拓工作,以摆脱经营困境或者寻求发展突破。随着企业不断成长,利益的分配、控制权的争夺、是否上市等等将会成为风险资本家和创业者矛盾的焦点。尤其是当合约面临终结,即风险资本即将退出时矛盾可能会变得更加突出。当然,也有可能为了共同的利益选择合谋,通过盈余管理,将企业包装上市,赚取超额回报。这些问题都是现有研究中的热点和难点问题,而且目前不同时期、不同地域、不同行业,甚至不同方法、不同样本研究结果都不尽相同,因而并未得出肯定的结论。

在我国新兴市场条件下,信息不对称更加严重,各种制度规范尚不健全,人们的契约意识也较淡薄,如何规避风险资本投融资过程中的逆向选择和道德风险,引导其建立声誉意识,提高资金利用效率,进而促进创业企业发展和资本市场的纵深发展,是亟待解决的问题。VC 在投资过程中的行为与契约是否规范以及中小企业契约保护意识等有很大关系,同时规范的契约也可以帮助 VC 防范被创业者套牢的道德风险问题。

四、成长理论

(一)企业成长理论的主要内容

1.企业成长理论的发展

企业成长理论可以追溯到古典经济学。古典经济学利用分工的规模经济效益来解释企业的成长问题。Smith（1776），Marshall（1890），Stigler（1951）等被视为该理论的代表人物。企业成长理论的主要观点是：企业是社会分工的产物，企业的成长规模和数量取决于市场规模，并受制于所处的产业发展前景；企业成长的动因是规模经济，而规模经济是有临界点的，超出临界点，就会变成规模不经济。

新古典经济学在新古典微观经济学理论的基础上，利用最优决策理论分析了人的经济行为与价格机制的有效性等问题，该理论将企业本身看作一个"黑盒子"，提出企业成长的动因是最优企业规模，而这种最优规模通过调整产量从而实现利润最大化。该理论被认为是关于静态均衡和最优化方法的理论。

新制度经济学企业成长理论对新古典经济学企业成长理论进行了批判性地继承与发展，并完成了从制度既定到制度变迁、从完全理性到有限理性、从完全信息到信息不对称、从无摩擦社会到交易成本等方面的拓展，从而使企业不再是"黑盒子"。Coase（1937），Williamson（1975，1985），Grossman 和 Hart（1986）等人沿用静态均衡和最优化方法，提出了企业契约的不完备性等问题。演化经济学通过引入不确定性进一步完善了企业成长理论。以Alchain（1950），Nelson 和 Winter（1982）等为代表，从企业内部的知识生产、传播和利用，以及个体与组织的学习过程入手来解释企业的异质性、持续竞争优势和多样化等问题。随着研究的进一步深化，还形成了以 Penrose（1959），Wernerfelt（1984），Prahalad 和Hamel（1990），Teece，Pisano 和 Shuen（1997）等为代表的企业内生成长理论，他们更加关注企业成长的内生性问题，认为企业的成长取决于知识和能力。

2.对本书的借鉴意义

企业成长是每个企业家追求的目标,而如何促进企业成长则是理论界和实务界均关注的焦点问题。企业成长理论告诉我们,企业成长受到多种因素的影响,不仅产业发展前景、信息不对称等外在因素可能影响企业的发展,企业的产权结构、战略定位、投融资时机、以及管理团队拥有的知识和能力也可能影响企业的成长。研究表明,风险资本作为一种特殊的融资来源,不仅具有缓解融资约束提供融资资金的功能,而且还可以为企业提供各种增值服务,从而起到推动企业快速成长的作用。而风险资本在企业成长过程中往往也会获取高额的回报。从这个角度看,企业成长理论是本书研究的重要前提之一。因而,研究企业成长到一定阶段后的IPO问题,以及风险资本对企业成长可能产生的影响,都离不开企业成长理论的支撑。

(二)企业生命周期理论

1.理论的主要内容

20世纪80年代末,企业成长理论研究开始从企业生命体的生存、发展角度来考察企业的成长。Adizes(1988)在其代表作《企业生命周期》中提出,企业如同生物体一样会经历出生、成长到死亡的生命历程。Adizes(1997)进一步提出一个企业从诞生到消亡,一般可分成初创期、成长期、成熟期和衰退期四个阶段(如图1—2所示)。当然,也有学者将这些过程细分,不过相对而言这种分类应用更加广泛,对研究很多问题都具有重要意义。

2.对本书研究的意义

根据企业生命周期理论,创业企业是处于初创期的企业,即从企业创立到成长,从简单化经营到规范化、专业化管理的过程。可以说,创业企业成长过程即是企业生命周期的一个关键部分,其生产特征和投融资都因所处生命周期阶段不同而有所区别。创业初

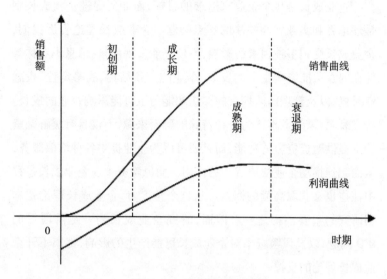

图 1—4　企业生命周期

期,企业产品还没有被市场充分接受,生产规模小,往往销售收入不能涵盖成本,经营风险很高;现金流出量大于现金流入量,融资渠道不畅,财务资信较差。该阶段的企业往往掌握着先进的技术,拥有空前绝后团结的管理团队等优势资源,一旦获得资金支持,便会显示出顽强的生命力。但此时企业面临的不确定性程度太高,以至于很少有投资者愿意投资,尤其是我国的风险投资机构还处于抗风险能力较差阶段。对创业企业而言,创业阶段经营风险最高,降低风险的唯一途径就是减小财务风险。股权融资往往是最好的选择。但是在既无成功的历史,也无明朗前景的条件下,IPO融资无法行得通。因此,向风险资本家融资成为创业企业的救命稻草。当然,也不是所有企业都有机会抓到这根救命稻草。进入成长期后,创业企业就会得到高速的发展,企业开始创建自己的品牌,拥有技术成本优势,管理也日趋成熟,各种战略开始陆续实施,而这都需要公司投入大量资金。成长阶段的企业,风险有所降低但依然处于较高水平,风险资本(VC)等权益资本还是主要的融资来源。IPO 战略决策开始纳入议程。当企业进入成熟阶段,就有了稳定的市场份额,良好的公司声誉,盈利能力仍然有所增长,但速度是减缓的,风险依然存,在但开始取决于销售额保持稳定的时间长短和盈利能力的高低。该阶段往往是风险投资机构"帮助"企业 IPO 或者合并,趁机退出的最佳时期。在企业生命周期的最后阶段,产品市场萎缩,企业盈利能力下降,开始出现入不敷出,企业进入衰退期。此时的企业,除非还可以通过重新研制新产品或者开拓新市场等获得新生外,既无必要也无可能进行 IPO 融资。

总之,这些理论为本书研究奠定了坚实的基础,不仅对本书选题具有重要指导意义,对本书的研究方法和思路也提供了有益的借鉴。具体的,对本书的写作意义可见图 1—5。

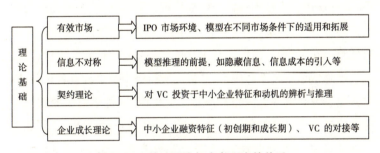

图 1—5 基础理论与本书研究的关系

第五节 IPO 抑价理论综述

IPO 抑价是有效市场理论难以解释清楚的,也是多年来财务学界研究的难点和热点问题。Brealey 和 Myers(1991)更是把 IPO

抑价列为现代金融研究的十大谜题之一。按照不同的研究出发点,现有 IPO 问题研究可以大致分为信息不对称、制度成因以及行为金融三大派别。

一、基于信息不对称的 IPO 抑价观点

基于信息不对称角度,对 IPO 抑价形成原因的解释有多种视角。为了清晰了解从信息不对称角度研究 IPO 抑价的文献观点,需要找到一条研究线索。IPO 过程涉及的参与人主要有发行人、承销商和投资者三类,他们之间都存在着不同程度的信息不对称。根据选择信息不对称研究不同当事人,现有研究主要从三个方面展开。

(一)发行人和承销商之间的信息不对称

Baron(1982)提出,发行人和承销商之间是一种委托代理关系,二者存在着信息不对称。作为代理方的承销商,拥有比作为委托方的发行人更多的信息和专业知识,因此在发行过程中往往占有优势。在定价时,他们会利用这种优势故意压低新股定价,以最大程度降低承销风险和成本,并借此发行吸引更多投资者认购,以更快更多地获取现金回报和声誉。简单说,这种承销商的占优策略最终导致了 IPO 抑价。Beatty 和 Ritter(1986)也提出,承销商为了保持良好的声誉会倾向于抑价发行股票。Loughran 和 Ritter(2002)进一步拓展了这一观点,提出承销商在持有配售权时,更可能故意压低发行价格,而发行人在认为上市后股票价格比他们期望高时,会容忍 IPO 抑价。而且,发行人预期近期财富增长的越多,就越不愿意与承销商讨价还价,相应的抑价也就越高。

(二)发行人和投资者之间的信息不对称

投资者作为外部人,很难充分了解公司的内部信息,如管理能

力、技术支持、成长潜力等真实状况。作为发行人，通常会隐藏对自己不利的信息，以求获得更高的股票估值。为了降低风险，理性的投资者只能对所有的发行人进行平均估值。此时，低质量公司发行股票总能获得收益，而高质量公司则有被排挤出市场的可能。这是典型的逆向选择问题。

当然，如果高质量公司 IPO 项目可以获得更大利益，也有可能通过高抑价向市场传递信号。如 Allen 和 Faulhaber（1989），Grinblatt 和 Hwang（1989），Welch（1989）等认为抑价是发行公司向投资者传递的一种信号。与外部投资者、承销商相比，发行人对企业未来现金流量拥有更多的信息。高质量发行人故意压低其真实价值出售新股，以有别于质量差的企业。通过 IPO 抑价诱使潜在投资者收集信息并在二级市场上确立其真实价值。质量好的公司在增发时可以获得一个更高的价格，质量差的公司若要模仿实施这种信号则很难在后续发行中得到弥补。Ibbotson（1975）提出抑价发行是为了激发投资者的热情，以使增发获得更高的价格。Welch（1989）也认为 IPO 抑价是为了获得较高的增发价格，即抑价增加了劣质公司的模仿成本。

也有学者从另外角度提出对抑价的解释。Booth 和 Chua（1996）从流动性角度提出，发行人为了造成新股的超额需求，保持 IPO 后的股票流动性而有意抑价。而且，抑价会为公司带来更多的投资者，尤其是中小投资者，从而起到分散股权的作用。Chemmanur（1993）提出，业绩好的公司确实希望投资者能够收集有关公司的信息，为了弥补外部投资者信息收集的成本，发行公司只好降低新股的发行价格。Francis 和 Hasan（2001）通过实证证明，为了区别于低质量企业，高质量的企业会故意抑价发行，以在增发时制定更高的价格。Jegadeesh，Weinstein 和 Welch（1993）证明,IPO 抑价更高的公司,更可能在 IPO 之后三年内增发股票,并且增发规模更大,从而支持了信号传递理论。

(三)不同投资者之间的信息不对称

考虑到投资者之间的信息不对称,Rock(1986)将投资者分为知情与不知情两种。他认为知情投资者知道股票的真实价值,因此只会认购那些发行价低于真实价值的新股,而不知情的投资者分配到这些低估的股票的可能性就较小;对于那些发行价高于真实价值的新股,可能只有不知情投资者中签,因此不知情投资者就陷入了"赢者诅咒"的困境。久而久之,不知情投资者就会丧失认购新股的积极性。发行人为了确保更多的人参与股票认购,将 IPO 股票发行价定在低于股票期望价值的水平,即通过 IPO 抑价手段来吸引不知情投资者。Koh 和 Walter(1989)的研究发现,在新加坡市场中,IPO 股票抑价幅度平均为 27%,但不知情投资者的认购收益经中签率加权后仅为 1%。Levis(1990)、Keloharju(1993)对英国和芬兰的实证研究也得到了类似的结果。

上述理论研究各有侧重,都仅在一定程度解释了 IPO 抑价现象背后的原因,为 IPO 抑价问题研究奠定了丰厚的文献基础。但是,目前来看,这些研究并没有得到公认,且依据不同市场条件和数据取得的不同假说之间是有冲突的。不过,信息不对称对 IPO 抑价的影响已成为相关研究不可忽视的一项重要内容。

二、制度成因学派的主要观点

(一)规避诉讼风险假说

规避诉讼风险假说(Risk-averse Hypothesis)是由 Ibbotson(1975)首先提出的。他认为,新股抑价的理由之一,可能是发行公司和承销商出于避免法律诉讼的考虑。尽管他指出这种解释的

说服力度并不大,但毕竟可以从实证中找到一些证据。Tinic
(1988)首次对抑价作为规避法律责任的一种保险形式以及与此
相关的投资银行声誉的损失进行了研究和检验,并支持了规避诉
讼风险假说。Hensler(1995)也得出相同结论,提出 IPO 抑价是承
销商规避潜在法律责任和声誉受损的一项自我保护措施。Hughes
和 Thakor(1992)还特别指出诉讼风险不会导致每一个企业都产
生抑价,而是会形成一个均衡抑价水平。

　　Drake 和 Vetsuypens(1993)提供了法律诉讼假说不成立的证
据,指出 IPO 抑价不是避免法律诉讼的特别有效方式,并认为
Tinic(1988)提出的证据仅局限于警告的数目,不够充分。他对因
IPO 招股说明书中错误表述被起诉以及在 1969—1990 年间因登
记声明违反 1933 或 1934 年联邦证券条例被起诉的样本检验证
明,IPO 抑价并没有消除被起诉的风险。Lowry 等(2002)指出,这
可能是因为起诉 IPO 可能更多的是"秋后算账"所致。Keloharju
(1993)认为避免法律诉讼假说不能充分解释抑价的另一个理由
是,在美国以外的其他国家,即使没有遭受起诉仍然具有类似的
IPO 抑价水平。

　　(二)承销商托市假说

　　承销商托市假说(Price Stabilization)的出发点是,为了降低承
销商与企业在 IPO 过程中合谋欺诈的可能性并减少破发现象,许
多国家证券市场规定承销商负有稳定 IPO 市后价格的责任。
Ruud(1993)指出,IPO 抑价是源于承销商稳定 IPO 市后价格的措
施。他认为,主承销商并不是有意识地抑价发行新股,相反他们会
将发行价格定在预期上市后市场价值之上,对上市后跌破发行价
格的新股主承销商会采取价格支持行动。Schultz 和 Zaman
(1994)与 Ellis,Michaely 和 O'Hara(2000)等研究均支持了这一

看法。

Hanley,Kumer 和 Seguin(1993)发现,那些可能被托市的股票买卖价差(Bid-ask Spreads)比其他股票小,间接地证明了承销商托市的存在。Schultz 和 Zaman(1994)发现,新股上市后的 3 天里,当股票价格在发行价格附近时,承销商的买入报价总是高于其他做市商。他们指出,承销商托市的主要原因是防止一级市场投资者违约和维护承销商的声誉;Asquith, Jones 和 Kieschnick(1998)修正了 Ruud(1993)的研究后发现,承销商托市不能完全解释发行价与上市交易价的价差。Ellis, Michaely 和 O'Hara(2000)发现,在新股上市后主承销商总是成为最活跃的做市商。Benveniste,Busaba 和 Wilhelm(1996)则将承销商托市视为一种事前承诺,或者是承销商对一级市场的"知情投资者"讲实话的补偿。

实质上,承销商托市行为是一种不违法的股价操纵行为。在美国,证券交易委员会允许承销商在规定范围和时期内托市,同时规定了严格的信息披露制度。我国相关证券法规是禁止股价操纵行为的,而且还对 IPO 承销商持续督导提出了相应要求。但这反而使得托市行为更加隐蔽,以至于很难在实证中找到直接证据。

(三)锁定股份假说

为了维护二级市场的价格稳定和保护二级市场投资者,各国都对重要股东所持股份制定有限售的制度安排。通常,在国外,持股锁定期一般为 3—12 个月,而我国对原始股东限制为 1 年,控股股东为 3 年,机构投资者为 3 个月。Aggarwal,Krigman 和 Womack(2002)发现,由于管理者在锁定期满后才能出售所持股票,所以他们会策略性选择抑价,以期锁定期结束时个人财富最大化。而且,采用模型推理的方法,并利用 1990 年上市的公司样本进行了证实。Bradley 等(2001)实证检验还支持了锁定期结束后六个月的回报与分析师提供初始研究报道的数量正相关,这也证实了这一假说。

但是,对于新兴市场,更多的锁定源于强制,那么预期到股份锁定后的股价变动,投资者很可能对抑价发行的股票并不买账。这种情况限制了该假说的拓展性。

(四)股权分散假说

Booth 和 Chua(1996)提出,抑价作为一种工具,可以帮助公司实现股权分散的目的。他们假设信息搜集是有成本的,且随着投资者数量增加而增加。因为抑价能够在事后弥补投资者事前支付的信息搜集成本,所以与公司价值正相关。Brennan 和 Franks(1997)检验了 IPO 如何形成所有权与控制权分离结果以及内部人如何利用抑价发来保留控制权。他们证明,抑价可以用于确保超额认购和股份分配过程中的配给,以让所有者区分股份申购者并减少新股份的规模。尽管管理者们在 IPO 及七年后仅出售适度的股份,但是非高管持股在同一时间内却消失了,几乎三分之二股份被售给外部股东,因此实际上抑价促进了所有权与控制权的分离。此外,Marshall(2004)发现,关注流动性的公司抑价较高;Thomas(2006)发现,抑价与 IPO 后的股权结构相关。

也有一些学者得出不同结论。如 Laura 和 Sheehan(2002)发现,IPO 前后大股东持股现象没有发生变化;Arugaslan,Cook 和 Kieschnick(2004)以及 Hill(2006)发现,IPO 抑价并不是决定 IPO 后股权结构的主要因素。可见,这一假说也并没有得到广泛的认可和支持。

综合来看,这四种假说都是从制度角度入手,分析抑价形成的原因,但皆因各国制度的差异性、制度本身的局限性以及研究样本和方法的限制,使得单纯的就制度分析 IPO 抑价成因的研究缺少必要的理论延展性和充分的证据支持。

三、行为金融的观点

行为金融对有效市场假说是非常有力的冲击。该理论提出证券的市场价格并不是仅由证券的内在价值决定,在很大程度上还受到投资者心理和行为的影响。从理性过度到有限理性,行为金融学认为,在绝大多数时候理性和有限理性的投资者共同在市场中发挥作用。尽管行为金融还没有形成完整的研究体系,但在解释一些金融市场异象方面还是发挥了很大作用,譬如 IPO 抑价。投资者情绪、前景理论、信息瀑布在解释抑价产生原因方面具有一定的代表性。

(一)投资者情绪假说

Delong 等(1990)提出,噪声交易者对资产的收益预期受情绪的影响,且这种情绪具有系统性和不确定性。他们通过对理论模型的论证提出了封闭式基金折扣理论可以做出精确预测的贡献之一是,能够解释这些基金为什么抑价启动。一般认为这是最早涉及投资者情绪和抑价关系的文献。Ljunqvist,Nanda 和 Singh(2004)认为是投资者的"过度乐观"形成的认知偏差导致 IPO 抑价。热销市场的散户容易产生过度乐观的情绪,而机构投资者往往会保持清醒和理性。为了激励机构投资者的理性投资,发行人只有通过 IPO 抑价对机构投资者给予一定的补偿。Cook,Jarrell 和 Kieschnick(2003)对网络股热销期的 IPO 抑价研究证实了这一点,他们提出发行人与常客投资银行因 IPO 市场存在投资者情绪或噪声交易者而获得收益。Camerer(1989)也提出,由于不确定性较高,公司的股票价值很难评估,IPO 市场中很容易出现投资者的狂热情绪,从而导致泡沫的出现。Chen 和 Guo(2008)利用2004—2008 年中小企业板数据证明,投资者情绪可能是影响 IPO 抑价的关键因素,而发行制度的特殊性和股票供应的稀缺性也是重要原因之一。

(二)前景理论假说

与 Thaler（1980, 1985）提出的心理账户理论联系起来,Loughran 和 Ritter(2002)提出,发行人不担心将数以百万的美金以首日回报的形式放在桌面上,是因为他们往往会将抑价带来的财富损失与后市保留股份价格升值带来的财富盈余汇总起来考虑。只要财富增值的价值函数值大于财富损失的价值函数值,发行人就不会为 IPO 抑价而感到不悦。Krigman,Shaw 和 Womack(2001)则主张没有足够证据证明公司会由于对 IPO 时的承销商业绩不满而撤换他们,并发现一些高抑价的上市企业在后续发行中很少更换承销商。Ljungqvist 和 Wilhelm(2005)则发现,如果使用对 IPO 承销业绩不满的代理变量(包含将决策制定者的满意度作为行为代理变量),IPO 公司更容易在 IPO 后更换承销商。尽管他们的检验说明行为模型具有明确的解释力,但却没有直接证明偏离预期效用最大化是否决定了 IPO 初始回报的模式。

(三)信息瀑布假说

Welch(1992)从不同投资者购买股票的顺序考察信息不对称对 IPO 抑价的影响,提出投资者整体具有信息优势,但每个投资者拥有的私人信息都只是单方面的"利好"或"利空"。由于新股认购持续时间较长,市场会出现序贯认购的特征,先行购买者会向后继投资者传递信息,最终会形成一种理性反映的结果——信息瀑布(Information Cascade)。Shiller(1990)利用调查问卷证明,就如同观众一样,投资者存在"从众心理",承销商通过适当压低 IPO

发行价格可以形成超额的市场需求,从而造成价格大幅上涨的假象,刺激更多人来申购。Amihud,Hauser 和 Kirsh(2003)等使用通过平均配给分配给预约者的以色列数据检验了 IPO 抑价后发现,与 Rock(1986)的逆向选择理论一致,配给与抑价负相关;但无信息投资者得到的配给加权初始回报是负的,尽管初始平均回报率是 12%。数据不仅支持了 Welch(1992)的信息瀑布理论,还发现新股发行时,或者需求极高,或者认购不足,中间的案例非常少。

限于行为金融学尚未有完整的理论体系以及存在实证变量选择的代表性等问题,其在 IPO 抑价研究方面的贡献也往往被视为主流研究的补充和修正。

四、关于我国 IPO 抑价问题的研究

(一)基于西方理论检验中国市场 IPO 抑价的研究

IPO 抑价被认为是现代金融学研究的十大谜团之一,也正是因此在这个领域很难获得共识(Brealey 和 Myers,1991)。相比国外资本市场来说,我国资本市场建立较晚,对 IPO 抑价的研究起步也较晚,研究多着眼于利用信息不对称、信号传递等理论进行检验和解释。

1.基于信息不对称理论的检验

陈工孟和高宁(2000),韩德宗和陈静(2001)等借助信号传递理论来解释中国的 IPO 抑价现象。Su(2004)则采用我国 1994—1997 年的 A 股数据,验证了 Rock(1986)"赢者诅咒假说"以及信号假说。黄新建(2002)研究了 1999 年 12 月—2001 年 6 月在中国证券市场首次公开发行股票的抑价现象,提出我国上市公司 IPO 存在抑价是由于新股发行时潜在的投资者和公司内部人员之间存在严重的信息不对称,为了抵消这种不对称产生的风险,IPO

公司有意低价发行;信息不对称越大,则抑价幅度越大。郭建斌和岳贤平(2006)在内生信息成本的基础上引入了投资银行的信息成本函数,研究表明在投资银行和投资者信息成本相同的情况下,固定价格发售机制相对于累计投标询价制是一种处于劣势的机制选择。江洪波(2007)认为,在传统的基于有效市场和非对称信息框架的理论中,信号理论和承销商代理理论没有得到统计意义和经济意义上的显著支持,仅有"赢者诅咒"理论在市场化发行 IPO 样本的检验中有可能得到支持。邱冬阳(2010)根据信号理论,选取股权分置改革后的中小板市场 IPO 公司为研究对象检验发现,发行中介对 IPO 抑价没有显著的影响。朱红军和钱友文(2010)从发行制度角度出发,说明"租金分配观"比"定价效率观"要更合理,但也提出从信息不对称、市场气氛等方面来说,"降低 IPO 抑价率就是提高新股定价效率"的观点仍然成立。

2.关于二级市场投资情绪的检验

于栋(2003)认为,建立在信息不对称基础上的理论并不能完全解释过高的首日回报率,机构与散户的差别政策和行为的非理性则能够给予更好的解释。Kling 和 Gao(2007)利用中国股市机构投资者每日预测的数据来度量投资者情绪发现,当 IPO 初始回报为正时,机构投资者是乐观的,而当 IPO 初始回报为负时,投资者的情绪下降。熊维勤(2007)认为,基于以往新股发行的高抑价历史信息,无信息优势的散户投资者趋于高估 IPO 的内在价值,从而形成对新股发行的狂热情绪,并证实了投资者先验乐观情绪与 IPO 抑价之间存在显著正相关关系。进一步,他还应用随机前沿分拆方法对 IPO 高抑价进行了分解,发现我国新股发行市场上不存在发行人故意抑价行为,怀疑 IPO 高抑价可能完全来源于二级市场因投资者乐观情绪而产生的高定价。张小成、孟卫东和周孝华(2008)、张小成、孟卫东和熊维勤(2009)分别运用行为金融理论和博弈论研究了发行人和机构投资者以及散户的同、异质预期对 IPO 抑价的影响,发现参与人的意见分歧越大,抑价越高,并通过实例模拟进行了验证。

　　3.关于其他观点的检验

　　　除了上述两个方面外,我国对抑价的研究还涉及到承销商托市、持股锁定、法律规避假说。相比较下,这些研究较为零散。

　　　徐文燕和武康平(2002)建立了中国股市的收益率分布偏度模型,证实了上海股市承销商托市现象的存在。熊维勤和孟卫东(2007)通过对沪市 1996—2004 年间发行的 651 只 A 股 IPO 进行收益分布检验发现,IPO 上市后前 6 日的收益分布呈现出显著的负偏现象,从而否定了中国 IPO 市场上存在承销商托市行为。进一步对锁定和非锁定样本的对比分析表明,负偏现象是由机构投资者的抛售行为引起的,锁定期的限制减轻了 IPO 上市之初的价格波动。熊维勤(2007)实证检验了锁定制度对机构投资行为的影响,通过拓展 Aggarwal 模型建立了锁定期与 IPO 抑价的关系模型,证明了当首日抑价所产生的边际信息动量效应足够大时,锁定期将不能发挥传递公司质量信息的作用的结论。熊维勤、孟卫东和周孝华(2007)对此予以了证实。

　　　徐少君和金雪军(2008)发现,尽管立法程度和 IPO 抑价间存在负相关性,但控制了其他变量后,立法程度并未对抑价产生显著的影响;而相比之下,执法效率却显著地对 IPO 抑价产生了负影响;同时,社会资本也稳健地凸显出对抑价程度的减缓作用。

　　　这些研究虽然没有脱离西方经典研究框架,且更多的利用我国数据检验西方经典理论的适用性,但却为开创我国 IPO 抑价问题研究作出了重要贡献。

（二）从国情入手对中国市场 IPO 抑价的研究

实证分析表明,我国市场 IPO 抑价远远高于西方发达国家水平。肖曙光和蒋顺才(2006)以我国从 1990 年底沪深交易所设立到 2003 年 12 月 31 日在深圳和上海上市的全部 A 股公司为样本,统计得到的市场调整前后平均抑价率分别高达 215%和 191%,从而得出我国股市抑价率在整体上非常高的结论。刘煜辉和熊鹏(2005)也报告了中国市场异常高的 IPO 抑价,均值从 129%—949%,并指出经典文献关于 IPO 抑价的种种动机的假说在中国缺乏立论基础。

综合看来,对我国 IPO 抑价原因的分析主要有两派:一派认为制度是造成抑价高的原因,简称制度学派;另一派认为二级市场的异质或者过度乐观造成抑价偏高,简称行为学派。

1.制度学派的研究

相对于其他视角的研究,制度学派对抑价的解释无疑更贴合实际,但这些研究也因此受到观点适用性和推广性的困扰,并且很难将这些观点提升到较高的理论层面,更多的是就事论事。但应该肯定,这些研究对理解我国制度背景下 IPO 抑价问题是不可或缺的。

王晋斌(1997)在分析传统解释性变量的基础上指出,高抑价除了有可能是上市第一天收盘价不是均衡价格外(如人为哄抬股价等),另一个可能的解释就是"审批"决定的低市盈率角度提供了为什么我国沪市新股申购具有超额报酬率。李博和吴世农(2000)对 1996—1999 年在沪深证券交易所 529 家上市公司 A 股股票研究后提出,IPOs 定价偏低的原因是股票发行市场的制度性缺陷和股票二级市场的运行及投资者的投机行为共同作用的结果。刘煜辉和熊鹏(2005)认为,中国市场"股权分置"和"政府管制"的制度安排是导致极高的 IPO 抑价的根本原因。朱凯和陈信元(2005)以 Chowdhry 和 Sherman(1996)模型为基础,研究了认购方式对 IPO 抑价的影响,发现认购方式中隐含的利益分配是影响 IPO 抑价的重要因素。周孝华、赵炜科和刘星(2006)对 1995—1999 年和 2001—2005 年沪深市场的 IPO 数据进行了比较,结果表明核准制下 IPO 定价效率提高,IPO 定价趋于合理。毕子男和孙珏(2007)指出高抑价率的主要原因在于行政管制使股票发行人和承销商的议价能力发挥不足,根本原因还在于发行制度市场化程度不高。吴佩和姚亚伟(2008)实证说明,我国 IPO 抑价主要与我国新股发行机制不完善、资本市场不够成熟有关。冯金丽和詹浩勇(2009)以沪深两市 2004—2008 年 A 股市场 258 家 IPO 为样本的研究结果表明,现阶段政府管制的因素、主流券商的垄断力及上市等待期、发行市盈率等指标对 IPO 抑价有显著影响。邵新建和巫和懋(2009)研究认为,在承销商缺乏 IPO 股票分配权力且发行价格实际受到核准控制的背景下,机构投资者的价格发现功能受到了限制,所以导致法人配售、锁定制度不能有效降低过高的首日抑价。田利辉(2010)指出,金融管制和投资风险导致了我国股票发行超额抑价,并且从根本上,我国以往的新股发行超额抑价现象是制度性抑价,是政府干预市场的结果。邹斌(2010)以我国 2001—2008 年间首次公开发行的上市 A 股为样本的研究表明,政府在 IPO 发行定价中的"窗口指导"对 IPO 市场的运行效率有着直接影响,但随着 IPO 定价市场化程度的提高,政府窗口指导的效应正在被弱化。市场化询价提高了 IPO 股价的信息含量,IPO 定价的市场机制开始发挥主要作用,进一步推进新股定价的市场化有助于 IPO 定价效率的提高。尽管研究样本、角度各有侧重,但这些文献无疑都为本研究提供了有益的借鉴。

2.行为学派的研究

在我国,行为金融学的研究只能算是起步阶段。客观地说,这些研究并没有完全将 IPO 高抑价现象归因制度或是二级市场因素,但是我们仍然可以从不同研究中找到不同的视角。不同视角的研究针对的市场问题不同,有可能提供不同的发展建议。特别的,从行为学派的研究来看,学者们对二级市场过度反应或异质预期问题的研究,为我们研究抑价以及 VC 影响的模型设计提供了启示,使模型推导思路能够更加完整。

王晋斌(1997)认为我国股票发行市盈率并不高,较高的二级市场市盈率才是造成抑价畸高的原因。曹凤岐和董秀良(2006)也提出类似观点,认为造成 IPO 抑价程度过高的主要原因是二级市场价格虚高。进一步,张维等(2003)通过对新股定价的随机前沿分析提出,我国 IPO 高抑价的根本原因不在于新股发行定价的低估,而在于二级市场对 IPO 的过度炒作,且机构投资者又凭借其拥有的资本和信息优势,在其中起到了推波助澜的作用。江洪波(2007),田高良和王晓亮(2007)等通过实证检验,对这一观点进行了佐证。此外,吴建祖、辛江龙和贾明琪(2008)运用实物期权理论与实证研究相结合的方法也证明了投资者的过度反应是我国股票市场高抑价的主要原因。孙自愿(2009)结合 A 股市场"发行制度变迁"、"卖空限制"、"狂热投资者情绪"以及"异质信念"等因素研究发现,造成中国新股高初始收益现象的根本原因在于二级市场中的"价格高估",而不是一级市场的"价格低估",这与成熟市场的 IPO 价值低估现象具有本质区别。周孝华、胡国生和苟思(2005)通过引入行为金融学的噪声交易模型(DSSW)对中国 IPO 抑价现象进行分析发现,新股上市首日存在相当高的噪声,噪声拉高首日收盘价,形成噪声抑价,造成中国股市 IPO 高抑价。

武龙(2009)以 1998—2007 年间的 A 股 IPO 公司为样本的实证研究为此提供了证据。张小成(2009)提出机构投资者和散户投资者在对新股的价值评估中必然存在分歧,并实证说明我国 IPO 高抑价可能大部分来源于投资者异质预期而导致的无意抑价。汪宜霞(2005)以 1998—2003 年间的 520 家 A 股 IPO 公司为样本,采用可比公司估价法将 IPO 首日超额收益分解为一级市场抑价和二级市场溢价,研究发现,我国 IPO 首日超额收益主要来自一级市场的发行抑价,但二级市场溢价也占了五分之一的比重。

第六节　风险投资对企业成长与 IPO 抑价影响的研究综述

研究表明,成功的 VC 能够以相对低的资本支出取得非常高的回报(Sahlman,1990)。理论界围绕 VC 的研究涉及诸多方面。除了通过理论模型的构建进行研究外,由于企业上市前公开的数据较少,且较难获得,多数学者都围绕 VC 投资公司在 IPO 前后的业绩表现进行实证研究,只有少数通过问卷调查、访谈等形式对 VC 影响企业的方式及结果进行过调研。事实上,围绕 IPO 进行研究的原因还在于它是 VC 退出的一种特别重要的途径。如 Jeng 和 Wells(1998)以美国、日本、法国、德国、加拿大等 15 个国家的截面数据为基础进行了实证分析,结果证明 IPO 是风险投资最强的驱动因素。

鉴于本研究主要关注 VC 对企业质量的改善及因此影响抑价的机理,因此文献综述仅就这两方面展开论述。

一、VC 对企业成长影响的综述

实践中,各国政府对 VC 的发展进行大力推动,主要源于风险资本可以为创业企业的发展提供更多的机会,同时促进企业的快速成长。但风险资本投资是否促进了企业成长,促进企业成长的原因以及作用方式一直是财务金融领域探讨的重要课题。理论研究表明,风险资本具有不同于一般权益融资的特征,这些特征激发了创业企业经营业绩的提升和快速成长。对此,实证研究从不同方面进行了较为深入的分析并给出了相应的证据支持。

通常,VC 不仅会更谨慎地选择企业注入资金,还会为企业提供各种增值服务。VC 的专业化投资过程及其对投资企业的持续监督管理是其他形式的资本投资无法比拟的。而从理论上讲,这正是 VC 获取高投资回报的源泉。

(一)VC 运作流程综述

前面已提及,典型的 VC 主要以高科技领域的中小企业为投资对象,并凭借专家投资的优势,降低信息不对称水平,从而以少量的资金投入到经过严格筛选的企业中,通过在投资过程中对企业的持续监督和增值服务,并在企业成熟之际选择适当的时机和方式退出而获取高额收益。与其他资本的区别主要在于,VC 在投资前后有系统的操作流程和和管理规范,包括特定的投资对象、严格的投资流程、专业的项目管理技能等。

具体来看,风险资本会对创业企业进行严格的筛选评估(Ueda,2004),并通过恰当的控制权分配(Kaplan 和 Strömberg,2001;Kirilenko,2001;Dessi,2005)、融资工具的选择(Berglof,1994)、分阶段融资(Sahlman,1990;Cornelli 和 Yosha,2003)等契约设计激励和约束创业者,以降低投资风险。在投资过程中,为了尽快取得高回报,风险资本家还会帮助企业获取主要资源,对外部环

境进行分析,并参与战略与经营计划制定(Flynn 和 Forman,
2001)。这些都会促进企业的快速成长。当达到预期收益的标准
后,风险资本会通过 IPO、股权转让或者清算等方式退出。其中,
IPO 是收益最多的退出渠道(Bygrave 和 Timmons,1992),也是 VC
最偏好的退出方式。VC 的决策流程可以用图 1—6 来表示。

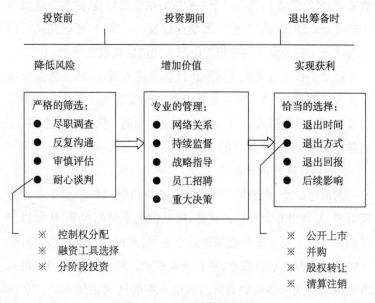

图 1—6 VC 决策流程图

(二)对 VC 的筛评与签约的研究

顾名思义,风险资本相对于其他形式来讲,面临的风险较高。
为了降低投资风险,防止投资后被创业者套牢,VC 会在投资前对
投资项目进行非常严格的筛选和评估,并在签约时力争自身利益
最大化。围绕这一问题,相关学者展开了不少研究。

Tykvova(2007)提出广泛的筛选和评估过程是 VC 投资的典
型特征之一。Jain 和 Kini(1995)认为 VC 投资的私人持股公司,

公开信息非常少,甚至没有。由于 VC 仅对其评估的一小部分公司提供资金,因此,当 VC 支持公司上市时,通常是已经过充分的筛选和融资,拥有经过仔细筛选的管理团队和恰当的董事会成员,有良好的发展前景的产品并处于明确的市场地位中有卖方和市场签约的优势。Fried 和 Hisrich(1994)对风险资本家(简称 VCs)访谈的结果说明,18 个 VCs 样本中,平均花费了 3 周的全日制工作时间用于评估和达成交易,而且这个过程完成几乎 100 天的时间。为了辨别 VC 规避逆向选择问题进行的活动,他们还对投资决策过程进行了检验,发现广泛的筛选和评估过程让 VCs 在投资前收集了大量的信息,而这些信息减少了逆向选择问题。

尽管可以设置各种契约条款持续监管约束创业者,但事实上一旦决策生效并达成交易,监督是很困难的(Sahlman,1990)。因此,VCs 在筛选和评估过程中是相当谨慎的。Barry(1994)研究表明,风险资本家在一年中筛选上百个申请,但仅投资于其中很少的几个。而且,还有很多 VC 公司专门投资于特定发展阶段(如初创期和产品生产阶段)或特定行业的公司(生物技术、电子信息等高科技领域)。Tykvova(2000)研究还提出,由于风险资本家可以通过为较成熟公司而非创业企业提供资金并从范围和规模经济中获利,所以他们对年轻的小企业融资不感兴趣,而是更偏爱较成熟的大公司。事实上,在欧洲年轻的小公司不太可能取得 VC 融资,但在美国有 1/3 投资于早期企业。可见,风险资本家的高风险只是相对而言的,他们并不是"疯狂的冒险家"。

投资对象一旦确定下来,与创业企业的谈判就进入了实质阶段了。VC 对面临融资约束的创业企业来说,无疑是一种稀缺资源。相对来说,风险资本家在谈判中是具有优势地位的。同时,为了更好地激励创业团队努力工作,风险资本家与创业者会签订附带一系列激励约束条款的契约。这些契约主要涉及控制权的分配、资本注入的方式、融资工具的选择、薪酬计划等。

Hellmann(1998)提出,风险资本家通常持有创业企业的大量控制权。这是因为控制权可以保护 VC 不被创业者套牢。同时,也为 VC 搜寻更好的管理团队提供了正确的激励。

Sahlman(1990)指出,风险资本家和创业者通常拥有不同的信息。即便信息相同,他们也可能在某些问题上意见不一致,包括是否适合企业以及如何、何时兑现投资。风险资本通过以下几种方式解决这些问题:第一,最重要的控制创业企业的机制就是分阶段注入资本;第二,他们设计薪酬计划为企业经理提供恰当的激励;第三,他们积极参与投资公司的管理,并行使顾问的职能;第四,VC 维持投资流动性的机制。

关于融资工具选择,一般集中于可转换证券。Sahlman(1990)认为,使用可转换优先股能通过转换条款为 VC 提供弹性。VC 通常以公司业绩为基础审视优先股的转换率。如果公司表现好,转换价格就会高,管理团队股权稀释就低。Gompers(1999)认为,可转换债券不仅能够激励企业家努力工作,还有筛选不合格企业家的作用。Berglof(1994)在不完全契约理论基础上,提出可转换债券既可以保护投资者的利益,还能够保护企业家的私人利益免受损失。Schmidt(2003)指出,在可转换证券契约下,VCs 会根据项目的状态,在债券或普通股之间实现转换。这种弹性为解决道德风险提供了强有力的支持,同时保证了 VCs 在不同项目状态下可以做出最优决策。

Kaplan 和 Stromberg(2000)以美国 14 家 VC 公司(共 118 个投资项目和 200 轮次的融资)的调查数据为样本,总结了 VC 领域契约工具的应用情况。其中 90% 的公司采用了可转换优先股,而且

80%仅采用可转换优先股这一种工具。但 Cumming 和 MacIntosh
(2003)对加拿大 VC 的研究却表明,VC 契约采用了包括普通股、
直接优先股、可转换债券、直接债券和各种形式组合在内的工具,
而并非以可转换优先证券为主。由此推断,融资工具的选择很可
能与不同国家的法律和资本市场环境有关。

(三)关于 VC 投资过程中监管的论述

尽管 VC 在投资前进行了艰苦卓绝的工作,但仍然无法阻挡
项目失败的可能性。一旦投资,除非发现项目实在不可救药,否则
会坚持投入更多的努力,包括更多地介入董事会,更多地沟通和交
流,也包括利用自身影响和关系帮助企业开拓市场,利用专家优势
为企业进行战略指导等。因此通常来说,VC 比一般股东更加重
视对企业的监管。

1.对 VC 提供监督的认识与评价

Gorman 和 Sahlman(1989)对 49 位创业投资家进行了问卷调
查,结果发现 VC 平均在 5 家企业担任董事会成员,且平均花费一
半以上的时间去监督 9 家企业。

Barry,Muscarella,Peavy 等(1990)检验了 1978 — 1987 年 VC
支持公司 IPO 模式,发现 VC 专门投资于公司并提供大量的监督
服务。与他们的监督角色一致,VCs 采用集中持股形式,对更多的
投资提供了保护,并以参与董事会的形式提供服务。Dai(2006)认
为与共同基金相比,VC 赢得了更多的所有权,要求更多的董事席
位,并且通常在 IPO 后保留股份。Lerner(1995)检验了 VC 在目标
投资公司中董事会代表问题,提出如果 VCs 广泛监督管理者,当
出错概率大时,以董事身份参与会议的次数会更加密集。他发现
在融资轮次之间更换 CEO 间隔期间平均 1.75 个 VCs 增加到董事
会。研究还表明,董事会的 VC 代表会在 CEO 更换前后增加,而

其他投资者保持不变。

Tammy，Fields 和 Wilkins（2006）也发现类似结论，即当 CEO 的所有权比例下降时，董事会独立性、风险投资家拥有的董事席位和非关联大股东所有权份额会增加。Igor，Wright 和 Arberkt（2006）也发现，有风险投资背景的 IPO 公司具有更加独立的董事会。Campbell 和 Frye（2009）发现，从短期来看，高质量 VC 支持的 IPO 监督水平也更高。

Suchard（2009）研究探讨了 VC 支持在 522 家被投资企业上市时董事会的作用，指出澳大利亚董事会结构和机制与美国、英国类似，但市场活动特征与日本、德国更相似。此外，澳大利亚私人权益市场与欧美市场相比更年轻。他发现，与美国类似，VC 支持的 IPO 有更独立的董事会。

2.对 VC 提供其他增值服务的评述

Gorman 和 Sahlman（1989）研究发现，VCs 每年花费 110 个小时在被投资公司工作，而最常进行的活动就是帮助公司融得额外的资金。Chan（1983）通过模型推导，引入 VC 作为有信息的中介，说明 VC 可以解决逆向选择问题，使更多的好项目进入市场。在此基础上，Hellmann 和 Puri（2002）直接指出，密切参与的金融中介对其融资公司有更深的影响，并认为 VC 提供的增值投入超越了传统金融理论的解释范围。这一说法也得到了很多研究支持。

Gorman 和 Sahlman（1989）发现，风险投资家主要在帮助企业另外筹集资金、战略分析、CEO 更替、管理层招聘等方面提供了服务。

Sapienza（1992）对美英法荷四国的调查研究发现，投资家在战略性参与（如提供财务和商业建议、在董事会扮演举足轻重的地位）和密切与 CEO 的个人关系方面发挥了积极作用。

Sahlman（1990）研究发现，VCs 在董事会占有席位，在帮助招募关键人员并制定薪酬、与供应商和顾客打交道、制定政策和战略中扮演重要的角色,如帮助建立诸如合并与收购等交易。他们通常通过改变管理层直接进行控制,并且有时还乐意接管日常经营。所有的活动都被设计来增加成功的可能性并提高投资回报,这些活动都可以保护 VC 的利益并缓解信息不对称。

Hèllmann 和 Puri(2002)使用手工搜集的硅谷创业企业数据检验了 VC 对新企业发展的影响,研究发现,VC 与专业化的各种指标相关,如人力资源政策,股票期权计划,以及市场副总经理(Vise President,简称 VP)的雇佣。

Abell 和 Nisar(2006)研究了 VC 对投资企业的网络效应。VC 能够为其现有的投资公司带来特定的技术和能力并因此通过影响投资公司的主要经营活动而增加价值,高度结合可以转化为提供建议和支持,帮助形成团队文化,产生战略联盟,实行公司治理。

(四)VC 对被投资企业业绩影响的研究

事实上,并非所有的 VC 都是成功的,也并非 VC 投资的所有项目都是成功的。Sahlman(1990)指出资本失败的概率还是很高的,其调研样本为 34.5%。Barry(1994)选择性的检验了当时的研究结果,发现尽管有广泛的监督,还是超过 1/3 的 VC 投资最终亏损,还有很大比例是将老本都亏了,而且这通常是在 VC 持有并等待多年后发生的。

VC 退出的业绩取决于许多因素。如 Gompers et al.(2006)发现公司具有个人 VCs 的专业化程度与成功之间有强烈的正相关关系,而且有经验的 VC 组织往往业绩比经验缺乏的 VC 要好。Manigart 等(2002)在美国、英国、法国、比利时和荷兰五个国家抽样选取了 200 多家风险投资公司,结果发现投资于早期的风险投资公司会要求更高的报酬。Welpe 和 Kollmer(2006)发现公司制

风险投资的影响比其它类型风险投资的影响更积极。也正是因为
VC 发展受到了多方面的影响，因此 VC 对企业业绩的影响并未得
到一致的结论。

1.对 VC 提升企业业绩的研究综述

（1）关于 VC 影响财务业绩的相关论述

当然，风光背后往往隐藏无限心酸。尽管 VC 投入了大量的
人力、物力、财力，但并非所有的 VC 投资项目都会赚的盆满钵溢，
事实上更多的项目是亏损的。那些幸运的存活下来的企业发展到
一定阶段，VC 会四处奔走，寻求满足其利益最大化要求的退出路
径。通常，当企业具备 IPO 的实力时，VC 的收益几乎唾手可得。
多数研究对 IPO 前后的 VC 持股企业业绩的研究证明，VCs 不仅
可以降低代理成本，还可以提升企业业绩。

从降低成本角度看，主要是有关代理成本和上市成本的论述。
Kaplan 和 Strömberg（2001）认为，投资前的审慎调查、签署投资协议
和投资后管理是风险投资家降低代理成本的三项主要措施。Meg-
ginson 和 Weiss（1991）研究发现，通过减少发行公司和投资者、金融
专家如承销商和审计师之间的信息不对称，VC 能够降低上市成本。

关于 VC 影响企业经营业绩的研究涉及到的方面则较广，不
仅包括反映经营效率的指标，也包括反映企业获利能力的指标。

Jain 和 Kini（1995）对有 VC 支持的公司与无 VC 支持的配对
样本在 IPO 后经营业绩进行了比较，并检验了 IPO 市场 VC 监督
的增值潜力。他们发现，VC 支持 IPO 公司在公开发行后表现出
相对更好的经营业绩。而且，市场看上去能够识别 VC 监督的价
值，在 IPO 时会以更高的估值反映。

Alemany 和 Martí（2005）选取了 VC 支持的 323 家西班牙企
业，并将其在销售、毛利润、净利润、总资产、无形资产及税收的增

长速度与控制组进行比较分析。研究结果表明,创业投资支持的企业具有显著较快的成长速度。

Gangi 和 Lombardo(2008)对一系列 1995—2004 年意大利 IPO 样本的经济财务变量进行了分析,提出 VC 支持 IPO 公司会产生更好的业绩,成长性,获利性或财务稳健性方面,如果与无 VC 支持相比甚至会更好。

(2)从非财务指标看 VC 对业绩影响

Hellmann 和 Puri(2000;2002)研究发现,风险资本支持的初创企业比无风险资本支持企业更快地营销新产品并且更充分地发展内部组织等。Zucker,Darby 和 Armstrong(2001)提出在生物行业 VC 培育了创新并提高了公司成功的可能性。Engel(2002)研究表明,存活下来的 VC 支持的企业比无 VC 支持企业实现了更高的雇员增长率,风险投资家比其他投资者更有能力推动企业更快成长。Bertoni 和 Grilli(2009)对 537 家意大利新型技术企业进行了研究,通过生存资料分析模型检验了雇员增长,发现 VC 能促进企业成长。Wasmer 和 Weil,2000;Kanniainen 和 Keuschnigg(2004);Alemany 和 Martí(2005)也得到相似结论。

为了控制内生性,Balboa,Martí 和 Zieling(2006)以 VC 支持的 250 家西班牙企业为样本,对雇员、销售额等相关变量在企业获得第一轮投资前后的变化分别与无 VC 支持的控制组对比,结果发现,获得 VC 投资之前,两组样本在销售额和雇员增长方面没有显著差异,但在获得投资之后表现出显著差异。因此得出了 VC 对企业成长确实具有正面效应的结论。

2.不支持 VC 提升业绩的观点综述

鉴于 VC 是一种短期投资形式,VCs 也存在投机的动机,关于 VC 对业绩影响研究的结论并非一边倒,很多研究也指出了 VC 可能给企业带来的不利影响。

Wadhwa 和 Suresh(2006)指出 VC 投资数量和绩效的关系是一个倒 U 型的关系。Braul,Brown 和 Osteryoung(2009)对 VC 支持的小型制造业公司样本进行了检验,将其与在 1990—1996 年上市的无 VC 支持的制造业公司控制样本做了比较。使用抑价程度、三年销售增长率、三年累计股票回报以及三年存活率作为成功的指标。研究发现,两组样本无显著差异。Williams,Duncan 和 Ginter(2006)的研究也表明风险投资的参与、治理以及产权特征与医疗生物技术上市公司的绩效之间不存在显著地相关性。

Barry 和 Mihov(2006)对债务融资和风险资本对上市公司企业业绩的影响进行了比较,发现 VC 支持的企业存在更高的价值不确定性和风险。Bottazzi 等(2002)搜集了 500 多家欧洲上市公司的发行招股说明书与年度报告,组成了唯一的数据集。他们认为,样本中的 VC 支持公司没有比无 VC 公司增长的更快,也没有创造更多的就业。

3.VC 退出对企业业绩的影响

Astrachan,Her 和 McConaughy(2009)发现,VC 支持 IPO 企业在 IPO 后估值较高且后市表现更好。Jain 和 Kini(1995)还发现,VC 监督的代理变量与发行后经营业绩呈正相关。他们发现,与按照行业和发行规模配对后的无 VC 支持企业相比,VC 支持 IPO 公司发行后表现出相对更好的经营业绩。进一步截面回归分析揭示,控制了决定 IPO 后业绩的决定因素后,VC 支持企业持续表现出相对较好的经营业绩。

Coakley,Hadass 和 Wood(2007)对 1985—2003 年在英国上市的 316 家有 VC 支持和 274 家无 VC 支持的 IPO 企业上市后的经营业绩的统计发现,全样本时期中 5 年经营业绩显著下滑且不稳健,主要是由于在 1998—2000 年泡沫时期的显著业绩下滑造成的。而在其余年度 IPO 公司表现正常。截面回归结果支持 VC 在非泡沫时期的认证作用,但在泡沫时期 VC 在董事会的代表与经营业绩显著负相关。而泡沫年度的业绩下滑可以由市场择时和投资者情绪解释。

二、关于 VC 对抑价影响的研究

前面提及,IPO 是 VC 获利最多的一种退出渠道(Bygrave 和 Timmons,1992)。因此,VC 在退出时,是否利用信息不对称帮助企业谋划上市、是否对企业发行定价,即 IPO 抑价有影响以及影响程度及原因,引起了很多专家学者的关注和探讨。现有研究贯穿 VC 投资的目标、投资对象的筛选、投资时机的选择、投资过程的监督和管理等行为以及投资业绩评价、退出方式与时机的决策等全过程。总结起来看,研究思路见图 1—7。

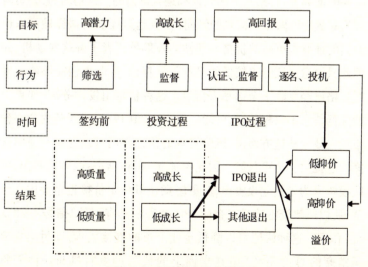

图 1—7 VC 投资研究的思路

根据现有研究,关于 VC 对抑价影响比较有代表性的假说可分为两派,分别为认为 VC 可以降低抑价的筛选认证学派与认为 VC 会增加企业抑价的逆向选择学派。下面主要就这两个学派的假说进行分别讨论。

(一)筛选认证假说

众所周知,风险资本投资多以高科技创业企业为对象。一般地,该类企业具有高成长的潜力,同时发展前景具有高度的不确定性。因此,VC 对预期投资对象的筛选对 VC 成来说至关重要(Zacharakis 和 Meyer,2000)。Elitzur 和 Gavious(2006)研究指出,本质上 VC 是因具有对创业者更好的筛选和监督能力而发展起来的金融中介。上述观点,通常被学术界统称为"筛选认证假说"(Screening and Certification)。

按照 Megginson 和 Weiss(1991)的观点,在发行公司的内部人与外部人对发行公司的价值有不同信息集时,对于资本市场任何时候的证券发行,第三方的认证都是有价值的。这是因为,公司内部人有激励隐藏不利信息的倾向(至少延迟揭示),这样做可以让他们的证券卖更高的价格。理性的外部投资者了解这些动机,并因此只愿意对证券以较低的平均价格报价,除非他们能够确信发行价格已经反映了全部私有信息。这种信息引发的分离,如果不能降低信息不对称的话,可能导致 Akerlof(1970)描述范式的那种市场失效。从这方面讲,风险资本的认证作用可以为规避逆向选择问题提供一个可行解。因此 Megginson 和 Weiss(1991)提出,风险投资家为了建立投资声誉,更愿意让 IPO 定价接近企业内在价值,所以风险资本持股在企业 IPO 过程中具有一种"信号"或"认证"作用。这种认证可以降低企业上市的直接成本,即付给主要承销商的总价差和"留在桌面上的钱",即发行抑价。他们将

1983—1987 年上市的有 VC 组与经行业、发行规模配比后的控制组(无 VC 组)对比后发现,VC 支持导致了显著较低的初始回报和总发行费用。因此证明了在发行公司中 VC 的存在有助于降低上市总成本并最大化发行公司的净发行收入。

此外,Megginson 和 Weiss(1991)还证明了 VC 会在 IPO 后保留显著比例的公司股份。由此推理,为了保证投资退出利益最大化,VCs 还会在 IPO 后继续提供监督服务。Jain 和 Kini(1994)研究发现,VC 监督的质量与发行后业绩正相关,从而进一步支持了认证假说。

Hall 和 Hofer(1993)提到研究投资评估标准的选用的意义在于研究风险投资的评估标准可以:有助于了解风险投资成功并获得高额报酬的原因;有助于改善新创公司的绩效;有助于创业家寻找风险资金时的参考,以提高筹资的成功机率。

Brav 和 Gompers(1997)的研究也表明,风险资本的参与,向市场传递了企业质量的信号,能够起到降低抑价的作用。Gorman 和 Sahlman(1989)的研究也认为,风险资本的参与可能表明企业质量高,起到证实作用,因此能够降低由于信息不对称导致的抑价程度。

Barry,Muscarella,Peavy 等(1990)提出 VC 监督服务的质量似乎可以通过更好的监督来降低抑价。Lerner(1994)提出,规模较大和司龄较老的 VCs 更可能作为董事会成员:有经验的 VCs 或者作为更有效率的监督者,或者更有效地为潜在投资者提供认证。Lin(1996)利用对标准化企业规模和年龄的等数值的加权值作为声誉的代理变量,发现 IPO 承销成本与 VC 声誉负相关,VC 支持能够降低抑价程度并显著降低承销费用。实证证据也支持了认证假说。他指出,VCs 是投资公司内部人中的积极投资者,通常他们

持有大量权益,履行监督职能,并在董事会提供服务。Kumar
(2004)发现,VC 支持的 IPO 抑价显著较低,并通过计量模型发现
VC 在董事会占席可以传递 IPO 质量并因此对 IPO 进行认证。结
果有力地说明发行公司中 VC 的存在最大化了 IPO 公司的融资额
比例、抑价净额和直接成本。

Dolvin(2005)认为,上市的机会成本与发行公司的信息不对
称水平直接相关。作为独立的第三方,承销商和 VCs,都被认为可
以通过认证缓解信息不对称来减少这一成本。他还发现,相对于
低质量 VCs,高质量的 VCs 能够提供增量认证。Ellul 和 Pagano
(2006),Chahine 等(2007)检验结果均支持了认证假设。

Booth,Booth 和 Deli(2010)发现选择排名较高的承销商的企
业抑价较低,而 VC 的存在与 IPO 公司选择有声誉的承销商的概
率正相关,从而可以发挥认证作用。Bessler 和 Seim(2011)对欧洲
市场 1996—2010 年 VC 支持的上市公司的业绩数据进行了分析,
发现 VC 这样的早期投资者,在 IPO 前就已经投资于公司的,会从
高首日回报(抑价)中获利并且在随后还能获得正收益。而取得
正收益的时间大概持续到上市三年后。Bruton,Filatotchev 和 Cha-
hine(2010)实证研究发现,风险资本家和天使投资人是两个能够
起到 IPO 企业的降低信息不对称和逆向选择成本的私人权益投
资者的核心形式。

虽然这些研究选择的样本、研究的方法有所不同,但这些研究
均是围绕 VC 投资的特殊性来探讨其是否具有认证作用。总之,
这些研究基本的观点是,VC 的筛选和监督降低了 VCs 与创业者
之间的信息不对称程度,可以帮助企业加速成长,从而可以向市场
传递好的信息,降低抑价水平。

（二）基于逆向选择的观点

由于风险资本投资机构与创业企业之间存在严重的信息不对称，导致在这种信息不对称条件下达成的契约也是不完全的。因此，当市场信息不对称普遍较为严重时，既便是 VC 的严格筛选也存在无法阻止签约前企业逆向选择的可能，同样在 VC 投资退出时，企业也有可能无力阻止 VC 的逆向选择行为。对此，有学者进行了专门的研究，前者以逆向选择模型（Amit，Glosten 和 Muller，1990）为代表，后者以逐名假说（Gompers，1996）为主。

1.企业的逆向选择问题

Amit，Glosten 和 Muller（1990）在代理框架下建立了一个逆向选择模型，提出能力较差的创业者才会选择 VC，获利能力强的企业则因为与信息不对称相关的逆向选择问题不使用外部参与就可以实现发展。或者说，由于企业家和风险资本之间的代理问题，好的企业不愿意受到外部股东的限制并且分享企业利润。因此，盈利能力强、前景明朗的企业不愿意接受风险资本，而盈利能力差的企业则会倾向于选择接受风险资本。因此 VC 所选中的企业要么风险高、盈利前景不明确，要么企业家自身能力不足。

Fried 和 Hisrich（1994）调查了 18 个创业者寻求 VC 融资的情况后分析发现，他们都没有能力利用个人资金或借款为企业融资。

Franzke（2004）研究了德国市场情况后发现，风险资本支持的 IPO 企业盈利性、销售收入较低，但发行规模较大。

Florin（2005）的研究表明，与上市前不接受风险资本的企业相比，寻求风险资本支持的企业在 IPO 前产生的财富明显较少，并且在 IPO 后继续担任企业 CEO 的创业者也更少。

这些研究说明，盈利能力强且有着良好发展前景的创业企业，一方面可能不会面临严重的融资约束问题，另一方面也不愿意放弃过多的控制权,或者不愿意 VC 过多干预管理。总之,好的企业一般并不愿意选择 VC 融资,而使得那些去追逐 VC 的企业相对质量较低。这是 VC 面临的创业企业逆向选择的具体表现,这一信息会传递给市场投资者,尤其是当企业上市时,只有抑价发行才可能顺利发行出去。这也部分地解释了 VC 持股抑价高的原因。

2.VC 的逆向选择问题

研究显示,美国超过 80% 的风险投资基金是有限合伙制形式,基金的运营期限平均为 10 年,并有不超过 3 年的选择延续期,过期后风险投资基金进入强制清算(Gompers 和 Lerner, 1996)。除获利指标外,VC 典型的计量成功的指标是推动上市公司的数目(Hellmann 和 Puri, 2000;2002)。因此,Gompers(1996)提出,年轻的 VC 为了赢得声誉和后续资金,会选择让被投资企业上市以便尽早退出,从而更快在市场上建立声誉。Gompers(1996)对 433 家美国 IPO 公司研究表明,与那些成熟 VC 相比,年轻 VC 支持的公司更加年轻且抑价更高。而且那些已经或是正在准备后续融资的年轻 VC 公司在 IPO 时担任董事的时间更短,持股少,抑价更严重。Barnes, Cahill 和 McCarthy(2003)也通过实证支持了该假说。Manigart 和 DeMaeseneire(2003)发现 VC 支持对抑价无影响,拒绝了认证假说,并提出法国 VC 可能存在逐名行为。

Barnes 和 McCarthy(2002)认为在 VC 行业里,让公司上市是 VC 支持的发行公司成功的一个标志,并提出 VC 推动企业上市的强大压力可能过度增加短期性,也可能导致严重的未成熟 IPO。

Lee 和 Wahal(2004)检验了 VC 支持对 IPO 抑价的作用。控制了收到 VC 融资的内生性因素后发现,VC 支持的 IPO 有更高的首日回报。他们发现,样本在 1980—2000 年平均回报率分布在 5.01%—10.32% 之间。而且回报率的差异在 1999—2000 年的泡沫时期更显著。Lee 和 Wahal(2004)研究还发现,更高的抑价水平确实将使得更多的后续融资资金流入风险投资基金,从而给该假说提供了另一个支持。

Neus 和 Walz(2005)也提出抑价是成立时间较短的风险投资机构建立声誉的一种手段。按该观点,年轻 VC 持股的企业会表现出高 IPO 抑价现象。

Chahine 和 Goergen(2010)控制了可能的内生性问题后,发现风险投资机构派驻人员到企业担任董事时,IPO 抑价和溢价均高,但对 IPO 后业绩的影响不再显著,从而认为研究结论支持了逐名和管理支持假说。

考虑到企业可能在融资时逆向选择,作为理性的经济人,风险投资机构如无法跳出这些低质量企业设局,就会选择利用自身优势尽早退出,以降低或者转移风险。

前面分析说明,由于风险投资契约的参与方之间的高度信息不对称,投融资双方都可能倾向于逆向选择,从而导致另一方风险加大。结果是,由于企业质量低导致 IPO 抑价也相应较高。而且,这些观点都得到了部分实证的支持。

(三)其他观点

对 VC 具体在企业 IPO 过程中扮演什么样的角色,一直没有得到一致的结论。这激发了一些学者从不同角度对这些观点进行检验的兴趣。

Ljungqvist(1999)指出,对于给定抑价程度而言,有 VC 支持企业的财富损失更大,稀释程度更高且 IPO 后 VC 保留权益的倾向性更强,这说明有 VC 支持企业降低抑价的边际收益越大。他认为,有无 VC 持股企业 IPO 抑价在时间上的差异是由于参与和稀释的作用而引起的。

　　Chemmanur 和 Loutskina(2006)对 VC 支持在 IPO 过程中的三种可能角色进行了实证区分。从认证角度,与无 VC 相比,有 VC 支持的 IPO 定价更加接近发行公司的内在价值,因为 VC 关心其声誉;从筛选和监督角度,VC 能够选择更高质量的公司支持(筛选),或者帮助企业通过在 IPO 前的阶段性增加公司价值(监督)而产生更高质量的公司;从市场力量角度,VC 吸引更多数量和质量的 IPO 市场参与人,如承销商、机构投资者和分析师,因此为其支持的 IPO 公司取得更好的估值。他们认为,IPO 抑价不是计量 VC 在 IPO 中作用的最好方法。相反,他们计算了 VC 与无 VC 支持的 IPO 的四个更直接的指标。Chemmanur 和 Loutskina 的证据更强烈地拒绝了认证假说,发现了支持市场力量假说的大量证据,并且部分支持筛选和监督假说。他们发现,VC 为其支持的 IPO 公司吸引了更高质量的市场参与人,因此增加了投资者对这些公司信任的异质性,导致对这些公司在 IPO 过程及随后二级市场的权益的高估。

　　Hsu(2004)对 VC 作为孵化器还是短期投资者的选择及这一选择对其投资公司业绩的影响进行了检验,特别研究了 VC 孵化期长度的决定因素和其对 IPO 抑价及其后经营业绩的影响。他发现,VC 扮演了双重角色:一方面,作为短期投资者,在股市估值高时,VC 缩短了孵化时间;另一方面,作为孵化者,VCs 观察到高风险时会延长孵化期。关于 VC 孵化期的影响,他指出孵化期越长,抑价越低,企业存活可能性越大,那么企业在上市后业绩表现越好。他还发现,VC 支持的 IPO 公司年龄对抑价的影响主要源于孵化期,而不是 VC 投资之前的时间。VC 孵化期越长,企业越容易存活,这是因为 VC 投资期限长的公司更有竞争优势并能更快成熟。该发现与 Hellmann 和 Puri(2002)一致——市场价值高估时,VC 通过缩短孵化期和仓促推动公司上市的方式扮演短期投资者角色,导致高抑价,而且 VC 支持企业 IPO 后就会表现为业绩差、存活率低。典型的,VC 所支持公司是不确定性很高的处于早期阶段的企业。如果长期孵化可以代表 VC 在公司的参与程度,那么预期孵化长度与抑价程度负相关。

Rossetto(2006)提出了对 IPO 两个实证谜团的解释。首先,证明了在热发时期 IPO 抑价会增加;其次,在正常活动期,VC 支持 IPO 抑价低于无 VC 企业,但相反在热发期 VC 支持企业 IPO 抑价高于无 VC 企业。该研究还说明,当 IPO 企业受到初始投资者变现并为融通新企业的动机所驱动时,新企业和现有即将进行 IPO 的企业价值主导着投资者对定价和 IPO 出售股份的选择。此时,有吸引力的新企业的可靠性会提高热发时期的均衡抑价。此外,他还发现抑价是受资者与企业管理者道德风险问题严重性的影响的。存在道德风险问题时,均衡抑价程度对新企业价值的变化更加敏感。这可以解释为什么 VC 为有更严重的道德风险问题的公司提供资金时,在一般时期抑价较低,而热发时期抑价较高。

Gangi 和 Lombardo(2008)研究认为,当市场分配的价值高于内部人预期时,低质量发行人可能会收到更有激励的报价,尤其是在泡沫时期(Benninga 等,2005;Coakley,Hadass 和 Wood,2004)。在这种条件下,VC 可能接受内部人的方式,如激发预期的 IPO(Gompers,1996;Lee 和 Wahal,2004)。此外,VC 甚至可能有动力采用投机方式最大化并预先考虑区别于低质量公司,这会减弱假设的认证作用。

也有研究发现,VC 持股对抑价没有影响。如 Markt 和 Kraus(2002)对德国 1997—2001 年上市公司进行了检验,发现用交互变量的方式,控制了事前不确定性和承销商声誉后,VC 支持的

IPO 公司的轻度缓解的抑价开始不显著。

综合国外对 VC 影响 IPO 抑价的研究来看,信息不对称是导致 VC 在 IPO 中发挥特殊作用的一个重要影响因素,而且,从不同 IPO 参与人具有的信息优势角度,这些研究给出了不同的理论推导和实证证据。这些研究成果,对研究我国 VC 作用于中小企业 IPO 抑价的原因、方式及程度以及理论解释提供了丰富的文献支持。

三、我国学者对 VC 影响企业业绩及抑价的研究

相对国外研究而言,我国对风险资本及对其对创业企业影响的研究略显不足。一方面,我国风险投资事业起步较晚;另一方面,我国资本市场建设的滞后性导致风险资本退出渠道不畅。当然,相关的管理体制、法律法规以及金融环境等转型市场特征也限制了风险资本的作用的发挥。风险资本投资的相关研究引入并不晚,但在实践中的徘徊却直接影响了相关研究的深度——多数研究围绕着风险资本的特征、意义以及相关理论问题展开,缺少必要的实证支持,更很难切实为实践提供理论指导。随着 2004 年中小企业板和 2009 年创业板的启动,结合我国实际和风险资本发展特征、中小企业融资特征对风险资本投资的相关研究才陆续丰富起来。

概括讲,我国对 VC 影响业绩与 IPO 抑价的研究文献较少,不仅与我国风险资本起步晚有关,也与我国 IPO 市场建设较晚直接相关。由于相关研究不多,还无法按照国外文献分类论述的方法进行综述,因而,选择 VC 对企业业绩和 IPO 抑价两个层面展开分析。

（一）我国关于 VC 对企业业绩影响的相关研究

刘二丽和崔毅（2007）对国外风险投资后管理与被投资企业绩效关系的相关文献进行了回顾和分析后指出，国外学者在这一问题上未得到一致的研究结论，有必要在中国情境下进一步验证风险投资后管理与被投资企业绩效的关系。遗憾的是，目前关于 VC 对业绩影响的文献几乎都得出了同样的结论，即现阶段我国风险资本对改善企业的作用非常有限。

宫立新（2006）通过问卷调查和实证分析发现，我国风险企业在应用风险资本的时候，还是仅仅把风险资本当作一种融资资金在使用，风险资本并没有充分发挥其与银行融资或其他融资相区别的独特作用。

侯建仁、李强和曾勇（2009）采用 2002—2005 年期间初审合格的申报企业的项目申报书信息，以及利用网络手工收集的相关数据，以 450 家创业企业为样本，从投资回报、获利性和成长性三个角度实证检验，结果表明风险投资及其参与期限对创业企业的绩效和获利性具有负向作用，而对创业企业的成长绩效无明显影响。

张丰（2009）运用均值比较和多元回归分析研究创业投资参与对我国中小企业板 IPO 的影响。研究发现，创业投资参与同企业偿债能力的关系的显著性较好，但与营运能力显著性较差，同时创业投资参与没有明显地缩短上市所需的时间，这说明国内创业投资很好地改善了企业资本结构，但提供的增值服务不足，项目选择中可能存在"逆向选择"问题。

黄福广和李西文（2009）利用 2004—2008 年在中小企业板上市的公司数据，采用多因素方差分析法，对比了风险资本持股企业与无风险资本持股企业在上市前后三年的业绩表现，结果发现，风险资本持股并没有显著改善财务业绩,并提出可能与我国风险资本发展特征有关。

当然也有个别研究认为风险资本还是显示出其特殊性,如谈毅、陆海天和高大胜(2009)以 2004 年 6 月 25 日至 2006 年 12 月 31 日在深圳中小企业板上市的公司为样本,沿用西方配对实证分析方法,进行了实证检验。结果发现,风险投资在 IPO 抑价、上市费用、研发投入方面并没有显著积极影响;在长期运营绩效、超额收益方面,风险投资参与企业都显著差于无风险投资参与企业。

综合看来,投资于中小企业板的风险资本并没有显著改善企业业绩。这一结果既可能与研究选择的数据样本有关,也可能从侧面反映出我国风险资本投资过程中可能还存在一些亟待完善的问题,如参与管理程度不够、投资阶段滞后等。随着多层次市场建设的全面展开,风险资本退出渠道更加丰富,研究样本也会越来越充分,将更有利于深入挖掘我国 VC 在中小企业发展以及 IPO 过程中的作用。

(二)我国关于 VC 对 IPO 抑价影响的研究

我国学者对 VC 影响抑价的研究主要集中在最近三年,主要是受到中小企业和创业板市场起步晚、公开数据不易获取的限制。这些研究多以西方现有理论为蓝本,对我国 VC 影响抑价的方式、程度等相关问题进行实证分析,以此检验西方理论的适用性,并对我国风险资本发展提供建议。实践发展的滞后性,也导致了适合解释新兴市场风险资本对 IPO 抑价影响的相关理论研究迟迟未能有效开展。

寇祥河,潘岚和丁春乐(2009)应用单因素分析和非参数检验方法对风险投资在企业 IPO 中的功效进行了检验,并以深圳中小企业板 VC 支持企业为主,结合中国大陆主板、美国和中国香港资本市场的中资上市公司为研究样本对多个市场进行了对比。实证结果表明:(1)风险投资的"认证功能"存在市场差异;(2)风险投资支持的企业 IPO 普遍存在"发行抑价"并且 VC 支持上市企业具有更高的发行抑价率;(3)风险投资支持的企业不存在"IPO 效应"。

刘晓明,胡文伟和李湛(2010)提出在持续的金融市场活动中,风险投资(家)在风险企业发行上市过程中具有特殊的作用(核证、监管;消除信息不对称、提供资源基础等)。

郑庆伟和胡日东(2010)选取 2004—2008 年在我国中小企业板上市的 44 家具有明确风险投资背景企业为研究对象进行了实证检验,发现有无 VC 两组数据在发行市盈率和发行价格上无显著差别。他们认为,风险投资对风险企业的监控认证作用没有发挥出来,这和我国资本市场的不完善有很大关系;风险投资参与导致受资企业的发行抑价程度更高。

张丰(2009)研究了股票市场表现方面,认为有 VC 参与企业的 IPO 抑价程度显著高于无 VC 参与企业的 IPO 抑价,即 VC 参与没能起到国外实证得出的"认证作用",这说明国内 VC 可能存在"逐名动机",即为了获得高声誉宁愿承担 IPO 高抑价的成本。

曾江洪和杨开发(2010)以一年间在我国中小企业板上市的家公司作为研究对象,运用差异性比较和多元回归分析,研究 VC 对抑价的影响。研究结果表明,有 VC 支持的企业的抑价率显著高于无 VC 支持的企业,但 VC 与抑价没有显著相关关系,VC 对抑价影响的认证作用、筛选监督作用、逆向选择和躁动效应在我国并不存在。进一步分析表明 VC 支持企业的高抑价率来自二级市场投资者对其预期过分乐观,而非发行定价偏低。

谈毅和杨晔(2011)利用我国 2004—2008 年中小企业为样本

进行的实证检验发现,创业投资持股比例高的企业 IPO 抑价程度、ROE 和 EPS 的样本均值高于创投持股比例较低的样本组,但是只有 ROE 的差异是显著的。

蒋健、刘智毅和姚长辉(2011)以 2006—2008 年在中小企业板上市的 218 家企业为样本,进行了实证研究,结果表明,VC 对受资企业在上市前的盈利能力与业绩成长能力有促进作用,在受资企业上市后,给投资者传递了积极的信号,提升了 IPO 的初始回报。并且,他们还证明 VC 参与企业初始回报更高并非是由于过度反应所造成的。

雷星晖、李金良和乔明哲(2011)选择了深圳证券交易所创业板上市的 175 家企业作为样本进行实证研究发现,创业投资的参与并没有明显发挥"筛选"、"监督"和"认证"等作用,降低抑价水平,并提出创业投资存在"只求上市,不求成长"的现象。

尽管基于不同市场数据得出的结论是不同的,但对于 IPO 抑价现象所给出的不同解释都有合理之处,而且均得到了一定的证据支持。因此,这种结果的差异很可能源于市场发展状况、风险资本与创业企业的特征。在成熟的市场环境下,信息不对称程度较低,在声誉与短期利益的较量中,风险投资机构可能更倾向于通过发挥认证作用建立起高声誉,以求长期发展;而且越是成熟的风险投资机构,越有能力对企业进行筛选和监督,越有可能向市场传递一种质量好的信息,从而降低抑价,并获得高额回报;这种市场条件下,质量较差的创业企业,不仅模仿难度大而且成本高,年轻的风险投资机构将企业过早推向市场的行为也越容易被市场识别。当市场不成熟时,VC 发展历程短、组织形式对风险资本家约束小或相关法规体制建设跟不上,并且这种高度信息不对称环境很可能会给企业创造天然的逆向选择土壤,造成投融资效率低下,甚至可能出现投融资供需均旺盛但对接无效的不利局面。因此,对于风险资本是否影响企业业绩,进而影响抑价高低,应该具体问题具体分析,即需要从制度、市场、VC 以及中小企业特征多方面深入思考。

第二章　中小企业融资及背景分析

　　中小企业发展是经济增长的动力,对一个国家的经济发展、社会稳定具有重要价值。正是由于中小企业的重要性,吸引了众多学者关注,而其融资难问题一直以来都是理论与实务界研究的重点。近年来,随着我国防止通胀的银根紧缩,中小企业融资难问题更加突出。这主要是由中小企业自身特征和融资环境所决定的。

　　需要说明的是,本书关注的重点是风险资本对中小企业 IPO 前后的影响,而并非以中小企业融资为主题。IPO 是中小企业重要融资渠道之一,同时也是风险资本退出的最常用方式。通常,这类研究对象集中于各国创业板市场,但我国大陆创业板市场开启较晚(2009 年 10 月),研究数据相对较少。而中小企业板成立时间相对较长,且为高科技高成长型中小企业提供融资平台的宗旨与创业板是相一致的,是我国的"准创业板"。在我国,在风险投资机构集中投资于上市前夕的状况下,中小企业板为风险资本退出同样提供了便利——风险资本持股企业占到上市总数的四分之一。综合上述原因,本书选择以中小企业板为研究对象。

第一节　我国中小企业发展现状与融资特征

　　2008 年 6 月,中国人民银行对 8000 多家民营工业企业和近3000 家金融机构进行了以"中小企业贷款覆盖率"为主要内容之

一的调查,发现,截至 2008 年 5 月末,全国中小企业贷款覆盖率为
18.7%,比发展中国家平均水平(10.1%)约高 8.6 个百分点;与发
达国家(54%)相比,在覆盖率方面仍存在较大的改善空间(萧端,
2010)。而根据 2011 年 9 月 23 日工业和信息化部发布的《"十二
五"中小企业成长规划》(以下简称《成长规划》)显示,2010 年末,
全国工商登记中小企业超过 1100 万家,为我国提供了 80%以上的
城镇就业岗位和全国约 65%的发明专利、75%以上的企业技术创
新和 80%以上的新产品开发。由此可见,在我国经济发展中中小
企业的地位举足轻重。但不可否认,长期以来,中小企业受到融资
问题的困扰。这既与我国处于经济转轨的特殊时期的大背景有
关,也是由中小企业自身特征决定的。

一、中小企业的特征

(一)中小企业的界定

1.法律法规的界定

对于中小企业,世界各国的划分标准并不相同,如美国、日本、
英国等都有各自的界定标准。不仅如此,各国对中小企业的划定
标准也不是一成不变的。如截至 2008 年,我国对中小企业的界定
前后经过了五次较大调整(周月书,2008)。2011 年 6 月 18 日,根
据《中华人民共和国中小企业促进法》和《国务院关于进一步促进
中小企业发展的若干意见》(国发[2009]36 号),工业和信息化
部、国家统计局、国家发展和改革委员会、财政部联合颁布了《关
于印发中小企业划型标准规定的通知》,对中小企业类型划分、适
用行业以及各行业划分标准进行了第六次调整。该通知整体上将
中小企业划分为中型、小型、微型三种类型,然后结合不同行业特
点,按照企业从业人员、营业收入、资产总额等指标又制定了更加

明确的具体标准。在各行业的具体标准参见表 2—1。业内人员普遍认为,这一划分标准的细化,有利于缓解中小企业的"融资难"问题,尤其是对小企业和微型企业而言。例如微型企业的划分有助于更有针对地找出问题的关键,以便制定出相应的优惠和扶植的政策措施。

2.本书的界定

对中小企业的划分标准只是从数量上(主要是对规模的界定)描述了中小企业的特征。事实上,与大型企业相比,中小企业从融资、生产经营到成长壮大的生命周期中都具有一些显著的特征。那些高科技型中小企业的特征更为明显。高科技型中小企业,如果处于从产生到发展成熟前的阶段,通常被称为创业企业(Entrepreneur Firm,或者 Start-ups),而这些企业的创建者及其团队通常被称为创业者(Entrepreneur)。实质上,创业可以理解为一种高风险的创新活动。这是因为,创业过程始终伴随着技术、组织、战略乃至各种内外环境的变革和创新。随着科技信息的飞速发展,创业更多地聚集到高科技产业,如信息、生物、新材料、新能源等领域。这些创业企业是中小企业发展的重要力量。

表 2—1 中小企业划分标准

行业名称	指标名称	单位	大型	中型	小型	微小
工业	从业人员数	人	≥1000	300 — 1000	20 — 300	<20
	营业收入	万元	≥40000	2000 — 40000	300 — 2000	<300
建筑业	营业收入	万元	≥80000	6000 — 80000	300 — 6000	<300
	资产总额	万元	≥80000	5000 — 80000	300 — 5000	<300
批发业	从业人员数	人	≥200	20 — 200	5 — 20	<5
	营业收入	万元	≥40000	5000 — 40000	1000 — 5000	<1000

续表

行业名称	指标名称	单位	大型	中型	小型	微小
零售业	从业人员数	人	≥300	50—300	10—50	<10
	营业收入	万元	≥20000	500—20000	100—500	<100
交通运输	从业人员数	人	1000	300—1000	20—300	<20
	营业收入	万元	≥30000	3000—30000	200—3000	<200
邮政业	从业人员数	人	≥1000	300—1000	20—300	<20
	营业收入	万元	≥30000	2000—30000	100—2000	<100
住宿餐饮	从业人员数	人	≥300	100—300	10—100	<10
	营业收入	万元	≥10000	2000—10000	100—2000	<100
农林牧渔	营业收入	万元	≥20000	500—20000	50—500	<50
仓储	从业人员数	人	≥200	100—200	20—100	<20
	营业收入	万元	≥30000	1000—30000	100—1000	<100
房地产开发经营	资产总额	亿元	≥1	0.5—1	0.2<0.5	<0.2
	营业收入	亿元	≥20	0.1—20	0.01<0.1	<0.01
信息传输	从业人员数	人	≥2000	100—200	10—100	<10
	营业收入	亿元	≥10	0.1—10	0.01—0.1	<0.01
软件和信息技术	从业人员数	人	≥300	100—300	10—100	<10
	营业收入	万元	≥10000	1000—10000	50—1000	<50
租赁和商务服务	从业人员数	人	≥300	100—300	10—100	<10
	资产总额	亿元	≥12	0.8—12	0.01—0.8	<0.01
物业管理	从业人员数	人	≥1000	300—1000	100—300	<100
	营业收入	万元	≥5000	1000—5000	500—1000	<500
其他	从业人员数	人	≥300	100—300	10—100	<10

或者说,中小企业在创建初期,如具有高科技含量和高成长的特性,就成为中小企业中的明星,即创业企业。中小企业的成长是通过创业者的努力经营实现的。创业初期,创业活动可以按照是

否形成企业形态,分为两个阶段:筹建期和运营期。在创业过程中,创业活动有可能成功,也有可能失败。在筹建期,创业者开始构思企业蓝图、设计商业计划、寻找并组织创业资源;进入运营期,即创业组织正式运行后的阶段,企业作为一种组织形式正式运营。筹建期,好比两个恋人构思筹备婚礼,但其间可能出现各种意外情况,随时存在分手的可能性,家庭并未真正建立起来,风险较大。运营期,好比两个恋人已经正式注册结婚,得到了公众与法律的认可,正式开始家庭生活。当然在家庭成立初期,需要双方齐心协力应付各种内外环境的变化,风险依然较高。但是较前一阶段,家庭这个组织使个人产生了更加强烈的责任感,对实现筹备期的梦想抱着很大的憧憬,也有充足的精力。创业者在创业企业这个大家庭中的表现与此非常类似。

中小企业,某种意义上讲,是企业在创业过程中形成的具有结构的一种组织形态和关系网络。从自身发展的历史看,企业均是由创业期走向成熟的,即先有创业企业,然后有成熟企业,二者是企业不同发展阶段的产物。从两者在经济均衡中的作用来看,创业企业是"创造性地破坏"经济均衡状态,而成熟企业是通过协调机制不断的修复均衡状态。相对来讲,创业企业在组织设置、职能分配等许多方面还不成熟,但容易接受新事物,科技开发能力较强,能够灵活应对市场变化,往往体现出较高的成长性。一般意义上,创业企业被界定为处于创业阶段且具有创新精神的中小企业,包含高科技中小企业。本书研究的中小企业多为高科技高风险的创业企业,因此对二者不做严格意义上的区分。

(二)中小企业的一般特征

1.高度不确定性

高科技型中小企业,或称创业企业,往往处于新兴行业,或者开发一种新的商业模式,或者开发一种新产品,而这种创新使企业缺乏可供参考的对象和路径,起步与发展均面临很大的不确定性。由于成立时间较短,经营记录少,信息透明度低,直接导致企业知名度低,产品不被认可,市场空间狭小。这种局面会让企业发展举步维艰。由于无法获得准确的市场信息,如竞争对手状况、产品的市场前景、价格走势、产品需求状况等,创业者很难判断企业的未来价值。这些不确定性是中小企业,尤其是创业初期企业发展的最大障碍。限于这些因素的影响,很多科技项目在起步阶段首先面临的最大挑战往往不是技术问题,而是融资问题和管理问题。传统金融中介,如银行、信托等部门,一般比较保守,大多不愿意接受这类中小企业的贷款申请,即便接受也会要求企业有足够的抵押。刚刚起步的创业者几乎很难达到传统融资部门的门槛要求。因此这类企业在发展过程中,经常因缺少资金和管理经验面临生存危机。

2.高风险和高成长性

创业型中小企业通常规模小而且失败的风险高(Winton 和 Yerramilli,2008),因此很难取得发展资金。即便有幸取得发展资金,中小企业也会因基础薄弱、组织结构松散、职权设置不清晰、经营管理经验幼稚等导致其在市场中几乎无竞争优势可言。高科技中小企业依托高端科学技术为基本条件,技术开发的创新性更加剧了企业的风险程度。这是因为,消费者对新产品的接受和认可是需要时间的,而产品推广时间的长短既与产品自身特性有关,也与企业营销策略相关,还与消费者偏好有关。这对中小企业来说都很难掌控,因此无论在管理还是在技术方面都充满了风险。但与成熟企业相比,处于创业阶段的中小企业并非没有优势,其简化的管理控制程序、灵活的组织架构、直接透明的奖惩机制,加上创业团队的凝聚力和激情迸发的创业精神,无一不为其发展孕育着广阔的成长空间和巨大的成长潜力。实践证明,高风险高成长是创业企业的一大显著特征。

3.资本的高度专有性

人力资本、技术资本的高度专有性是创业企业的又一大特征。按 MBA 智库百科的定义,人力资本是指存在于人体之中的具有经济价值的知识、技能和体力(健康状况)等质量因素之和。根据杨瑞龙和杨其静(2001)的研究,"专有性人力资本"是指企业团队生产所必需的而又难以替代的人力资本。这种人力资本是创业团队凝聚的力量,包含着创业者个人具备的能力、智力和创业精神,也包括创业团队集体的智慧和奉献精神,是企业成长的根基和动力,可以为企业创造源源不断的价值。值得注意的是,这种人力资本的价值是随着企业生命周期的变动而发生变化的,在不同阶段具有不同的特征,发挥不同的作用。技术资本是指可以为创业企业带来商业利益的专有技术、专利或研究成果,具有不可替代、不可复制性,是创业企业赖以创立和成长的基础。将人力资本与技术资本等无形资产结合在一起,构成高科技企业创业期的一大特色。

以上所分析的中小企业特征,主要是与那些规模较大、发展较为成熟的大型企业相比较。由于具有发展的高度不确定性、高风险和高成长性以及人力资本的高度专有性,加上自身规模小、组织结构简单、公司治理不规范、信用记录少、建立时间短等特征,导致中小企业在资本市场融资时,往往被传统融资机构"歧视",因此尽管世界各国都会积极为中小企业融资提供便利和制度优惠,市场中依然普遍存在中小企业融资难现象。

二、中小企业发展的重要意义

中小企业在我国国民经济中发挥着不可替代的作用,但恶劣的融资环境严重地制约甚至危及着中小企业的生存和发展(周宗安和张秀锋,2006)。因此研究中小企业融资和成长的相关问题,对我国推动经济增长制定相关政策具有重要实践指导意义。

(一)中小企业对经济发展具有推动作用

不论在发达国家,还是在发展中国家,中小企业都是国民经济发展的重要组成部分。首先,目前我国共有 5000 多万家中小企业,已占全国企业总数的 99% 以上①,创造了 60% 的经济总量和 50% 的税收,提供了 80% 的就业岗位②。其次,中小企业作为市场竞争机制的积极参与者,充分反映了经济分散化、多元化的内在要求,具有大型企业无法比拟的先进性和革命性,已经日益成为经济增长的重要动力。而且,即便不考虑其自身产生的经济价值,中小企业的存在对我国改革的意义也不容小觑。在我国经济改革过程中,中小企业通常被作为是试验田和突破口。由于中小企业经营方式灵活,可以为各项改革措施提供较低成本的检验,因此能够为大企业的改革和实践提供有益经验借鉴和参考。与大型企业一起,中小企业的发展,尤其是高科技型中小企业的发展,构成了推动经济进步的重要动力。此外,中小企业的存在还可以充分整合社会资源,降低成本费用,提高资源的利用效率。这是因为,大型企业由于生产规模较大,往往采用分层次集中控制的手段实施生产、销售等环节的日常管理,更适合大宗资源的开发使用。虽然我

---

① 参见刘彤、梁爱平:《中国(陕西)非公有制经济发展论坛的报道》,见 http://news.xinhua net.com/fortune/2010-09/26/c_12608785.htm。

② 胡苏、刘畅:《中小企业成为亚太地区重要发展力量》,见 http://news.xinhuanet.com/fortune/2010-07/01/c_12287410.htm。

国地大物博,但整体发展却不平衡,尤其是存在很多数量较少、地域分散、不易集中利用或集中利用成本较高的资源,经营方式灵活多样、对市场反映灵敏的中小企业正好可以弥补这一空白。因此,同大型企业一样,中小企业发展也是我国市场经济建设的重要组成部分。

(二)中小企业对科技创新具有重要价值

一般来说,中小企业反应快速、机制灵活,组织结构转换成本较低,能够更好地适应市场环境的变化,因此在科技创新中的作用越来越突出,已经成为研究和发展创新的有效组织形式。据美国贸易部统计,二战以来 50% 的创新产生于小企业,95% 重大革新来源于中小企业(张玉利和段海宁,2001)。周月书(2008)认为,自20 世纪 70 年代,美国科技发明的一半以上是由小企业完成的;中国改革开放以来,专利约 66% 是由中小企业发明的,74% 以上的技术创新由中小企业完成,82% 以上的新产品由中小企业开发。可见,科技创新离不开中小企业的快速成长。《成长规划》进一步证实了中小企业在提升自主创新能力、加快经济发展方式转变方面的重要作用。它提出,中小企业提供了全国约 65% 的发明专利、75% 以上的企业技术创新和 80% 以上的新产品开发。在全国科技园区、高新技术园区中,中小企业比例超过了 70%。2010 年底,国家高新技术企业中的中小企业比例达到 82.6%。而且,根据第二次全国科学研究与试验发展(R&D)资源清查数据公报,2009 年全国开展 R&D 活动的规模以上企业中,小型工业企业达到 23953家,占 65.8%,私营企业达到 16153 家。因此,扶植中小企业的发展是推动科技创新必不可少的环节,也是促进我国经济转型的重要动力。

（三）中小企业发展对维护经济稳定和社会安定有重要意义

就业问题事关经济稳定发展和社会安定，而中小企业在增加就业方面扮演了其他经济体无法取代的作用。这是因为，与大企业相比，中小企业资产相对分散，工资成本也往往低于大企业，相同的资金投入，中小企业就能提供更多的工作岗位，在创造新岗位的能力方面大大超过了大企业，可以吸纳更多的就业人口。我国工信部发布的《成长规划》指出，"十一五"期间，我国中小企业新增城镇就业岗位 4400 万个以上，其中，规模以上中小工业企业从业人员由 5636 万人增加到 7056 万人，占规模以上工业从业人员的 77.9%。比较来看，中小企业提供 80% 以上的城镇就业岗位，成为农村富余劳动力、国有企业下岗职工再就业和高校毕业生就业的主渠道。可见，中小企业发展对维护国家安全稳定具有重要意义。

总之，由于中小企业对推动经济增长、科技创新以及维护社会稳定具有非常重要的作用，而中小企业发展却面临着无法顺畅融资的不利局面，因此，以中小企业为研究对象，对其在 IPO 融资过程中出现的低效率和是否受到风险资本的影响问题是具有重要现实意义的。

三、中小企业融资的重要特征

（一）中小企业融资与生命周期的关系分析

中小企业发展具有周期性，不同周期具有不同的发展特征，这决定了其融资的特征也有所差异。Gart 和 Klepper（1982），Miller 和 Friesen（1984）则将企业划分为五个阶段：出生、成长、成熟、复苏以及衰退。前面提及，Adizes（1997）认为一个企业从诞生到消亡，一般可分成初创期、成长期、成熟期和衰退期四个阶段，而创业企业是处于初创期的企业,即从企业创立到成长,从简单化经营到规范化、专业化管理的过程。通过比较可以发现,四阶段划分只是对五阶段划分法的一个精简。

事实上,企业发展并没有特别明显的阶段界限,而划分的依据主要是根据企业生产经营和业绩表现而确定的。Fama 和 French(2005)明确地指出企业的获利性和成长性是评价其财务决策的核心,因为有价值的成长机会暗示的是企业需要多少投资数额,而获利性反映投资需要在多大程度上能够采用内部融资。而要研究的 VC 投资对象,是私人持有的高成长公司(Gompers 和 Lener,2001)。确切的说,是企业成熟期之前的阶段。

Berger 和 Udell(1998)认为小企业融资的私人权益市场特别有趣,因为它们与为大企业融资的公开市场是如此的不同。私人权益和负债市场为那些信息高度不透明的小企业提供了高度系统化的复杂契约。契约的设计和报酬结构是以公司与创业者的财务特征、公司前景以及相关的信息问题为基础的。

综上,企业所处的生命周期阶段不同,则融资特征也有区别。因此,下面将结合中小企业成长之路,阐述其在不同阶段表现出的具体融资特征。

(二)结合生命周期理论对中小企业融资特征的分析

1.初创期融资特征

企业初创期的典型特征是,企业产品还没有被市场充分接受,生产规模小,往往销售收入不能涵盖成本,经营风险很高,财务资信较差,且对资金需求量巨大。因此,初创期的融资一般来源于创业者及其团队的自有资本,或是亲友借款及企业内部职工借款、民间借贷、政府基金等,传统的商业银行等外部资金占比一般很少。只有非常少数的创业者在这一阶段能够得到天使资金的支持,投资于这一阶段的风险资本更少的可怜。之所以有天使资金或者风险资本投入初创期企业，是因为该阶段企业往往掌握着先进的技术，拥有具有凝聚力和向心力的管理团队、技术专家等优势资源，一旦获得资金支持，便会显示出顽强的生命力。Sahlman(1990)，Berger 和 Udell(1998)研究均发现，企业在创业早期一般使用的融资手段除了自有资金外，主要包括商业信用和天使资金。Amit，Brander 和 Zott(1998)也提出，拥有较长孵化期和巨大失败率的初创期企业和项目对 VC 吸引力很小。Gompers(1996)发现美国的VC 更多的投资于早期的创业企业，但 Black 和 Gilson(1998)对美国 1992—1995 年数据统计发现，即便如此，多数 VC 还是投资于成长扩张期。

2.成长期融资特征

进入成长期后，企业就会加速发展，开始形成一定的品牌影响力，技术成本优势慢慢显露出来，管理技能和体制也日趋成熟，企业对发展开始有了明确的市场定位。同时，企业规模的迅速扩张，使得经营活动产生的现金流无法满足旺盛的融资需求。由于产品已经被市场认可，企业也已初具规模，风险相对有所降低，融资渠道也开始增加，如商业信用、短期银行贷款、票据融资等。这一时期，一些商业银行有可能会发放小额创业贷款，为他们严格筛选后的有发展潜力的中小企业提供支持，但通常会要求企业用有形资产作为抵押。同时，这一阶段也是风险资本最乐意介入的时期。Berger 和 Udell(1998)研究发现，企业进入成长期后的主要融资方式为商业信贷(有资产抵押)和风险资本。Aernoudt(2005)发现在成长阶段，VC 对投资于企业更感兴趣，而此时企业对外部融资的热情已经降温了。这可能是因为 VC 要求更多的控制权，而此时创业者愿意放弃的控制权会越来越少(见图2—1)。而且，他发现天使投资可能为第二轮的 VC 或者传统负债融资打开大门。

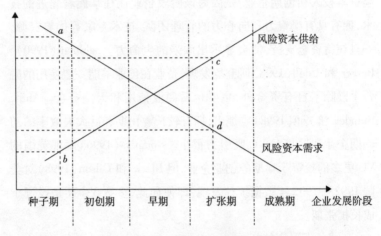

图 2—1　风险资本供求关系

3.成熟期融资特征

当企业进入成熟阶段,就有了稳定的市场份额,产品也逐渐向多元化发展,良好的公司声誉亦开始形成,盈利能力仍然有所增长但速度有所放缓。当然,该阶段的风险依然存在,但开始取决于销售额保持稳定的时间和盈利能力的高低。经历高速发展后,企业就会进入一个相对稳定的成熟期,此时企业已形成自己的特色,已经树立了良好的企业形象。此时企业的经营现金流量开始呈现稳定增长态势,与银行的合作关系进入蜜月期,财务杠杆得到有效利用。由于风险投资机构主要以获取高回报为目的,这一阶段开始之际往往是其"帮助"企业 IPO 或者合并,并趁机退出兑现的最佳时期。当然,VC 退出时机的选择有时也会因市场环境变化而有所调整,如市场所处经济周期(Loughran 和 Ritter,2002)、其他融资项目的紧迫性(Gompers 和 Lerner,2001)等。

4.衰退期融资特征

如果企业创新乏力、经营不当或是遭遇不可预测的破坏性事件打击,就会步入衰退期。一般来说,衰退期的企业会表现出技术装备日趋落后、产品老化、生产萎缩、效益下降等迹象。如果企业不能尽快摆脱困境,实现蜕变从而获得新生,那么最终将面临产品市场萎缩,企业盈利能力下降,现金流量也随之萎缩,甚至为负,资金周转不灵等状况,从而不得不进入衰退期。尽管财务状况持续恶化,由于信息不对称,银行仍然可能对其贷款,或是给予债务重组的机会,一旦问题暴露严重,企业不仅面临银行的停贷和催收,还有可能面临破产清算的危机。

一般来说,风险资本不会等到企业进入衰退期才退出,但如果企业从建立开始就在不断侵蚀资本,或者成长成熟期非常短暂,立即转入衰退,那么迅速退出以将损失减到最低才是风险资本的最佳策略。

四、中小企业融资面临的突出问题

（一）信息不对称

中小企业在融资时,面临的最严重的问题就是信息不对称。当然,这种信息不对称是与其发展的不确定性等特征息息相关。例如,中小企业组织结构相对简单、公司治理环境较差、产品市场环境模糊等,且中小企业难以提供经过审计的合格财务信息和经营记录,从而使银行在向其贷款时面临着更高的信用风险(张捷,2002)。在信贷市场上,中小企业一般都将没有经过审计的财务信息在媒体公布,其经营状况、管理状况、财务状况、客户关系及供销合同等信息都是"私人"信息,而银行放贷者一般只了解中小企业的整体情况,或者说只了解某行业的借款者的平均风险和平均收益,对于风险高于平均风险水平的单个中小企业,银行无法判断其是高风险者还是低风险者,这样一来,银行为了控制信贷风险,必然产生对中小企业的"信贷配给"现象,即只有少部分的中小企业能获得信贷(付俊文和赵红,2004)。中小企业信息更不透明,缺乏企业财务报表等易于传递的"硬信息"(Hard Information),这种矛盾使得中小企业的融资比大企业更为困难(林毅夫和孙希芳,2005)。

在发达市场中,中小企业还可以通过风险资本的支持获得启动和发展资金。事实上,风险资本投资也普遍倾向于那些信息对称程度较高的中小企业。而且,在我国风险资本事业发展还存在法律环境不完善、退出渠道受限、投资过于保守且具有投资性等问题,多数风险投资机构不愿意也很少投资于那些处于创业初期、近期难以达到上市门槛的中小企业,导致大部分企业仍然处于融资难的境地。值得一提的是,中小企业板和创业板的上市门槛较高也是影响风险资本与中小企业投融资对接效率的一个重要障碍。

(二)融资渠道单调

前面已述及,一般来说中小企业规模较小,经营活动的透明度差,财务信息具有非公开性,可用于抵押质押的资产不足,融资能力有限,这些特点决定了它在融资顺序的选择上,首先是内源融资,然后是外源融资;而在外源融资中,先是债务融资,后是股权融资(全丽萍,2002)。内源融资比重过高,外源融资比重过低,尤其是经营规模小、经营产品单一的小企业更是依靠自身积累来发展(郭星溪,2009),而自有资金又往往不能满足其发展需要。

为了解决融资难问题,各国政府通常会通过直接投资、财政补助等形式帮助中小企业。虽然我国各级政府和有关部门高度重视中小企业发展,相继出台了一系列促进中小企业发展的政策措施,在财税、金融、社保、公共服务等方面都建立了相关的政策扶持体系,但仍然解决不了众多中小企业融资难的根本问题。虽然可供我国中小企业选择的融资渠道并不少,如政府扶持、银行贷款、上市融资、创业投资、产权交易市场、集合发债以及小额贷款公司、村镇银行和农村资金互助社等中小型金融机构①,但真正能够满足其需求的却不多。原因在于,政府提供的资金毕竟是有限的,而且这些融资渠道与方式并不被中小企业所熟悉,且成本相对较高(郑小萍和刘盛华,2010)。

在竞争激烈的市场环境下,中小企业不得不去寻找其他的融资方式——向非正规的金融机构贷款,而非正规金融机构贷款的高额利息给企业带来了严重的财务压力,影响企业的营运和资金调度,也容易陷入借新债还旧债的恶性循环的经营模式中,一旦企业的经营状况没有好转,负债的比率就会越来越高(修国义和高岩,2011)。负债率过高的中小企业抵抗风险能力非常低,往往在面临经济震荡时不堪一击。研究发现,80%的科技型中小企业面临资金短缺的问题,由于缺乏可靠的中小企业融资渠道,大批技术水平高、市场前景好的高科技项目难以实现商品化和产业化,影响了企业的发展壮大和经济潜能的发挥(傅博娜,2009)。中小企业离开了必要的资金支持,就如同无源之水,不仅无法开展科技创新,也很难应对市场危机。

纵观我国中小企业融资现状,依赖于负债融资的窘境并未发生根本变化。或者说,形式上的多样,掩盖不了中小企业融资渠道单调的实质。随着风险资本产业的发展和退出市场的逐步完善,

---

① 参见中华人民共和国工业和信息化部公布的可供中小企业选择的主要融资渠道,见 http://www. miit. gov. cn/n11293472/n11293862/n11376336/n11638290/11819545.html。

中小企业融资难问题略有缓解,但如何引导风险资本向急需资金且具有高成长潜力的初创期、成长期中小企业注资,仍然是理论与实践尚需探索的现实问题。

(三)缺少有效的抵押或担保

与大型企业相比,中小企业治理结构不健全,导致普遍存在财务制度不健全、财务报告真实性较低、银行利益难以保障的现象(傅博娜,2009)。因此,对于中小企业融资,银行往往要求企业提供更多的资产抵押或第三方担保。但从客观上看,中小企业往往难以提供足额、有效的抵押品、质押物或担保人——许多中小企业的厂房或设备价值低、转让性差;资产总量中无形资产所占比例较高,因而要获取银行贷款相当艰难(周宗安和张秀锋,2006)。而且,我国信用体系尚不健全,缺乏权威的信用评价体系和资信评估机构,尚未建立完善的企业和个人征信系统,更无对失信者的惩戒机制(郑小萍和刘盛华,2010)。我国信用担保机构的发展缓慢,担保体系不健全,缺乏分担风险的行业和机构(郭星溪,2009),从而对中小企业因前期研发投入大、资产周转较慢而导致的融资缺口支持乏力。

令人欣慰的是,风险投资机构近几年取得了快速的发展,让中小企业看到了一线生机。风险资本的注入,可以从多方面增强企业实力,从而相当于为企业提供了一份无形的担保。通常情况下,风险资本入股以后,风险投资机构还会积极地利用自身优势为中小企业打通融资渠道。但风险投资机构往往要求更多的控制权和回报率,采用这一方式融资,虽然可以不必提供抵押或担保,但融资代价较高。一旦企业达不到风险融资契约要求的业绩,很可能面临着丧失控制权的危机。实质上,类似于抵押了创业者的管理能力或是所有权,风险进一步加大。

（四）融资成本高

一般来说,银行借款是资本成本最低的融资工具。但是,与国有大中型企业相比,中小企业在借款时,不仅无法享受优惠利率,而且还要支付比国有大中型企业借款多得多的浮动利息（郭星溪,2009）,这无疑加大了中小企业的负担。银行为了降低放贷风险,会对中小企业的资信进行严格的审查,并多数采取抵押和担保的方式,手续繁冗、审批时间长、各种费用名目繁多。即便如此,还是有很多中小企业被筛选掉。相关资料表明,目前城市商业银行60%的贷款对象是大中型企业,呈现出越来越明显的趋势（周宗安和张秀锋,2006）。这也进一步加大了中小企业的融资难度。

当前,受到欧债危机、生产要素成本上涨、紧缩货币政策等一系列不利因素影响,我国中小企业融资难、融资贵的问题更加突出。众所周知,我国现行央行政策对贷款利率采取的是不设上限的做法。尽管这一做法初衷是利率市场化,但结果却使商业银行为了降低贷款风险往往借此提高利率。据统计,多数中小企业贷款利率在基准利率上上浮 10%—60%,在一些地方性商业银行贷款总成本往往更高。如果将部分银行的变相收取管理费、咨询费、额度设立费、贷款承诺费、贷款安排费、风险保证金以及变相兜售理财产品等考虑在内,中小企业的融资成本还要高出很多。这种高额的成本负担让多数中小企业苦不堪言。即便如此,还是有很多中小企业难以获得银行贷款的支持,迫使它们转向利率更高的民间借贷,这无疑加大了企业的财务风险。

（五）融资结构不平衡

我国中小企业数量较多,且分布在制造业、建筑业、信息技术业等各领域,但由于我国区域经济发展的特色,造成了中小企业分布和发展程度也因地区间创业环境、地方法规以及市场发育程度的差异而有所不同。这种局面下,中小企业的融资结构是不平衡的。例如,非国有控股中小企业所处地区的金融市场化程度对中小企业的信贷融资结构具有显著影响,在金融市场化程度较高的地区,中小企业获得金融机构贷款的概率较大,且随着金融业市场化程度的提高,流动负债率也随之增长(罗正英,周中胜和詹乾隆,2010)。此外,长期以来直接融资比重低,股票、债券、产业基金等融资工具不能有效为中小企业所用也是造成中小企业融资结构失衡的一个重要因素。

通过对中小企业特征、重要意义、融资特征以及融资问题的分析,可以得出,现阶段我国中小企业融资难仍然是客观存在的,既受到全球经济大环境的影响,也受自身发展的制约,这是我国转型经济时期亟待解决的难题。研究中小企业 IPO 过程,既与中小企业特征分析分不开,也是研究中小企业融资问题的一个视角。这是因为,在我国中小企业上市的一个主要目的就是融资,而且从目前来看,与发达国家市场不同,我国企业上市均为新股 IPO①,即直接表现为企业融资服务。因此,了解中小企业融资特征与存在的问题,对研究中小企业 IPO 抑价形成的原因具有重要意义。

第二节　风险资本发展与特征分析

同其他权益资本一样,风险资本是一种权益资本,不需要偿还本金,没有固定利息的负担。不同的是,风险投资机构不仅在投资前会对项目进行更严格的筛选和审查,还会在投资后参与企业经

---

① 截至 2012 年 4 月 1 日,证监会才宣布发布新一轮新股发行制度改革指导意见征求意见稿,提出将放开 IPO 发行存量老股,以进一步增加股份的流动性。

营管理决策,享有一定控制权和收益权。而且,风险资本通常投资阶段较早,因而风险相对较高,其资金成本相应的也较高,所以往往会要求创业者出让较多的控制权。这种资本形态,比具有更高的科技含量和专家优势,专门投资于高科技领域的创业型中小企业,虽然失败率较高,但回报率也是传统资本形态望尘莫及的。因此,风险资本具有高风险、高回报的特征。风险资本的高回报,既源于发现价值的能力,也在于它培育企业成长的能力,而非单纯的资金投入。

总之,"风险投资是由职业金融家投入到新兴的、迅速发展的、有巨大竞争潜力的企业(特别是中小企业)中的一种权益资本投资"①。为了进一步了解风险资本投资的特征以及其对缓解中小企业融资、促进中小企业成长方面的作用,本书将从风险资本的起源及发展过程入手进行分析。

一、风险资本的起源与发展

(一)风险资本的起源

风险投资的起源可以追溯到哥伦布发现新大陆事件②。1492年4月17日,哥伦布和西班牙女王伊莎贝拉签订了一份正式的"投资协议"——《圣塔菲协议》。这应该是历史上有记载的第一份风险投资协议。该协议规定:行政上,女王封哥伦布为海军元帅,在探险中发现和占领的岛屿和陆地上,他将担任当地的总督;经济上,哥伦布可以从在这些领地经营的黄金、珠宝、香料以及其

---

① 全美风险投资协会(National Venture Capital Association,简称 NVCA)对风险资本投资给出的定义。

② 参见桂曙光主编:《创业之初你不可不知的融资知识:寻找风险投资全揭秘》,机械工业出版社 2010 年版。

他商品的收益中获取十分之一,并一概免税,还有权对一切开往那些占领地的船只收取八分之一的股份。这份投资协议的履行,使风险投资家哥伦布获得一定的物质和精神奖励;同时,作为风险投资家背后的投资者——西班牙女王及其国家依靠这项成功的投资,收获巨额财富。到 16 世纪末,世界金银总产量的 83% 被西班牙占有,并且更为重要的是,伊莎贝拉女王的投资得到了一个美洲大陆,开辟了西班牙在世界史上最绚丽的篇章。

虽然,风险资本在欧洲大陆酝酿了许久,但真正兴起还是在美国。第二次世界大战后,美国人开始将精力从战争转回到经济复苏和重建上。而当时正在滑坡的基础工业,如钢铁、煤炭、机器制造等根本无法满足突如其来的就业需要。而且,众多的战时工业必须重新转成民用。因此必须建立大量的新企业来吸收剩余劳动力。但是,这一切的一切,都需要大量的资金。而依赖民间及企业储蓄生存的金融体系天性保守,不可能动用大量的资金在那些新生的小企业上冒险。于是,风险资本应运而生。

1946 年,第一家现代意义上的风险投资公司——美国研究与发展公司(American Research 和 Development,简称 ARD),由麻省理工学院校长(Karl Canpton)与哈佛大学商学院的一名教授(Georges Doriot)联合波士顿的一些商业人士组织成立。该机构采用了公开交易的封闭式共同基金的形式。从哲学角度讲,新事物产生之初,总是不完善的、弱小的,但它在与强大的旧事物的斗争中,最终会取得胜利。这一新型的组织也不例外。ARD 发展初期并不成功,甚至还出现了现金流为负的情况。直至投资于数字设备公司(Digital Equipment Corporation,简称 DEC)并取得巨大成功,这成为 ARD 公司成长的重要转折点,也促成了市场对风险资本的全新认识。

不过,后来封闭式基金的组织形式限制了风险资本进一步的发展。由于风险资本投资属于自由买卖的流动性投资,美国证券交易委员会的监管没有对持有股份的投资者等级设置限制。这让很多机构投资者失去投资兴趣。因此,后来这种封闭式基金组织形式的风险投资机构逐渐淡出人们的视野。

20世纪50年代以前,风险投资发展较慢,直到20世纪70年代后半期才步入繁荣期。1973年,全美风险投资协会的成立为促进美国风险投资业的快速发展起到了不可磨灭的作用。随着科技进步的飞速发展,信息传递和经济全球化让风险投资迅速在世界范围内扩张。英国、加拿大、法国、德国、日本等国家的风险投资也得到了政府的支持和推动,从而快速发展起来。当今世界上许多著名的高新技术公司总部都坐落在硅谷,如惠普(HP)、英特尔(Intel)、苹果等都曾经接受过风险资本的支持。甚至可以认为,硅谷在科技创新史上的辉煌地位是与风险资本的支持分不开的。

繁荣的表象让人们开始变得盲目、膨胀,随之风险投资基金的管理和运作也逐渐暴露出问题,比如一批小企业投资公司,既缺乏专业的投资管理人才,又没有切实行之有效的项目论证和评估程序。亏损开始侵蚀风险资本的大厦。若不是从1978—1981年,美国出台了一系列法规,如收入法案(1978 Revenue Act)、小企业投资促进法(Small Business Investment Act 1980)等,恐怕当时的风险资本可能就退出历史舞台了。进入20世纪80年代后,风险资本又焕发了新的生命力。根据2001年美国《总统经济报告》显示,美国的风险资本投资在20世纪80年代年均增长17%,进入20世纪90年代后增长速度提高了一倍。

风险投资在美国兴起之后,世界各国都开始争相开辟这一新兴行业。实际上,早在1945年,英国就出现了欧洲第一家风险投资公司——工商金融公司。只是后来发展缓慢,直到 20 世纪 80 年代,英国政府才通过一系列鼓励风险投资业发展的政策和措施后,风险投资才以迅速发展起来。其他国家起步则要晚的多,如日本 1972 年成立第一家风险投资公司;法国 1979 年创建了创业投资(风险投资)公共基金;德国 1982 年组建第一家风险投资公司;新加坡 1983 年成立第一家当地创业投资基金成立;以色列 1992 年才由政府设立一家 1 亿美元的约兹玛创业基金(风险基金);而我国到 1985 年才筹建第一家风险投资机构。

不可否认的是,风险投资诞生后,在全球得到了蓬勃发展,且正在逐渐成为全球经济发展的重要力量。实践证明,尤其是进入 21 世纪以来,风险资本已经在刺激新经济发展、增加就业等方面展示出特有的优势。尽管 2008 年受到金融危机的冲击,全球风险投资的势头略有减弱,但经过一年的调整,2010 年之后迅速恢复并继续呈上升趋势,尤其是 2011 年,全球风险资本投资总额达 306 亿美金,发生交易 3051 宗,创历史新高(见图 2—2)①。这也显示出风险资本顽强的生命力以及在世界经济发展中的越来越重要的作用。

(二)风险资本在美国的发展历程

风险资本的发展是在美国政府通过法律法规的规范、资本市场建设、政府政策优惠扶植等形式不断改革完善的过程中推动起来的。事实上,纵观其他国家 VC 发展史,无一不受美国发展模式的影响。在经济一体化现象日趋深化的今天,世界各国 VC 发展模式也有趋同的倾向。鉴于美国在推动 VC 发展以及借此促进中小企

---

① 数据取自市场调研公司 CB Insights 的调研报告,见 http://www.cbinsights.com/。

10-Year VC Investment and Deal Volume Trend
2002 to 2011

图 2—2　风险资本投资总量和交易量汇总(2002—2011 年)

业方面的卓越表现,下面将以美国为例来进一步探究风险资本的发展历程,并旨在为研究我国风险资本发展之路提供借鉴和指导。

1.美国风险资本发展的法律环境

1958 年,美国《小企业投资法案》(Small Business Investment Act,简称 SBIA)的出台推动了风险投资业的迅速发展。在同年,第一家有限合伙制形式的风险投资机构(Drper,Gaither 和 Anderson)成立。有限合伙制相对于公司制和其他组织形式,可以在很大程度上免除证券交易委员会的监管,但那些拥有大量财富的潜在投资者却受到了更多的限制。根据法规,只有有限数目的机构和拥有资产净值的投资者才能参与合伙。与通常没有固定年限的封闭式共同基金相比,合伙制往往有固定的存续期,期满后必须将资产归还投资者。当然,这可以通过变现或者持有被投资企业股份形式实现。这种有限合伙制,适应了当时风险资本发展的环境,为风险资本投资创造了更便利的条件。

可惜好景不长,经济衰退和越南战争让美国不得不在 1969 年,将资本利得税率从 25%提高到 35%,并在 1976 年再次提高到

49.5%,这沉重打击了风险投资业的发展。

转机出现在 1971 年。这一年专门为新兴产业提供交易平台的股票电子交易市场——纳斯达克市场(National Association of Securities Dealers Automated Quotation,简称 NASDQ)正式启动。该市场的建立不但为风险资本提供了更加良好的退出和增值场所,同时产生了极大的示范效应,提高了民间主体进行创业投资的收益预期(王晓津,2005)。通过创业企业的公开上市活动,风险资本家、创业者和其他相关投资者都获得了丰厚的利润。这一创业板市场的建设,很快带动了风险资本市场和创业市场的繁荣,刺激了美国经济的快速增长。

1978 年,美国国会将资本利得税率从 49.5%降到了 28%,再次将风险投资业的发展推向一个高潮。此时,大部分资金开始流入高科技行业,尤其是通讯与网络,软件和信息服务业。这也形成了目前风险资本追逐的主要格局。

20 世纪 80 年代以后,风险资本支持的高科技企业很多已获成功,如苹果、思科系统公司、遗传技术公司、微软、网景等,让众多投资者看到了这种资本创造财富的巨大潜力。但此时的回报并不均衡,而且总体偏低。

直至 20 世纪 90 年代,美国国会通过《小企业股权投资促进法》(1992 年)、《投资收益税降低法案》(1997 年)进一步降低投资收益税率后,这种情况才有所改观。IPO 市场的日益完善和风险投资机构的逐渐成熟催化了风险资本投资回报的普遍提升。而且,共同基金还有所复苏,包括纯风险基金和孵化器公司相继出现①。

---

① 这是因为大量的个人资金进入风险投资市场,而有限合伙制的限制条件使他们转向要求更低的共同基金。

20世纪90年代后期,美国的风险资本业开始呈现一派欣欣向荣的景象。

进入21世纪后,美国风险投资总额突破千亿大关,纳斯达克综合指数也连续创出新高(2000年)。而后美国又通过一系列政策法规刺激风险投资业的发展,如2001年美国小企业管理局颁布了《新市场风险投资计划》、2003年又通过《就业与增长税收减免协调法案》,都是旨在刺激风险投资行业的发展。

随着一系列积极规范的政策激励和约束,风险资本在美国经济发展中扮演着越来越重要的角色。借鉴这一经验,世界各地都开始培育风险资本的发展。总体上看,风险资本发展已呈多元化发展态势,不仅有限合伙制、公司制等形式并存,投资方式也从单纯的项目投资发展到跨国投资、联合投资等多种形式,而且投资领域和地域也在悄然发生变化。

2.美国风险资本的主要特征

与其他资本形态相比,风险资本在资金来源、组织形式、投资阶段、投资对象的地域分布和行业分布以及退出方式上均有明显不同(见表2—2)。

表2—2　美国风险资本发展的特征概览

对象	发展特征
资金来源	私有基金、养老基金、大型企业、捐赠基金、机构和外国投资基金等
组织形式	有限合伙制为主,近几年公司制有所发展
投资阶段	集中在成长阶段和扩张阶段
地域分布	聚集在特定区域,如硅谷
行业分布	集中在高科技产业,如信息技术、生物工程等

续表

对象	发展特征
退出方式	IPO、股权转让、股份回购和注销清算,其中 IPO 为主

资料来源:笔者根据相关文献手工整理。

从资金来源看,私有基金(富裕的个人或家族投资者)是美国风险资本发展初期的主要资本来源。到 20 世纪 80 年代后期,资本来源已开始向多元化发展,如养老基金、捐赠基金等形式也积极参与风险资本投资。这种多元化的资金来源使得风险资本发展获得了更强的生命力。

从投资阶段看,风险资本主要集中投资于那些处于成长阶段和扩张阶段创业企业,也有的会对种子期、初创期的企业进行投资。之所以风险资本偏好成长和扩张阶段,原因主要是初创期的企业面临的不确定性太大,需要耗费较多的精力和成本,而且风险资本也很容易被套牢。当企业进入成长期后,不确定性仍然很高,但是发展前景变得更加明朗,成功率也大大提高,成为风险资本所寻求的"明珠项目"。因此,风险资本虽然看似更加冒险,但并非一味地追求高风险,而是相对的承担了更高风险。

从美国风险资本的地域分布看,一直呈现倾斜式发展态势。总体上看,风险资本主要集中于四个州:加利福尼亚、马萨诸塞州、纽约州和得克萨斯州。其他州的风险资本则非常零散。而且,加州和马萨诸塞州的风险资本实际上又分别聚集在硅谷和波士顿 128 公路上(王晓津,2005)。

从组织形式看,20 世纪 80 年代后,美国风险资本基金的典型组织形式主要采用有限合伙制(Sahlman,1990)。但近些年公司制形式的风险投资机构日益增加(Dushnitsky 和 Lenox,2006;Gaba

和 Meyer,2008 et al.）。美国的风险资本发展史告诉我们,有限合伙制能够更加灵活地组织风险资本的基金管理和运行,更适合降低投资风险,提高资金运行效率和效益。当然,随着竞争激烈的加剧,具有更加完善公司治理结构的公司制优势也开始显露出来。至于风险资本选择以什么样的组织形式,还要根据市场环境、法律环境、自身发展特征以及投资对象特征综合而定。

从行业分布看,美国风险资本主要集中投资于新兴的、有巨大市场潜力的新兴或者高科技产业。在这些产业中,信息技术、生物工程、医疗卫生等高科技型企业是最受青睐的。近几年,新能源、新材料、新技术渐渐成为风险投资关注的新宠。

从退出方式看,主要有首次公开发行、出售、股份回购和破产清算四种。在美国,IPO 是收益最多的退出渠道(Bygrave 和 Timmons,1992),也是最受风险投资机构欢迎的。

（三）风险资本在我国的起步与发展

风险资本在国外已经历经 60 多年的历史,但在我国仍可谓方兴未艾。1985 年 9 月,我国国务院正式批准成立了中国新技术创业投资公司（CVIC）。这是我国大陆第一家风险投资机构,标志着我国风险投资事业的开始起步。随后的十多年中,我国风险投资业发展并不顺利。截至 1997 年底,我国的风险投资机构才有区区的 38 家,而且风险资本总量也仅为 76 亿元人民币。而且,国有资本占到 50% 以上,说明这一阶段官办风险投资机构的特征明显。直到 1998 年《关于尽快发展我国风险投资事业的提案》（简称"一号提案"）才开启了我国风险投资的发展之路。经历了全球性金融危机考验后,我国风险资本的发展速度甚至令世界瞩目。为了与美国风险投资发展历程相比较,后文也同样先分析风险资本发展面临的法规政策环境,然后再总结描述其主要发展特征。

1.我国风险资本发展政策法规环境

1998 年 3 月,民建中央在全国政协九届一次会议上提交的"一号提案",受到了社会各界人士的广泛关注,成为推动我国风险投资事业发展的重要里程碑。紧随其后,七部委联合发布了《关于建立我国风险投资机制的若干意见》,加速了风险投资在我国的升温热潮。到 2000 年后,我国的风险投资机构迅速增加到 201 家,风险资本总量也增加到 373 亿元人民币。其中,由大学生创立的北京视美乐公司在获得风险投资后,于 2000 年 4 月被青岛澳柯玛集团收购,成为本土风险资本投资的一个成功案例。这激发了众多创业者寻求风险资本支持的热情,也带动了风险投资的进一步发展。

此后,各地政府陆续采取了一系列政策扶植并鼓励风险资本的发展。2001 年 1 月 1 日,北京市出台了《中关村科技园区条例》。该条例明确规定了风险投资机构可以采取有限合伙制,并且规定注册资本可以按照出资人的约定分期到位。2001 年 8 月 14 日,首家有限合伙 VC 企业——北京天绿创业投资中心成立①,这是我国 VC 发展史上的又一个重要里程碑。只是,受到网络经济泡沫破灭以及全球 VC 发展困境以及我国大陆创业板开启计划推迟的影响,2001 年我国风险投资机构只增加了 45 家,风险资本总额仅增加 32 亿元人民币。据清科研究中心统计,自 1998 — 2002 年,我国风险投资的投资总量约为 22 亿美元,投资的创业企业数目超过 1000 家。

2003 年 1 月 1 日,我国颁布实施了《中小企业促进法》,明确

---

① 2002 年 2 月,成立仅半年的"北京天绿创业投资中心"因为我国法律制度的缺陷而宣布解体。但这对我国引入有限合伙制,从而修订和完善《合伙企业法》还是具有重要意义的。

指出"通过税收政策鼓励各类依法设立的风险投资机构增加对中小企业的投资",这一法规的出台大大促进了我国 VC 业的复苏和发展。2004 年 6 月 25 日,中小企业板顺利启动,为 VC 的退出提供了一个更加广阔的平台。得益于电子商务和经济实力的增强,此后 VC 发展进入了又一个春天。

2005 年 11 月 15 日,国家发展和改革委等十部委联合起草并经国务院批准后发布《创业投资企业管理暂行办法》,并规定于 2006 年 3 月 1 日起实施。这一文件对创业投资企业的投资者人数(200 人)、单个投资者投资金额的最低金额(100 万元)、出资制度(允许符合条件的投资者分期出资)、融资工具(股权、优先股、可转换优先股等准股权方式)都进行了明确。这一文件无疑为风险投资运作提供了良好的指引。

2006 年 1 月 1 日正式施行的新《公司法》为风险投资的发展提供了多项有利条件。例如,降低了设立公司的门槛,为刺激创业活动打开了方便之门,如企业设立条件中有限责任公司的最低注册资本降为 3 万元,股份公司降低为 500 万元,而且还免去了一些申报的缛节;允许注册资本分期缴纳,有利于缓解风险投资机构投资压力;取消了对投资额与净资产的比例限制,有利于提高风险投资机构的资金利用效率;拓宽了对风险投资退出的限制,为其打通了 IPO 退出的"法律通道",不仅放松了申请上市条件(如删掉"开业时间在 3 年以上,最近 3 年连续盈利"的要求),还缩短了发起人和高管的锁定期限(由 3 年改为 1 年)等。实践证明,新《公司法》的颁布对风险资本的发展起到了一定的促进作用。

2007 年 6 月 1 日起,我国正式实施新《合伙企业法》,并正式确认了有限合伙制的法律地位。这种有限合伙制,不仅可以避免双重征税,还具有有限合伙人(Limited Partner,简称 LP)与普通合伙人（General Partner，简称 GP）关系清晰、基金管理运作简洁高效、激励方式灵活、风险管理效率较高的特征，因此受到了风险投资界的普遍欢迎。2007 年 6 月 26 日，第一家有限合伙企业——深圳市南海成长创业投资合伙企业被批准成立。该企业一期基金募集资金总额为 2.5 亿，并在不到半年时间内选择了分布在 8 个省、遍布于新能源、新商业模式、新材料、新农业等多行业的 12 个项目投资，同时完成 90% 资金投放。而该企业于 2011 年 6 月 3 日募集结束的第五期基金，募资总额已经高达 24.8 亿人民币。据南海成长官方网站①介绍，他们已经在十年内成功推动了轴研科技、达安基因、拓日新能源、安妮股份等 17 家公司上市，并保持着 70% 以上的投资成功率。南海成长的惊人速度极大地震动了 VC 行业。很快，深圳、天津、北京陆续设立有限合伙制风险投资企业，并顺利完成募资。不过，据清科研究中心的统计数据显示，2008 年和 2009 年由外资风险投资机构设立并完成募集的 18 只人民币基金中只有 8 只采用了有限合伙制的形式，占比仅为 44.44%，其余 10 只中有 6 只采用公司制的形式，还有 4 只采用了中外合作非法人制形式。可能原因在于，我国在风险投资机构在证券市场中还不具备上市股东资格，而且我国证券登记结算中心现有的证券账户开户系统也未设置合伙企业这一主体，这严重阻碍了其在 IPO 市场退出的道路，同时还存在专业人才缺乏、管理经验较少等问题，导致目前风险资本家对公司制仍然存在路径依赖。

　　2008 年，在全球金融危机背景下，得益于国家政策推动及《关于创业投资引导基金规范设立与运作的指导意见》，我国风险资本依旧保持了快速增长。公司制机构所占比例仍然较大，但有限

---

① 见 http://www.cowincapital.com.cn/channels/47.html。

合伙制已经呈现出增加趋势。

2009年10月23日,创业板正式启动,为风险投资机构的退出进一步打开了大门。仅在2010年上半年,VC募资总额58亿美元就已与2009年全年相近。

2010年10月出台的《关于豁免国有创业投资机构和国有创业投资引导基金国有股转持义务有关问题的通知》、2011年1月出台的《国家发展改革委办公厅关于进一步规范试点地区股权投资企业发展和备案管理工作的通知》为风险投资的良性运转进一步开辟了顺畅的道路,有利于形成风险投资快速健康发展的良好环境。

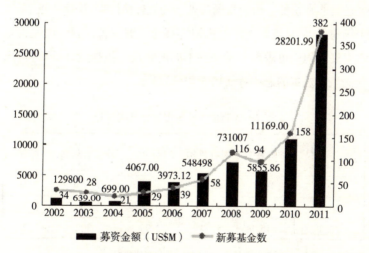

图2—3　我国风险投资基金募资统计(2002—2011年)①

纵观我国风险资本发展史,虽然起步晚、前期发展较慢,但后市强劲,大有赶超发达国家之趋势。但问题依然较多,改革道路也

① 参见清科研究中心《2011年中国创业投资年度研究报告》公布的数据。

任重而道远。

2.我国风险资本发展的主要特征

根据清科研究中心公布的资料统计发现,VC 募资额在 2004 年前还出现了负增长,但此后呈现出高歌猛进的态势。即便在 2008 年全球经济危机的冲击下,VC 募资总额仍旧保持了高速增长,滞后影响发生在 2009 年,但 2010 年迅速恢复。值得一提的是,我国分别于 2004 年 6 月和 2009 年 10 月开启了中小企业板和创业板,不仅对完善我国资本市场体系发挥了巨大作用,还为 VC 退出提供了更多层次的渠道。

与美国发展相比,我国风险资本发展总量较低,但近期发展速度还是非常快的。由于我国尚处于转轨经济时期,法律法规、资本市场建设、信息披露与评价机制等都还不够完善,因此,风险资本在发展过程中也表现出了一些不同的特征。根据统计分析,得出我国风险资本的总体特征如表 2—3 所示

表 2—3 我国 VC 募资来源结构统计 （单位:%)

结构 年度	财政	国有机构	个人	非国有机构	外资
2006	33	48.99	4.28	12.74	1.18
2010	18.21	43.01	10.86	25.81	2.11
2011	15.9	41.4	12.7	22	1.7

资料来源:参见《中国创业投资行业发展报告》公布的数据。

从我国风险资本的来源看,风险资本的来源正在从财政资金和国有机构为主向以非国有机构和个人投资过渡。20 世纪 90 年代后期,我国各级政府部门为了推动风险投资业的发展,纷纷从财政拨款、科技贷款中拨出专款,投资建立风险投资基金或高新技术

风险担保基金和风险投资公司。这对风险投资行业初级阶段的发展起到了很好的促进作用,但同时形成了我国风险资本以政府为引导、以国有资本投资为主体的格局。而且,国外风险投资机构在参与我国市场竞争中往往因资金实力和管理能力较强而处于强有力的竞争地位。随着 IPO 的重启和创业板的建立,风险资本的来源开始多元化,从近两年发展来看,非国有机构和个人正在迅速增加,而且本土机构投资已经逐渐占据优势地位。统计数据显示,与海外资本相比,中资比例逐年升高——中资比例从 2006 年的占比17%,逐步上升到从 2008 年开始至今的主导地位①,说明中资来源VC 已经发挥出越来越大的作用。

从组织形式看,近两年公司制仍为 VC 首选。2008 年,有限责任制占 56.98%,其中有限合伙制占 24.58%,初具规模;2009 年,新募集的风险投资基金中,67.48%仍选用公司制的组织形式,另有 25.20%采用有限合伙制。与 2008 年相比,2009 年采用有限合伙制募集基金的比例明显减少。2010 年,有限责任公司制仍占89.87%;股份有限公司制仍占 4.43%,位居第二。合计来看,公司型风险投资企业仍占 94.30%,而有限合伙制占比仍仅为 3.80%。直接原因是有限合伙制风险投资企业的平均资产规模较小。虽然媒体报道的一些有限合伙型风险投资企业的募资规模大,但实际到位的资金并不多。2011 年,虽然公司型风险投资企业有所减少,但仍占 90.5%。前面分析的合伙企业退出障碍可能是关键影响因素。

从地区分布来看,2008 年我国风险资本的 82.96%集中在北

---

① 这一部分列举数据均是在对清科研究中心、投中集团、中国风险研究院等机构每年度公布的研究报告数据整理得出的。

京、上海和深圳三个地区;2009 年,三地合计降为 72. 4%,已经开始呈现分散化趋势。2010 年,北京、上海依然占据前两位,但分布更加分散,而且开始向"西进",如山西、四川、湖南、湖北等地出现了较快增长。

从行业分布看,VC 投资企业中 2008 年传统行业占 29. 4%,能源环保占 8. 98%;而 2009 年传统行业增加到 50. 47%,能源环保也有所提高,占 11. 1%。2010 年,以清洁技术为主的能源环保行业继续呈上升趋势,保持了良好的增长势头。2011 年,新能源则成为风险资本投资的新亮点。

从 VC 退出形式看,2008 年 IPO 退出占到 23. 28%,股权转让占 75. 32%,而清算只占 1. 3%;2009 年 IPO 退出占 28. 32%,略有增长,但股权转让还是主要退出方式,占 65. 90%,清算有所提高,占 5. 78%。受益于创业板,2010 年 IPO 退出数量猛增,占到 85. 3%,股权转让退居第二位,只占 5. 2%。2011 年虽然 IPO 比例有所降低,但显然 IPO 退出已逐渐成为风险资本退出的主要方式。

总体上,我国风险资本发展速度还是很快的,正在走上高速发展的道路。但不可否认,风险资本发展过程中还有许多需要探索和完善的地方。由于保障风险资本顺畅退出的创业板开启较晚,使得风险投资退出对股权转让形成了一定的路径依赖。公司制的组织形式限制了风险投资基金的激励效应,且多数聚集于风险较小的传统行业和上海、北京、深圳等发达地区。这些极大地限制了风险资本加速经济发展的作用。因此,研究风险资本及其在退出过程中存在的问题,是必要而紧迫的。

表2—4　我国风险资本发展的特征概览

对象	发展特征
资金来源	政府和企业资金为主,且有一部分来源于海外资金
投资阶段	成长阶段和扩张阶段,成熟期仍占较高比重
地域分布	聚集在特定区域,如北京、浙江等发达城市
组织形式	公司制为主,有限合伙制逐渐兴起
行业分布	传统制造业为主,但倾向于集中在高科技领域
退出方式	IPO、股权转让、股份回购和注销清算,IPO逐渐占优

资料来源:笔者根据相关文献手工整理。

二、我国风险资本发展面临的突出问题

(一)风险资本发展的创新性问题

在我国现阶段,中小企业板、创业板刚刚起步,风险资本市场发展潜力巨大。但就目前从风险资本的发展现状,无论从资金来源、基金组织、投资过程,还是从资金运作与管理等方面来看,还处于模仿借鉴阶段,缺少本质上的创新。不可否认,在我国经济转轨时期,引入风险资本这一具有逐利色彩浓重的投资形式时,如不加以严格约束,或多或少会产生一些水土不服;而过分强调中国特色,却有可能让风险资本发展走弯路。不过,只有创新,才是企业发展的真正动力,风险投资机构也不例外。

如何结合我国国情,在引入风险资本的同时进行有特色的制度和发展模式创新,使其自身在快速发展的同时,能够切实带动创业活动的活跃,从而发挥推动科技创新和经济增长动力的作用,是亟需研究的一个重要课题。具体来说,积极开辟融资渠道,拓宽风险资本来源,利用政府引导和市场运作强化 VC 的培育理念和投资意识,大力完善相关法律法规,健全资本市场的建设,是深化 VC

发展所必须解决的问题。而这些问题的解决离不开创新——既需要有创新的管理理念,也需要有创新的人才和制度环境。显然,目前无论从制度建设和管理机制,还是在项目筛选监管、日常投资管理手段等方面,创新性匮乏是风险资本快速发展、应对日益恶劣的竞争环境的一个短板。

(二)风险资本发展的功利性问题

美国、以色列、韩国、澳大利亚、加拿大等国家发展的经验表明,创业企业是经济发展的重要推动力,而风险资本在企业种子期、初创期的投资则是创业企业发展壮大的基石。苹果、因特尔、谷歌、易趣等众多知名企业的发展证明,风险资本作为企业发展的一项重要资金来源功不可没。风险资本引发的产业革命,也正是源于其投资于高风险高科技企业发展早期的特点。在投资前,风险资本家们会利用专业优势对企业进行严格的筛选,以降低不确定性,在投资后还会对企业进行持续监管,以降低投资风险并杜绝创业者的寻租行为。雄厚的资金实力和专业的管理是 VC 获取高回报的有力保证。

现阶段,我国风险资本正在迅速发展壮大。但长期以来市场发展的不完善,导致风险资本只学到了国外的形,而没有学到其神。最突出的问题是,风险投资机构与私募股权投资基金的区别很小,多数与私募股权投资一样偏好投资于发展中后期,尤其是拟上市的企业。这种现象被我国学者称为"泛 PE 化"。2011(第十三届)中国风险投资论坛总结指出,我国风险投资行业在发展速度加快、效益提升的同时,还面临着诸多的困难和问题,例如称呼混乱,机构杂多,VC 泛 PE 化现象很严重。在论坛上,陈工孟指出,这种现象实际上是对风险投资产业的异化,甚至是一种亵渎。多层次市场建设的不完善、投资行为的短期化、高素质人才的缺

位、声誉机制的不健全等都是造成 VC 逐利性的不利因素。加大
政府引导以及政策支持的力度,完善市场化运作的机制,积极开展
区域之间的投资合作,都将有利于克服 VC 发展中的功利性问题,
帮助 VC 更快步入正轨。

(三)我国风险资本发展的法律性问题

实践证明,法律环境的完善有助于风险资本的快速发展。国
外研究表明,政府在发展创业投资业中可以起重要的作用,尤其是
在提供良好的法律"基础设施"和税收结构方面(钱苹和张帏,
2007)。目前,我国并没有制定针对风险资本管理和运作的成熟
法律体系。但近几年,《公司法》(2006 年 1 月 1 日起施行)、《创业
投资企业管理暂行办法》(2006 年 3 月 1 日起施行)、新《合伙企业
法》(2007 年 6 月 1 日开始施行)、《关于促进创业投资企业发展有
关税收政策的通知》(财税〔2007〕31 号)、新《企业所得税法》
(2008 年 1 月 1 日起施行)等相关法律法规的建立与完善都为风
险资本的发展提供了更多的便利和优惠。

新《公司法》将原注册资本"实缴的出资额"修改为"认缴或认
购的出资额",并允许分期缴纳;增加了"向特定对象募集设立方
式";规定"全体股东的货币出资金额不得低于有限责任公司注册
资本的 30%",放宽了对知识产权出资额的要求,提高了无形资产
出资比例等,这些条款的细微变化,为风险资本的筹建和投融资运
作提供了更宽松、便利的环境。

《创业投资企业管理暂行办法》,为建立创业投资扶持机制提
供了法律基础保障。该办法不仅肯定了风险资本的合法身份,还
为国家与地方政府设立创业投资引导基金、进行税收扶持、完善退
出机制扫清了障碍。

《新合伙企业法》正式确立了有限合伙制度,承认了法人参与

合伙的合法性,并增设了合伙企业破产相关规定。这些制度突破对风险资本事业具有重要的保驾护航作用。

《新企业所得税法》及其实施条例对风险资本企业的应纳税额给出了优惠,如规定"创业投资企业从事国家需要重点扶持和鼓励的创业投资,可以按投资额的一定比例抵扣应纳税所得额"等。

这些法规和管理办法的制定是符合风险资本发展规律的,但仍有待完善。例如,在实际操作过程中,创业投资机构的章程还应当具体规定,创业投资机构的出资者具体出资的时间和金额;同时允许出资者在创业投资机构经营不善的情况下,根据合约减少已承诺的后期投资或者不再追加后期投资,甚至有权对创业投资机构提前清算(钱苹和张帏,2007)。此外,对风险投资公司免征营业税(吕玉芹,2005),允许企业列支一定比例的科技开发投资准备金(吕玉芹,2005),以及允许风险投资采用优先股形式投资等相关机制也有待进一步研究规范。而且,快速完善有限合伙企业参与 IPO 退出的主体资格也是促进风险投资行业发展的紧迫问题。

三、风险资本投资的一般特征

通过前面对风险资本发展的历史,以及在美国和我国的发展历程的分析,借鉴现有文献和实践发展经验,可以总结出风险资本的一般特征。了解这些特征,更有利于挖掘风险资本在 IPO 过程中的真正作用。综合来看,与其他投资形式相比,风险资本的特征主要表现为以下四点:

(一)流动性较低

一般来说,风险资本投资于创业企业的成熟期以前。直到企业发展成熟后,才退出兑现,取得回报。一般 VC 的投资期为 3—5 年,也有的长达 10 年。例如 Cumming 和 Macintosh(2003)实证比较了美国与加拿大 VC 投资期限的区别发现,美国和加拿大 VC 通过 IPO 退出的平均年限分别为 4.7 年和 5.86 年。显然,相对于一般的股票和债券投资而言,VC 的流动性较差。但与战略投资者相比,风险资本更注重资本的获利性,又是一种短期投资形式。当适合中小企业融资的创业板市场建设不能满足风险资本退出的需要时,风险资本的流动性会更差。例如我国大陆创业板未创建前,VC 投资往往因企业规模较小无法通过 IPO 退出,只能通过交易活跃度差的股权转让、并购或者清算等方式退出,不仅收益较低,而且变现性差。

(二)风险性高

风险资本的投资对象主要是建设初期的中小型高新技术企业。这类企业规模小,可做抵押或担保的固定资产较少,信用记录也不多,甚至还有些处于仅有知识和技术的种子期,产品能否转化为现实生产力尚存在高度的不确定性。因此,高风险性往往被视为风险资本的本质特征。Dehudy 等(1981)对 218 家 VC 投资进行的调查发现,30%的投资收到了 2—10 倍的回报;30%是 1—2 倍的回报;40%部分或全部损失。可见,VC 的投资失败风险还是相当高的。需要注意的是,这并不意味着风险资本家专门需求高风险项目,而不控制风险。事实上,对于风险资本运营者本身来讲,投资风险往往均是处于可控范围内的。一般来说,尽管创业企业失败率很高,但接受风险资本投资后其成功率会大大提升。一是风险资本通常由能够识别机会和风险的专业团队构建,二是风险资本家往往在持股过程中投入大量的无形资产,如管理、网络关系、人力资本等。而且,专注于投资于种子期的风险资本并非多数,除非特别看好项目的科技含量和前景,一般多投资于成长期。这就大大降低了其投资风险。尽管如此,风险性高仍是其投资的一大显著特征。

(三)收益性高

根据风险与收益对等原则,风险资本投资的相对高风险性也决定了其相对高收益性。事实上,高风险并不是风险资本的偏好,其实质是追求风险背后的超额收益。通常情况下,风险资本的投资回报率可以达到十倍,甚至数十倍、上百倍。根据 Venture Economics 提供的数据,VC 的平均年回报率在 1995、1996、1997 年分别为 48%、40%、36%。Manigart 等(2002)对 5 个国家的 200 家 VC 样本检验发现,投资于早期的 VC 平均回报在 36%—45%之间,而晚期的在 26%—30%之间。Gompers 和 Lerner(1998)则发现 1972—1997 年间 VC 年回报率平均为 30.5%。

最成功的退出案例是 Benchmark Capital 公司对易趣的投资。他们提供给易趣的初始投资为 670 万美元,到 1998 年 9 月易趣上市时,所持股票价值已经高达 4 亿美元。而到 1999 年时,Benchmark 所拥有的股票已经飙升到 42 亿美元,投资回报率已经高达 600∶1。苹果、雅虎、谷歌等著名公司也一度让风险资本赚的"盆满钵溢"。我国的一些著名风险资本公司也取得了令人骄傲的成绩,如深圳创新投集团有限公司,仅 2010 年就有 24 家企业上市,创下了一个机构一年时间内 IPO 上市数量的世界之最,且平均年投资回报率达到了 36%。可见,高超额收益也是风险资本迅速发展的重要特征之一。

(四)行业和区域集中性

风险资本投资往往集中在高科技行业和特定区域。行业集中性是由风险资本专注于高科技领域投资特性所决定的。

Megginson 和 Netter（2001），Sorenson 和 Stuart（2001），Aylward（1998）对多个国家 VC 统计研究表明，不同国家的 VC 均表现出行业聚集的特性，而且不同国家的 VC 聚集在不同行业，并为这些行业发展注入了新的活力。区域性包含两层含义：一是指技术区域，限于专家的知识领域，风险资本只对某一个行业的企业或某个技术领域的企业进行投资。这样，一方面可以降低风险，另一方面也可以积累更多的经验和知识，以提高后续投资收益。二是指地理区域，风险资本投资的企业大多分布在公司所在地的附近区域。这主要是为了降低监管成本。不同于其他投资形态，VC 更注重对企业的日常监管，地域邻近不仅可以节约监管成本，也便于和企业进行沟通。Shachmurove（2007），Chen 等（2000）对不同国家 VC 地域分布研究均支持了区域聚集性的观点。

此外，Gupta 和 Sapienza（2002）研究还发现，不同特征 VC 表现出的行业和区域聚集程度是有差异的。他们发现，在美国专门投资于早期企业的 VC 基金行业分散度越低，地理分布越狭窄；公司制 VC 基金行业分散度更低，但地域分布较广；大型 VC 基金行业分散度高，地域分布广；小企业投资公司融资条款对行业分散度没有偏好，但与更狭窄的地域分布却关系密切。

四、风险资本的运作与管理的流程分析

（一）风险投资机构的组织形式分析

1.组织形式的分类

根据资金来源的不同，风险投资机构可以分为独立私营型、子公司型、小企业投资公司型、国际合作型、政府参与型。独立私营型一般是合伙制的组织形式；子公司和小企业投资公司型是指那些按照公司法及相关法规设立的公司制企业；国际合作型通常是

指那些具有跨国资金来源的企业;政府参与型,又可以分为政府控股和国有独资两种类型。按照具体组织形式,风险投资机构又可以划分为合伙制和公司制。独立私营和小企业投资公司一般采取合伙制的形式,而其他类型一般采用公司制形式经营。不同组织形式的 VC 在经营过程中具有不同的公司治理机制,因此在基金管理与运营各方面都是不同的。这一点,从前面对美国和我国风险资本发展分析中也可以推测出来。

2.合伙制与公司制比较

有限合伙制和有限责任公司是较为常见的风险投资机构形式。这两种形式在选择投资对象、投资阶段以及对企业产生的影响等方面都存在差异,并且,在风险投资发展的不同时期扮演了不同角色。传统上新企业融资依赖于合伙制 VC,但近几年很多企业开始考虑公司制 VC(Dushnitsky 和 Lenox,2006;Gaba 和 Meyer,2008)。在我国,VC 发展初期以有限责任公司制为主导。直到近两年法律认可后,有限合伙制 VC 才开始普及。有限合伙制与公司制在设立条件、税收以及管理等方面均存在差异(见表2—5)。

表 2—5 风险投资机构组织形式比较

项目	合伙制	公司制
设立条件	2—50 人(至少有 1 个普通合伙人),对注册资本无要求	50 人以内,最低注册资本3 万(1 人,10 万)
企业所得税	无需缴纳	需缴纳
目标	价值最大化	战略目标或价值最大化

续表

项目	合伙制	公司制
知识产权	不涉及侵占问题	可能侵占被投资企业知识产权
管理技能	强	差
独立性	强	弱
互补资产	无	有
期限	7—10 年	无明确要求

资料来源:表格内容系笔者根据 Park 和 Steensma(2011),Lipuma(2006)等论文整理。

相对来讲,有限合伙制 VC 的独立性更强,经营更加灵活,不仅有利于风险资本家大展手脚,也有利于投资者对风险投资家的激励和约束。

(二)风险资本运作流程分析

一般来说,规范的风险运作流程必不可少的环节,包括初审、尽职调查、风险预测与价值评估、设计并签订合约、监管与其他增值服务和退出六个方面。通过东方富海投资管理有限公司投资流程图(见图2—4),可以进一步了解风险投资机构在实际运作管理过程中的严格要求。当然,不同风险投资机构对投资流程的要求也会有所差异,但成功的风险投资机构往往都有着严密的投资程序。

1.初审

风险资本家往往会花费很多时间和精力寻找好的投资项目。通常,他们会积极参加各种融资洽淡会议,积极走访需要融资的中小企业。积极投资者的称呼是对他们行为的最好诠释。一般来说,在拿到企业的筹资申请或商业计划书后,风险资本家往往会利

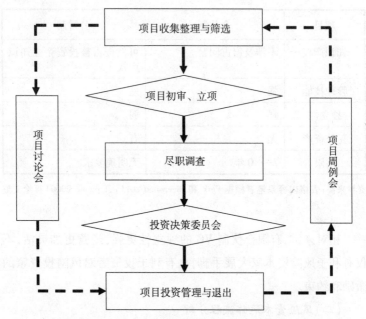

图 2—4　深圳市东方富海投资管理有限公司投资流程图①

用经验迅速浏览,并对项目是否值得投资进行初步判断。治理健全的风险投资机构,在项目初选时,会召集相关人员对通过项目建议书进行讨论,然后做出是继续深入了解,还是直接进入下一个阶段,或者直接拒绝。具体可参见我国知名风险投资机构——达晨创投的筛选标准(见表 2—6)。

① 深圳市东方富海投资管理有限公司,《流程图:OFC 没有秘密,只有原则》,见 http:www.of capital.com/corporate/Flow.aspx。

表2—6 达晨创投的筛选标准

序号	具体标准
1	看创业团队,占是否值得投资的比重达50%;
2	看行业,是否足够大,是否属于国家政策鼓励支持的范围;
3	看技术水平,是否领先;
4	看商业模式,是否有创新;
5	看行业地位,被投企业须是行业或子行业前3名;
6	看有没有法律障碍和不利于上市的硬伤。

资料来源:达晨创投官方网站,见 http://www.fortunevc.com/about.asp? menu_id=13。

2.尽职调查

经过初步筛选后,风险投资机构对备选企业进一步深入审查,也称尽职调查。尽职调查往往包括企业经营背景、人事背景、财务声明、法律事务等全方位内容。在这一过程中,风险投资机构会尽可能地收集企业所有与价值相关的信息。调查方法主要包括询问、访谈、查询和取证。调查对象非常广泛,几乎涉及创业者及其团队、供应商和竞争对手、客户、会计师、律师以及其他有关人员和机构等所有相关人员,必要时 VC 还会征求专家学者们的意见。尽职调查是一项耗时耗力的工作,往往不能一蹴而就,需要多轮次反复会谈。但鉴于这是第一道关口,因此 VC 通常不厌其烦,同时这也说明 VC 投资的谨慎性。

3.风险预测与价值评估

尽职调查结束后,风险投资机构会利用所搜集到的信息对企业进行风险收益的测定和评估。限于创业企业发展的复杂性,单纯的定量分析很难满足风险投资的评估需要,他们往往还会根据以往经验和惯例、对市场前景的预测以及融资状况进行综合的分析与评定。由于这直接关系到投资成本及其成败,因此这个过程往往需要耗费较长时间,有的甚至持续几个月。一般来说,风险资本家会根据对未来投资价值的评估,首先预测项目可能产生的现金流,然后根据各方面综合评定的风险选择适当的折现率,最后计算出可投资项目的净现值,做出投资与否的决策。

4.设计并签订合同

一旦决定投资,就进入与创业企业的谈判阶段。讨价还价对于投融资双方来讲都是一件耗时费力的工作。一旦协议签订完成,风险投资机构与创业企业的投融资关系就生效了。因此,双方在谈判过程中都会据理力争,而且会明确地将相关事项列示在契约中,以防签约后出现道德风险问题。中国风险投资网给出了一份典型的风险投资条款清单①。其中,最重要的条款包括投资额、作价和投资工具、公司治理结构、清算和退出方式。当契约生效后,投融资双方需要根据协议履行资产转移、经营管理权转移、股权变更登记等相关手续。手续齐备后,VC 与企业的合作关系正式确立。

5.监管与增值服务

投资生效后,风险资本家会按契约规定向企业注入资金。为了有效地激励约束创业者,注资往往分阶段进行。同时,风险投资机构会在董事会、监事会中占有席位,甚至会派出高管进入企业直接参与日常经营管理。在创业企业经营过程中,他们不仅会定期或不定期地检查企业经营和财务状况,还会在经营策略制定、管理机制设置、市场开拓、战略规划等方面为企业提供尽可能的咨询与帮助,以改善经营状况并获取更多收益。如风险资本家会利用网络关系为企业寻找上下游客户,或者帮助企业招聘和更换经理人

---

① 中国百科网,《投资条款清单》,见 http://www.chinabaike.com/z/jingji/hg/736259.html。

员等。通常,作为某一行业的专家投资者,风险投资机构比创业者拥有更多的管理经验和技能,所以这些监督和增值服务往往能够促进企业更快的成长。

6.退出

当风险资本对企业培育一定的期限后,无论是否达到投资回报的要求都会开始考虑退出的问题。如果企业发展缓慢,或者开发项目失败,无法达到预期退出目标,风险投资机构会选择注销清算或者将股份卖给创业者实现退出;如果企业成长较快,达到了预期投资目标,风险投资机构会选择并购、股权转让或者 IPO 中能够使其价值最大化的可行方式退出。Cumming 和 Macintosh(2003)研究了风险资本的收益、风险企业的资产状况和风险资本持续的时间如何影响风险企业最优退出路径的选择。他们认为,对于高附加值的企业来说,IPO 是最优的退出方式,清算则是附加值低的企业最优的退出方式。

(1)公开上市(IPO)

IPO 是当被投资企业发展到一定程度时,风险投资机构借助首次向公众发行新股并在二级市场上市公开交易形式实现退出的一种方式。这种方式是 VC 和企业最乐意接受的。一方面,企业可以借机融得更多资金,获得更大的发展机会,也可以提高知名度,增加企业影响力,但创业者必须承担股权稀释的代价;另一方面,VC 可以获得更高的投资回报,并建立更高声誉,树立良好形象,但有时也需要承担抑价成本。Black 和 Gilson(1998)发现美国的风险资本通过 IPO 退出取得的年平均回报率为 60%,而通过并购退出的仅有 15%。

(2)股权转让

在达到预期回报的目的后,VC 通过将股权出售给其他风险投资机构、战略投资者等外部投资者退出被投资企业。目前,限于资本市场发展较慢,尤其是创业板市场建设的滞后性,导致这一方式在我国 VC 退出渠道中长期以来占有最重要的位置。风险资本一般按基金形式组织,预期短期内被投资企业无法满足上市条件会影响 VC 资金的高速运转。为了杜绝这种现象,VC 只好忍痛割爱,或是激流勇退。当然,也可能受到战略投资、突发事件等影响而不得已转让股权。此外,股权转让的一种特殊形式是股票回购。有些 VC 与企业签约时,为了降低投资风险和激励创业者努力工作,会设置回购条款。一般该条款会明确在什么条件下,如被投资企业无法按期实现承诺的经济效益时,创业者必须按约定买回 VC 所持股票。

(3)并购

并购,通常是 VC 在时机成熟的时候,以兼并或收购的方式将所持股票出售来实现退出的一种形式。时机成熟指的是未来投资收益的现值比市场价值高的时候。因此价值的评估和机会的挖掘对 VC 的退出收益都很重要。

(4)注销

注销,是投融资双方都不愿意接受的无奈之举。一般来说,这种退出决策,是在项目不成功或被投资企业成长过于缓慢、未来盈利前景堪忧的条件下被迫做出的,结局往往是两败俱伤。毕竟,及时清算才能避免更大的损失,而且还可以尽早投入下个项目的运作。虽然不愿意见到这种结果,但事实上,风险投资风光背后,有80%左右是通过这一方式退出的,而这也正好符合经典的二八定律①。

---

① 二八定律也叫巴莱多定律,是 19 世纪末 20 世纪初意大利经济学家巴莱多发明的。他认为,在任何一组东西中,最重要的只占其中一小部分,约20%,其余80%尽管是多数却是次要的,因此又称二八法则。

经历了长期的发展探索,风险投资机构从接受商业计划书到投资退出都形成了一套专业化的管理运作模式。这既可以提高工作效率,节约成本,也可以降低投资风险,增加回报。成功的风险资本家往往也是管理专家,他们能够坚持严格的流程化管理,并审慎地选择投资项目,投资后对该公司进行严格的监督,并视情况决定是否提供增值服务,最后适时退出,获取回报。如我国著名风险投资机构——深圳创新投资集团①的决策流程为:当发现一个好项目以后,首先进行筛选、过滤,将其中一些不错的项目上报集团,然后由立项委员会进行立项(由 10—20 人组成的决策委员会审核并立项),随后该项目进入尽职调查阶段,一切结束后由投资决策委员会最终审核,决定是否投资,最后签署投资协议。这一系列规范的流程使深创投集团在风险投资领域异军突起,不仅获得了丰厚的报酬,也建立了良好的声誉。

第三节　IPO 市场建设特征

中小企业和风险资本能够在投融资市场实现有效对接,在很大程度上取决于资本市场建设是否成熟。而在我国,创业板市场建设的滞后性直接导致存在众多中小企业难以获得风险资本的眷顾以及风险资本也因退出困难而无法放手投资的两难现象。中小企业板,前承主板后迎创业,在一定程度上满足了中小企业融资和风险资本退出的要求,是我国的准创业板。在本书框架里,能够获得中小企业板上市资格的企业整体资质要好于创业板市场,但却与创业板上市公司一样具有成长性高、科技含量高的特征。而且,

---

① 根据深创投北京分公司总经理刘纲接受《投资者报》采访稿整理而来。

其中很多中小企业是风险资本通过 IPO 退出的载体,为我国完善风险资本退出机制作出了重要贡献。同时依赖中小企业板平台,获得了大量发展资金,在一定程度上缓解了融资约束。

一、中小企业板的发展特征

(一)中小企业板的筹建

在 20 世纪末期,设立创业板的呼声越来越高。但是,限于市场环境、法规建设、技术人才等条件尚不充分,创业板的大门迟迟未打开。从开始筹备到正式开启,中小企业板历经四年多时间,(见表 2—7)。直至 2004 年 5 月 17 日,证监会经国务院批准,正式核准同意深圳证券交易所在主板市场内设立中小企业板,准创业板市场才"千呼万唤始出来"。遗憾的是,仍然"犹抱琵琶半遮面"。

表 2—7　中小企业板建设历程一览

时间	重要事件
2000 年起	深交所暂停新股上市申请筹备创业板
2000 年 2 月 21 日	深交所高新技术企业板小组成立
2000 年 9 月 18 日	创业板组织体系建立
2000 年 10 月 14 日	中国"创业板"宣言诞生
2000 年 10 月 26 日	深交所举办第一期创业板拟上市企业培训班
2004 年 2 月 10 日—12 日	尚福林提出 2004 年在深交所设立中小盘股板块
2004 年 2 月 14 日	深圳重发新股进入最后的技术准备阶段
2004 年 5 月 17 日	"中小企业板"获准设立
2004 年 5 月 27 日	中小企业板正式启动

续表

时间	重要事件
2004 年 6 月 25 日	新和成等 8 家公司成为中小企业板第一批上市公司

资料来源:参考搜狐财经以及深圳中小企业板网站。

作为主板向创业板的过渡市场,中小企业的门槛并未降低多少。首先,现行法律法规不变和发行上市标准不变,这两个不变导致了目前的中小企业板只能为众多中小企业中极少数佼佼者提供融资服务;其次,运行独立、监察独立、代码独立和指数独立,这四个独立在严把中小板上市企业质量的同时,也为上市制度的频繁变更埋下了伏笔。现行法律法规不变、发行上市标准不变,这决定了在中小企业板上市的公司并非真正意义上的创业公司(实际上与主板上市的小盘股一样)(谢百三和王巍,2004)。

(二)中小企业板建设的意义

1.为中小企业提供融资平台

与主板市场不同,中小企业板,主要是面向成长型的高科技中小企业。虽然侧重点有所不同,但都是服务于中小企业,为中小企业融资提供平台。谢百三、王巍(2004)指出我国目前的中小企业板实际上仅仅是主板市场的延伸。佘坚(2008)指出中小板市场职能及其形成机制可在一定程度上满足中小企业的内生需求;已上市中小板公司产生了明显的示范、引导、规范和激励效应,对未上市中小企业产生了巨大的间接影响,并促使其成长为中小板的上市资源。时隔 6 年,中小企业在经历了 2007—2008 年经济危机后,显示出顽强的生命力,并开始步入稳定发展的道路。从中小企业板融资状况来看,截至 2010 年底,上市公司数目已经达到 532 家,融资总额已超过 33116443 万元,无论是总成交额与总成交量,

127

还是日成交状况都在逐年增加。由此可见,中小企业板对我国资本市场建设的意义重大。

2.肩负着完善我国资本市场结构的使命

尽管中小企业板不是严格意义上的创业板,但却是我国建立多层次市场的有益尝试。它上承主板市场,下启创业板市场,是连接两者的桥梁,对于现阶段资本市场优化资源配置和我国国民经济结构调整具有重要意义。中小企业板定位于高成长性的中小企业融资市场。而创业板定位于创新型的中小企业的融资平台,二者并行不悖,有利于构建多层次的资本市场体系,改善资本市场结构,从而有效发挥资本市场优化资源配置的功能。王旻、杨朝军和廖士光(2009)利用沪深主板市场与深圳中小企业板市场数据分析了主板与中小企业板市场之间的联动性,结果表明,仅深圳主板市场波动性单向溢出到中小企业板,沪深主板与中小企业板市场在流动性方面存在双向溢出效应。深圳主板市场的波动性溢出到中小企业板市场,其原因在于中小企业板也是深圳主板市场的重要组成部分,只不过上市公司的规模相对较小而已,主板市场与中小企业市场的流动性水平之间的双向溢出效应是正向的,呈现出同升同降趋势。

3.为创业投资提供有效的退出渠道

风险资本在硅谷创造的经济神话,让它迅速成为各国经济发展中不可或缺的经济力量。尽管被视为创业活动中的救命稻草和催化剂,但风险资本家可不是慈善家,其投资的最终目的既不是帮助企业成长,也不是获得企业控制权,而是超额的资本增值。而这种超额增值的取得需要有一个能够及时有效地实现退出的创业板市场。在西方发达国家,以及日本、韩国等亚洲经济发达国家,都很重视创业板建设。限于历史与改革的原因,我国创业板迟迟未

建立。中小企业板的建立,可以暂时为这些风险投资的退出提供
一个过渡的环境。事实证明,中小企业板成立以来,风险资本采用
IPO 退出的企业开始增加,这在一定程度上也激励了风险资本的
发展。佘坚(2008)研究发现,中小企业板有超过四分之一的上市
公司具有 VC 支持背景,但其中近七成案例发生在 IPO 前阶段;实
证数据显示,VC 在中小企业板退出获得的回报倍数均值为
28.36 倍。

(三)中小企业板融资概况与分析

从中小企业 2004—2010 年上市和交易概况看(见表 2—8),
我国中小企业板已经吸纳了 530 家中小企业,仅在 2010 年就有
204 家企业上市;除了个别年度受到经济政策和金融危机影响外,
中小企业板交易数量也逐年增加,仅 2010 年中小企业融资规模已
经超过 2000 个亿。虽然相对主板市场规模较小,但中小企业板的
融资能力已经不容小觑,已经成为高成长型中小企业融资的重要
市场。

表 2—8　中小企业板上市融资和交易概况

年度	2004	2005	2006	2007	2008	2009	2010
新上市公司数目	38	12	52	100	71	54	204
发行规模(金额:万)	910817.20	279169.60	1413116.60	3626376.32	2662994.80	4202086.76	20021882.20
发行规模(股数:万)	94770	41080	181670	345420	229110	190167.10	768576
交易日数	131	242	241	242	246	244	242
总成交金额(百万)	82263.06	120392.27	307155.48	1617366.22	1663727.81	4827352.31	8583242.62

续表

年度	2004	2005	2006	2007	2008	2009	2010
平均日成交金额（百万）	627.96	497.49	1274.5	6683.33	6763.12	19784.23	35467.94
总成交股数（百万）	5915.87	13029.95	29677.53	81556.38	118925.54	328364.84	405534.78
平均日成交股数（百万）	45.16	53.84	123.14	337.01	483.44	1345.76	1675.76
总成交笔数	8117939	13909507	25545513	87016032	126588247	320019546	451279258
平均每日成交笔数	61969	57477	105998	359570	514586	1311556	1864790
中小板综合指数—最高		1446.18	2568.33	5982.92	6315.09	5657.82	7493.29
中小板综合指数—最低		1321.03	1388.06	2461.99	1959.13	2882.69	4564.18
中小板 P 指—最高				6293.79	6633.12	5833.39	8017.67
中小板 P 指—最低				2437.3	2114.27	2752.08	4893.24

资料来源：深圳中小企业板网站。

中小企业板在融资能力和活跃交易方面都作出了一定的贡献，为大陆创业板正式创建前风险资本的退出提供了一个平台。但中小企业板是主板的一个板块，不是独立的板，其运作采取非独立的附属型市场模式，即中小企业板市场完全附属于主板，与主板拥有共同的交易系统和监管系统，二者组合在一起共同运作（张平和钟春梅，2005）。

二、中小企业板与创业板的比较

(一)创业板建设简述

创业板市场,是为了适应自主创新企业及其他成长型创业企业发展需要而设立的①,是拓宽中小企业的直接融资的关键渠道(熊三炉,2009)。最著名的创业板市场当属美国的纳斯达克。与主板市场不同,创业板以自主创新的成长型企业为服务对象,往往以高科技企业为主,要求的上市门槛相对较低,因此一般来说,创业企业的成长性和市场风险要高于主板上市公司。如果将中小企业板启动前的时间计算在内,大陆创业板的探索之路长达十年之久。创业板的建设,是我国多层次资本市场建设的重要里程碑。为了稳步推进创业板建设,我国政府各部门对创业板从发行、上市到上市后监管等事宜都进行了详细的研究探讨,并广泛征集了社会各界人士的意见,可以说凝聚了全国人民的智慧和辛劳。目前,创业板已经有258家企业成功上市(截至2011年8月5日)。

(二)主板(中小企业板)与创业板上市条件对比

在我国,中小企业板的上市条件与主板市场是相同的,但创业板市场上市条件则相对较低。对比发现,无论对上市资格,还是对资产规模的要求,创业板都明显有别于主板市场,具有更高的独立性。更宽松的上市条件,目的是为了满足更多中小企业和风险资本的上市要求,但势必会带来更多的信息不对称问题。为此,证监会要求专门成立了创业板审核委员会。

表2—9显示,尽管创业板对拟上市企业的规模和业绩都设定了要求,但显然对上市企业的历史业绩要求要宽松很多。这是因为企业过去的表现并非上市融资的决定因素。从财务学角度分

---

① 见深圳交易所创业板市场网站对创业板市场的定义。

析,融资关键看公司的发展前景。具体说,就是看企业能否预期产生正的现金流。

通过对中小企业板和创业板在上市条件和上市规则上的比较发现,创业板与中小企业板块在提供中小企业融资机会,拓宽融资渠道方面无明显差距。这也进一步说明,本书使用中小企业板数据研究风险资本对 IPO 的影响问题是可行的,中小企业板在很大程度上扮演了创业板角色。

表2—9 中小企业板与创业板上市要求对比

要求内容	创业板	主板(中小企业板)
主体资格	依法设立且持续经营三年以上的股份有限公司,定位服务成长性创业企业;支持有自主创新的企业	依法设立且合法存续的股份有限公司
股本要求	发行前净资产不少于2000万元,发行后的股本总额不少于3000万元	发行前股本总额不少于3000万元,发行后不少于5000万元
盈利要求	(1)最近两年连续盈利,最近两年净利润累计不少于1000万元,且持续增长;或者最近一年盈利,且净利润不少于500万元,最近一年营业收入不少于5000万元,最近两年营业收入增长率均不低于30%;(2)净利润以扣除非经常性损益前后孰低者为计算依据。(注:符合其中一条即可)	(1)最近3个会计年度净利润均为正数且累计超过人民币3000万元,净利润以扣除非经常性损益前后较低者为计算依据;(2)最近3个会计年度经营活动产生的现金流量净额累计超过人民币5000万元;或者最近3个会计年度营业收入累计超过人民币3亿元;(3)最近一期不存在未弥补亏损
资产要求	最近一期末净资产不少于2000万元	最近一期期末无形资产(扣除土地使用权、水面养殖权和采矿权等后)占净资产比例不高于20%

续表

要求内容	创业板	主板(中小企业板)
主营业务要求	主营一种业务,且最近两年内未发生变更	最近3年内主营业务没有发生重大变化
董事、管理层和实际控制人	最近2年内主营业务和董事、高级管理人员均未发生重大变化,实际控制人未发生变更。高管不能在最近3年内受到中国证监会行政处罚,或者最近一年内受到证券交易所公开谴责	最近3年内董事、高级管理人员没有发生重大变化,实际控制人未发生变更。高管不能在最近36个月内受到中国证监会行政处罚,或者最近12个月内受到证券交易所公开谴责
同业竞争和关联交易	发行人的业务与控股股东、实际控制人及其控制的其他企业间不存在同业竞争,以及影响独立性或者显失公允的关联交易	除创业板标准外,还需募集投资项目实施后,不会产生同业竞争或者对发行人的独立性产生不利影响
发审委	设立创业板发行审核委员会,委员与主板发审委委员不互相兼任	设主板发行审核委员会,25人
初审意见	无明确要求	征求省级人民政府、国家发改委意见

资料来源:参见中小企业板和创业板上市规则。

　　根据深交所公布数据统计,截至2010年底,创业板发行新股上市企业共有153家,中小企业板发行新股上市企业共533家。对这些数据统计发现(见图2—5、2—6),创业板上市企业中制造业和信息技术业所占比例达87%,而中小企业板仅占86%,可谓旗鼓相当。其中,创业板中信息技术占到20%,而中小企业板属于信息技术行业的企业则只占10%。可见,除了更多的投资于信息技术等高科技产业领域外,创业板在其他行业的分布与中小企业板区别不大。这说明,短时期内中小企业板也行使了部分创业板的职能。这一点为本书以中小企业板为研究对象提供了支持。

从实践过程看,经过七年的摸索,中小企业板的发展已相对成熟,有些上市企业还在细分行业处于领先地位,大部分企业经营稳定,抗风险能力和盈利能力较强;而创业板市场开启还不足两年,绝大多数企业处于成长期,企业发展潜力大,但规模小,稳定性差,在开拓市场和开发新技术以及与市场的融合等方面都存在较高风险,也导致了投资者面临的市场炒作和市场操纵风险可能会较高,因此无论从上市企业还是投资者角度来讲,创业板都不能与中小企业板相提并论。

特别需要说明的是,考虑到创业板数据有限、发展初期供需不稳定等特征,本书选择了上市标准较创业板严格、企业规模比主板小、风险资本持股达到相当比例的中小企业板为研究对象。

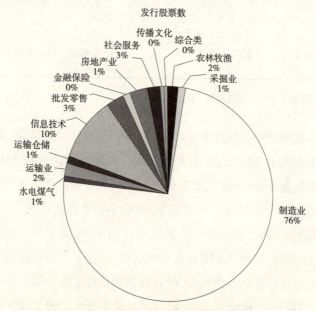

图 2—5　中小企业板上市公司行业分布

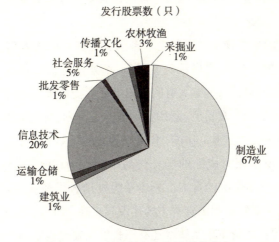

发行股票数（只）

图2—6　创业板上市公司行业分布

（三）中小企业板与创业板市场的关系分析

事实上，中小企业板是主板市场的延伸，上市企业多为中型企业，相对风险较小；创业板则不同，是真正意义上的创业板，风险相对较高。因此，无论从运行方式、还是市场定位，两者都有着明显的区别。但不可否认，正是有了中小企业板多年管理和运行的铺垫，创业板的运行才更加顺利。

1.中小企业板是创业板市场问路石

为了稳健地建设创业板市场，我国采取了循序渐进做法——先行推出的中小企业板，在对中小企业 IPO 融资的审查、监管、督导等方面逐渐积累了经验，培育人才，从而为完善创业板市场建设的相关法律法规进行了有益的探索。中小企业板，可以说是创业板的初级形态，或者初期模式。事实证明，中小企业板作为创业板的问路石，确实为创业板的建设提供了帮助。得益于中小企业板的积极探索，我国创业板开启以来运行相对平稳。

2.中小企业板、创业板同为多层次市场体系建设的重要组成部分

发达国家市场几乎都建立了多层次的资本市场体系,如美国有纽约证券交易所、美国证券交易所、纳斯达克(NASDAQ);日本有东京证券交易所;加拿大有阿乐伯塔证券交易所、多伦多证券交易所、温哥华证券交易所、蒙特利尔证券交易所;韩国有韩国证券交易所,科斯达克(KOSDAQ)和第三市场(KOTCBB)等。这些国家还都建设了相对成熟的场外交易市场(Over-the-Counter,简称OTC)。这些多层次的资本市场体系为推动各国经济发展作出了不可磨灭的贡献。我国资本市场建设起步晚,发展缓慢,要建设成熟的、多层次的资本市场体系还有很长的路要走。中小企业板、创业板的陆续启动,为我国多层次资本市场体系建设打通了道路,同时也为进一步发展场外交易积累了经验。中小企业板是我国国情和经济转轨的产物,是链接主板市场与创业板市场的桥梁。

三、股票发行与上市制度及变迁分析

(一)股票发行制度的演变分析

1.股票发行和上市的意义

股票发行是资本市场的核心环节之一(王林,2011)。股票市场是由发行市场(初级市场)和流通市场(二级市场或交易市场)构成的。股票公开发行,可以为企业融得更多的资金,从而推动企业更快发展。股票上市,是证券发行市场与交易市场的必要环节。经过证券交易所批准后,股票才能够在证券交易所公开挂牌交易。股票上市制度以证券交易所为载体,与场外交易市场相比,具有运作规范、管理有序、交易活跃等特征。一般来说,企业通过发行上市可以提高公司的资信和声誉,扩大筹资规模,完善公司治理结

构。但是,上市后的企业不仅需要接受相关部门的严格审核,还要向社会公众更及时地披露信息,接受公众的广泛监督。而且,股票价格还可能因受到宏观经济、金融政策、社会责任等各方面更敏锐的影响而呈现更大的波动性。因此,为了保证股票交易公开、公平、公正,各国对股票发行上市都制定了相应的制度规范。

不同发展程度和金融环境下,股票发行制度并不相同。如在美国,证券上市主要是由各证券交易所负责审核;在日本,金融厅负责对证券发行的注册进行形式审核,而交易所负责对证券上市的实质审核;在英国,对证券发行上市的审查分为许可上市(Listing Permission)和许可交易(Trading Permission),分别由金融服务局(Financial Services Authority,简称FSA)和交易所负责审查。而在我国股票发行制度则历经了多次改革,现行制度为核准制下的保荐制。

2.我国股票发行与上市制度的变革

股票发行制度主要包括发行审核制度、发行定价制度以及相关的信息披露制度(黄运成和葛蓉蓉,2005)。限于研究目的,本书主要探讨发行审核制度和发行定价制度。

(1)发行审核制度变迁过程

我国股票发行制度是在不断地借鉴与摸索中逐步建立起来的。纵观其发展过程,大体可分为不规范阶段(1993年以前)、审批制(1993—1995年,额度管理;1995—1999年,指标管理)、核准制(2001—2003年,通道制;2004年至今,保荐核准制)等。此外,在2005年,我国开始启用询价制度。

(2)简要评价

1990年11月26日和1991年4月11日,上海证券交易所、深圳证券交易所经批准陆续成立,标志着我国资本市场的建设正式启动。资本市场建立初期,法律法规、制度建设、人才储备、管理经验都非常欠缺,因此在 1993 年我国证券市场的发行制度处于不规范阶段。为了规范市场交易行为,维护市场交易秩序,实务界与专家学者开始了对上市发行制度的研究与讨论。可以说,每一步改革都是经过激烈的探讨和争论后的成果,无论是审批制、通道制还是当前的核准制,都是在特定市场环境下形成的产物,都为我国资本市场完善和发展贡献了力量。

审批制下,额度制带有很强的政府主导色彩(王林,2011),指标管理并未脱离政府管制,企业的发行规模、发行价格、发行时间等均由政府部门决定,是具有计划经济特色的产物。客观上讲,额度制调控了股市发展的节奏,平衡了地区和行业在发行股票上的利益,对于十余年来就颇具规模、拥有了广泛的投资者并且为千余家企业提供了融资的我国股市,是功不可没的(田利辉,2010)。不足之处是,对竞争性的市场实行计划性的行政管理容易造成市场制度性的扭曲(田利辉,2010)。因此,审批制在中国资本市场发展初期起过一定的积极作用,但随着中国资本市场的发展,审批制的弊端显得越来越明显,行政化审批导致制度上的寻租,资源按行政原则配置导致股市投资功能的丧失,阻碍了中国资本市场的规范发展(谢建国和唐建平,2005)。

核准制的诞生,减少了股票发行过程中的行政干预,弱化了政府的主导地位,突出了中介机构的职能,使股票发行与上市审核走上了更加市场化、专业化的道路。"通道制"替代了配额制后,核准和审批也没有体现出太大不同,新股发行依然处在严厉管制之下,企业上市依然困难重重(吕光磊,2006)。发行审核的规则体系日臻完善,但"标准越具体,要求也就越刚性,导致容纳不同业态、不同实际需求的灵活性随之降低"(王啸和何秦,2010),如发

行企业的"排队"现象。研究发现,核准制下与审批制下的公司股
票在上市首日初始收益率和新股实际申购收益上没有显著性差
异,这说明股票发行管理体制由审批制向核准制的改革,并没有提
高发行价确定的市场化程度(于增彪和梁文涛,2004)。

表 2—10　深圳交易所上市规则关于限售和持续督导的规定

日期	锁定对象	承诺锁定期限	保荐人持续督导时间
2002 年	第一大股东	12 个月	1 年
2004 年 12 月	大股东	12 个月	股票上市当年剩余时间及其后两个完整会计年度
2006 年 5 月	控股股东和实际控制人	36 个月	股票上市当年剩余时间及其后两个完整会计年度
	首次公开发行前十二个月内增资扩股,新增股份的持有人	36 个月	
2008 年	老股东	12 个月	股票上市当年剩余时间及其后两个完整会计年度
	控股股东和实际控制人	36	
	首次公开发行前十二个月内增资扩股,新增股份的持有人	12 个月	

注:2006 年 1 月 1 日《公司法》第 142 条规定,公司公开发行股份前已发行的股份,自
　公司股票在证券交易所上市交易之日起一年内不得转让。

　　为进一步活跃市场、提高融资效率并激发投资者热情,2004
年,我国开始推行核准制下的保荐制度。该制度出台的初衷是为
了更好地解决上述问题,提高上市公司质量和证券经营机构执业
水平,保护投资者的合法权益,促进证券市场的健康发展(杨健,
2009)。实证研究发现,保荐制度在消除"IPO 效应"方面和降低
信息披露被处罚方面效果非常明显,是保荐制度取得成功的主要

标志(杨健,2009)。但也有研究发现,上市保荐制度只是改变公司会计政策选择的时机策略,而并未改善公司盈余质量,而且公司可以利用上市辅导期的"预支"盈余的方式规避上市后监管,导致保荐制度未能起到改善盈余质量的作用(王克敏和廉鹏,2010)。实践中,联信永益(002373)、大地(002200)的欺诈发行,高新张铜(002075)、德棉股份(002072)、山东如意(002193)等违规事件,保荐机构难辞其咎。综合看来,保荐制是一把双刃剑,既有市场化配置资源的优势,也伴随着一些自利行为产生的问题,如何趋利除弊还需要认真研究与探讨。

此外,为了保护投资者利益,维护市后价格稳定,各国证券交易所在不同程度上设置了对发行人和相关机构投资者的限售制度和对保荐机构的持续督导要求。我国也不例外。

(二)发行定价机制的变更

新股发行定价是股票发行的核心环节,定价是否合理,直接影响到证券市场的资源配置效率(黄运成和葛蓉蓉,2005)。20 世纪 80 年代以来,世界范围内的 IPO 发售机制演变大致遵循如下趋势:固定价格→拍卖→累计投标询价(杨记军,赵昌文和杨丹,2008)。我国的发行方式没有经过拍卖的模式,而是从固定价格发行机制直接过渡到了累计投标询价制。当然,具体来看,改革过程要复杂得多。

1.固定价格机制

1994—1999 年,我国股票发行市场陆续尝试了多种固定价格发行方式,如上网定价、全额预缴款、比例配售、余额即退,全额预缴款、比例配售、余额转存、与储蓄存款挂钩等,整体上可以归结为行政定价范畴。据统计,新股发行市盈率被基本限定在 13—16 倍之间。

2.询价与固定价格混合机制

1999—2004 年,新股发行在上网定价方式的基础上,启用了向基金配售、向法人配售等方式。一般称这种定价方式为询价与固定价格的混合机制。这种结合放宽了市盈率管制,更注重市场化操作。

3.询价机制

2004 年至今,我国新股发行开始实行询价制度。通过向合格的机构投资者询价,充分挖掘市场对股票的真实需求,并按照申报价格和数量确定股票发行价格和配售数量,是市场化定价的良好反映。一般认为,累计投标询价发行方式与固定价格发行方式的区别不仅在于累计投标询价能够更好地收集投资者的信息,还在于累计投标询价制赋予了承销商具有自主分配(或配售)股票的权利(Benveniste 和 Spindt,1989)。而我国开始实行的询价制,并没有赋予承销商超额配售选择权,这也在一定程度上限制了其作用的发挥。但实践证明,与之前的固定价格机制比较,累计投标询价机制还是显示出了一定的优势,如比固定价格机制更能降低IPO 抑价与抑价率方差(马君潞和刘嘉,2005),而且整体来看,IPO 总发行成本有所下降(杨记军和赵昌文,2006)。而且,目前已经开始试点实行承销商超额配售选择权。承销商在定价过程中将发挥更大的作用。

可以预见,经过试运行和进一步研讨,更适合我国国情的询价体系建设会更加完善。那么随着信息不对称水平的降低,发行价格的确定也更加接近企业真实价值水平,高抑价现象也会逐渐减弱。

第三章 风险资本影响 IPO 抑价模型的构建

通过前文对我国中小企业与 VC 特征的分析发现,在我国中小企业板市场尚属新兴市场范畴的环境下,研究 IPO 过程中的抑价现象,还需要从信息不对称入手,并结合其发展特征对其决策函数进行深入挖掘和论证。深入挖掘其决策函数。

第一节 模型构建的思路

一、对 Chemmanur 抑价模型的分析与评价

(一)Chemmanur 抑价模型的主要内容

Chemmanur(1993)基于信息角度提出了一个关于 IPO 定价理论的模型,简称 Chemmanur 抑价模型。这一模型中,Chemmanur 假定发行人在 IPO 和二级市场中均出售股票,且发行人持有关于公司前景的私人信息,而外部人(Outsider,这里指外部投资者)可以进行有成本的信息生成。高质量发行人知道自己要与低质量公司一起上市,所以为了获得更高估值,高质量发行人会给外部人以抑价补偿,以引导外部人生成信息——否则外部人没有搜集信息的动机。这是因为,信息生成是有成本的且均衡发行价格随着信息生成成本递减。当高价值发行人有更高的预期估值时,信息可以更好地反映二级市场权益价值。

（二）Chemmanur 抑价模型的主要结论和观点

Chemmanur 模型与抑价相关的主要结论是,高质量公司总是抑价发行,而低质量公司总是溢价发行。与其他研究不同的是,Chemmanur(1993)模型认为二级市场价格不能反映企业真实价值,而是受信息成本和发行价格的影响。对于高质量发行人来说,发行价格越低,对外部投资者揭示信息的激励作用越大,二级市场价格越接近真实价值水平;而随着揭示信息的外部投资者人数的增加,低质量发行人的溢价收益越低。为了取得更精确的二级市场估值,内部人(Insider,文中代表发行人的决策者)引导信息生成导致了抑价的结果。然后,Chemmanur 进一步将抑价拓展到新股发行市场的各种特征分析。

（三）对 Chemmanur 抑价模型的评价

Chemmanur(1993)分析的重点是发行价格的形成。他假设发行人两次出售股票的做法显然是与实际不符的,尤其是在我国。按我国《证券法》规定,上市发行前的老股东所持股份需要锁定至少 1 年的时间。而且,与国外不同,我国 IPO 公司均以项目融资为主要目的,因此 IPO 时基本上都是新股发行。

同时,Chemmanur 抑价模型没有对发行人的上市收益函数进行细致分析,只是简单地认为二级市场价格代表其利益最大化。实证中,很难评估二级市场价格是否真实反映了企业价值,这可能也是 Chemmanur(1993)并未进行实证检验的一个重要原因。而且,这一暗含的假设,等同于假设发行人上市只是为了追求二级市场能够精确反映市场价值,从而可以在出售时享受"更公正的"待遇。

但是,发行人上市的原因和动机要复杂的多。Rock(1986)就提出发行人上市融资的两个重要原因。其一,为发行人进行再融资提供便利,多年的成功运营使发行人股东持有大量的财富,所以他们需要股份具有更强的流动性,并可以分散投资组合;其二,通过上市获得新资金,或者苦于多轮次与银行和风险投资机构打交道,或者为了提高融资效率(公开市场融资可以不受复杂的契约和条款限制)。进一步,Rock 还提出,发行人选择上市主要出于两个动机,分别是代表所有者、养老基金受益人和企业的财务支持者(通常财务学中所称的利益相关者)规避风险以及希望利用产生正的净现值的投资机会。无论是为利益相关者规避风险,还是利用投资机会,都表明了一点,那就是公开上市是可以为发行人带来增值的。据此,作者对 Chemmanur 的研究假设做了适当的修改,并重新设计了发行人的上市收益函数。

二、对异质预期抑价模型的分析与评论

(一)异质预期抑价模型的主要内容

异质预期抑价模型的思想散见于张小成、孟卫东和周孝华(2008),周孝华、熊维勤和孟卫东(2009),张小成(2009)等文章。其推导主线是一致的,只是各有不同侧重,但均以发行人和机构投资者对发行价格的不同预期为前提,因此本书将其简称为"异质预期抑价模型"。

这些论文一个共同的特征是,对发行人和机构投资者在询价制背景下,以参与询价机构对新股定价的主导作用为前提,以发行人期望效用最大化和机构投资者期望效用最大化为目标对各自定价策略进行了详细分析,并运用博弈论方法得到 IPO 定价均衡模型。在此基础上,他们对抑价进行了详细分析。

(二)异质预期抑价模型的主要结论

异质预期抑价模型将抑价分为有意抑价和无意抑价,并认为

"在询价制下,发行人和机构投资者不论风险规避还是风险中性,都有有意抑价的激励"。根据模型可以发现,有意抑价主要受新股配售比例、申购人数以及申购需求的影响。进一步,异质预期抑价模型提出,"当发行人与机构投资者对新股的价值存在的分歧(异质)时,分歧越大,IPO 抑价越高,而 IPO 抑价中有意抑价不变,无意抑价增大"。也就是,发行人与机构投资者之间对发行价格的预期差异越大,则抑价越高。

在此基础上,该模型还指出,当机构和发行人之间的异质预期是由信息不对称而产生时,可能会导致市场错误定价(发行首日跌破发行价)。

(三)对异质预期抑价模型的评论

异质预期抑价模型引入异质预期对抑价形成的原因进行的博弈分析,为研究询价制下的抑价形成机理提供了重要参考。可取的是,这一模型在询价制背景下分析抑价的形成过程,更加贴近我国目前发行制度,更具有现实意义;其对发行人和机构投资者效用函数的设计、博弈过程分析以及均衡价格求解思路等都对研究相关问题具有重要借鉴意义。但研究的局限在于,虽然他们也意识到造成异质预期的主要原因是由于信息不对称及公司内在价值存在诸多的不确定性,或者投资者和发行人对公司的价值评价方式不同(张小成、孟卫东和周孝华,2008),可惜的是没有将这些影响因素纳入分析模型,而是简单地假设出一个预期发行价格,然后据此求导效用函数以作为分析抑价函数的基础。而且,该模型仅仅指出了机构和发行人之间的异质预期是由信息不对称而产生,可能会导致市场错误定价,而没有进一步挖掘信息不对称对机构投资者报价可能产生的深层影响。

三、本书模型构建的主要思路

（一）对 Chemmanur 抑价模型和异质预期抑价模型的借鉴

对比两个抑价模型发现，Chemmanur 抑价模型重点是对信息不对称如何影响外部投资者决策进行分析，将信息不对称成本、企业质量的先验分布和后验分布概率以及预期获得股份的概率纳入到外部投资者的收益函数中，对外部投资者的申购报价决策条件进行了深入分析，但对发行人的收益函数分析较为简单，只假设发行人的目标是二级市场价格最大化，显然过分简化了发行人上市的实际动机和利益追求。

而异质预期抑价模型则以发行人和机构投资者对发行价格的不同预期入手，对两者的收益函数进行了分别表述，并重点考察了询价过程中发行人保留价格、新股供应与需求（发行数量和需求数量）对均衡价格和抑价的影响。但是，这一模型没有对影响机构投资者预期报价的因素进行分析，只是简单给出了一个固定预期数值，显然无法揭示影响抑价的更深层原因。

既然外部投资者对发行价格的估计，不仅与息不对称程度密切相关，而且还与价值评估方式等相关，那么忽略其影响势必影响研究的深度，即同投资者掌握的信息是有差异的。这是因为，投资者在取得信息时是有成本的。当投资者额外取得信息的预期收益高于成本时，才会选择搜集信息，并决定是否申购以及申购价格和数量；否则投资者会根据公开信息以及预期的公司平均质量进行估值报价。

因此，本书吸收 Chemmanur 抑价模型对信息成本分析的思路，并将其对发行人报价条件的分析嵌入异质预期抑价模型之中，将两个模型的优点融合在一起，并在一定程度上弥补了两者的不足，借此对信息不对称引发的发行人和外部投资者目标函数推导出了基本抑价模型。

(二)本书模型的设计思想

基于信息不对称,Myers 和 Majluf(1984)提出的优序融资理论认为,因为企业的经营者比投资者更了解企业状况,且经营者总是试图为现有股东而不是新股东谋求价值最大化,所以当企业经营状况良好、投资项目前景看好时,经营者宁可选择负债融资,而不愿发行股票让新股东瓜分利益。通常,项目好坏是内部信息,外部投资者并不知道,因此可能出现企业价值被错估的情况。当企业价值被低估时,现有股东会因为担心利益流向新股东而偏好负债融资。考虑到这一逆向选择行为,投资者会将企业发行新股票融资看作是传递坏消息的信号。但是,这些理论是不完全的,并不能解释众多企业争相 IPO 融资的现象。而且,也无法解释 IPO 融资过程产生的抑价问题。于是,IPO 抑价理论应运而生。值得肯定的是,基于信息不对称、法律制度以及行为金融等角度解释抑价的相关理论都在一定程度上对阐释抑价产生的原因作出了贡献。遗憾的是,没有一种理论可以完全解释不同市场下抑价形成的原因。同时,以高风险、高回报著称的 VC 对 IPO 抑价的影响也吸引一大批专家学者的关注,但同样存在多种矛盾的理论观点。

现有抑价及 VC 理论为研究 VC 持股企业抑价现象提供了基础和引导。如以信息不对称理论为基,有关学者从 VC 投资特征出发提出,由于 VC 积极参与监督管理提高了企业业绩,所以在 IPO 时可以向投资者传递高质量信号,降低信息不对称程度,从而扮演认证角色,结果是 VC 持股企业抑价较低;也有学者从 VC 投资目的出发提出,为了尽快建立声誉,VC,尤其是年轻的 VC 具有逐名动机——会过早推动企业上市,以尽快取得回报并拉动后续融资,因而 VC 持股企业抑价更高。近些年,我国学者试图就 VC

影响抑价现象进行解释,但发现这些理论在解释我国 VC 持股企业抑价问题上乏善可陈。这说明,这些多数以美国、欧洲等发达国家数据为背景的研究观点并非普遍适用,尤其是在解释新兴市场国家 VC 与抑价关系上,还有待进一步研究探讨。

信息不对称通常被视为 IPO 价产生的重要原因。基于此,本书设计了基本抑价模型,作为研究 VC 影响抑价的基础。由于 VC 是发行人之一,但又表现出更加积极、以 IPO 退出实现高额回报等不同于一般股东的特征,因此在 IPO 过程可能对外部投资者报价策略造成影响。为了达到引入 VC 的目的,本书首先对 VC 抑价模型的因素展开分析,以为引入 VC 做好铺垫工作。然后,结合风险资本特征和在 IPO 中可能扮演的角色分析,总结不同理论对 VC 投资动机、特征以及 VC 作用于抑价背后的潜在机理,然后对 VC 影响抑价形成的因素进行比较和总结,以挖掘 VC 影响抑价的路径,并最终求解 VC 抑价模型。最后,对不同目标下 VC 对抑价产生的影响结果进行分析和提炼。

第二节　IPO 抑价的基本模型

一、理论研究假设

(一)关于新股发行的假设

1.模型中参与人主要指发行人和外部投资者。

散户投资者并不参与询价过程,而且,散户投资者几乎是发行价格的被动接受者——只要外部投资者(特指机构投资者)积极参与,股票总是能发行成功的——剩余部分由承销商包销。承销商是发行过程中的重要参与人,但从承销商与发行人、外部投资者的密切关系分析,显然承销商会更侧重于为发行人提供服务。当然,承销商在 IPO 中扮演的角色要复杂得多。基本模型假定承销商与发行人利益一致(与 Benveniste 和 Spindt 研究假设相同),一是考虑到在我国承销商一般没有超额配售选择权,二是为了模型推导的便利。毕竟,本书重点分析在于引入 VC 的影响。而且,本书在最后会对承销商的影响做补充分析,以弥补这一假设的不足。

2.IPO 过程中,发行人和外部投资者之间是信息不对称的。

假设发行人仅可能是两种类型,高质量($V = V_H$)和低质量($V = V_L$)。但发行人的质量类型是私人信息,外部投资者只了解其类型的概率分布。假设发行人为高质量的概率为 α ,发行人为低质量的概率为 $1 - \alpha$ 。

3.公开发行股份均为新股发行,且发行股份为询价制下的承诺发行。

与国外 IPO 有很多为股份转让公开发行不同,我国一般为新股上市发行。假设 n 表示申购价格不低于发行价格的申购者数目($n > 2$),且每个外部投资者的最低申购量是 $\bar{s}$,那么 $n\bar{s} \geq N$ (N 表示新股发行数量)时股票可以全部发行给外部投资者,取等号时表示供需平衡。假设其他条件不变时,高质量发行人总是可以将股票全部出售给外部投资者,而对于低质量发行人,即便外部投资者需求不足,剩余部分也会由承销商包销。

(二)关于发行人的假设

1.发行费用为发行价格的固定比例。

事实上,发行费用是由固定费用和变动费用构成的,并非严格为发行收入的倍数。据统计,这一比例在我国为 3% 左右。多数研究为了简化,都采用这一形式。本书为了便于论述,也采用这一惯例。假设这一比例为固定值 μ ,即不直接受公司质量高低的影响。本书重点分析发行人和外部投资者之间的博弈，并不重点考查承销商的作用。因此假设承销商与发行人目标一致，即以 IPO 价值最大化为目标。

2.发行人持续经营，且预期 IPO 是增加价值的。

发行人持续经营，无论质量高低，发行人融资的目的都是为了创造更多的价值。不同的是，高质量发行人关注的是融资项目能否成功进行，而不是能否融得更多资金；而低质量发行人除了关注项目的成功融资与否外，还关注能否融得更多资金。这是因为，高质量发行人预期项目收益较高，足以弥补上市发行成本，而低质量发行人预期项目收益较低，无论从上市发行成本的负担还是从后续融资的不确定性考虑，都更希望借 IPO 的机会融得更多资金。

预期 IPO 是增加价值的，即只有当发行人预期 IPO 项目可以产生正的现金流量时才会发行新股。只有提供大于 0 的投资机会，外部投资者才会认购（如果外部投资者参与新股申购回报率小于等于 0，那么投资于无风险资产才是理性的）。假设高质量发行人 IPO 融资项目可以带来正的收益，为 π_H（未扣除融资成本，即包含了发行成本和可能的抑价损失）；低质量发行人为 π_L，且有 $\pi_H > \pi_L > 0$。更确切的说，是假设高质量发行人 IPO 融资项目的盈利能力更强。

而且，发行人的持续经营特征暗示，IPO 融资只是为发行人发展过程中的众多投资项目之一融通资金，相应的，该项目带来的收益直接改变发行人质量高低的可能性几乎为 0，因此，IPO 前后发行人相对的质量高低顺序保持不变，即 IPO 不能改变企业类型。

（三）关于外部投资者的假设

1.假定外部投资者搜集信息时相互独立，且预期信息搜集是有成本的。

外部投资者有可能串联在一起，以节约信息搜集成本，降低申购风险，或者结成联盟压价，以提高收益，但是这种行为是法律法规所明令禁止的。所以本书假定外部投资者搜集信息与否的决策是相互独立的。假设搜集信息成本为 $C_p > 0$。① 为了便于分析，本书将外部投资者简化为两类：一类预期信息搜集成本高于收益，放弃搜集信息；另一类则选择搜集信息后再对是否申购新股做出决策。不搜集信息的外部投资者对不同类型发行人新股的申购是随机的，对每次申购来说申购到高质量和低质量公司的概率相等，均为 1/2。

2.外部投资者搜集信息是有价值的。

假设发行人质量为高质量，并被外部投资者评估为高质量的概率为 β，而发行人质量为低质量却被评估为高质量的概率为 θ。用公式表示为：

$$\Pr(G|V = V_H) = \beta \quad \Pr(G|V = V_L) = \theta$$

由于假设搜集信息是有价值的，所以有高质量发行人被评估为好的概率高于低质量发行人被评估为好的概率，即 $1 > \beta > \theta > 0$。β 的高低反映了外部投资者对信息识别的能力和评估能力。

假设外部投资者中签高质量发行人的概率为 l_g，且有 $0 < l_g \leq 1$。显然，申购价格越高，预计中签率越高，即有 $\frac{\partial P}{\partial l_g} > 0$。一旦判断错误，申购低质量公司发行新股的中签率为 l_b，根据公司质量可以直观得到 $0 < l_g \leq l_b \leq 1$。② 事实上，当对低质量公司报以高价时，中签率非常高，为了便于分析，假定误判的预期中签率 $l_b = 1$。

---

① 由于 $0 < a < 1, 0 < l_g < 1$，所以一定有 $V_H - P_0 > C_P$。
② 揭示信息增加的价值大于其带来的损失，即有 $\beta l_g > \theta$。

3.假设存在两种外部投资者,分别为选择搜集信息报价和不搜集信息报价两类。n 表示参与报价者总量,其中 n_H 表示选择搜集信息并准确识别高质量发行人报价的机构投资者数目;n_L 表示机构投资者搜集信息并将低质量公司评价为好的数目;用 n_0 表示不搜集信息报价者数量。对于高质量发行人,$\bar{n} = n_H + n_0$;对于低质量发行人,$\bar{n} = n_L + n_0$。实际申购中签人数用 n($n > 2$)表示。

4.无风险利率为 0。

外部投资者面临的决策是投资于新股发行,或者投资于无风险资产,不存在其他投资机会。

二、发行人决策分析

(一)发行人的上市收益函数分析

假设发行人每股价值为 V(根据假设 $V_H > V_L$),每股发行价格为 P_0。那么以 Y_{iss} 表示发行人预期 IPO 融资项目的净收益,则有:

$$Y_{iss} = \pi - \mu P_0 - (V - P_0) \qquad (公式3—1)$$

因此,发行人的最优决策条件是:

$$Max Y_{iss} = \max_{\frac{V-(\pi-R)}{1-\mu} \leqslant P_0 \leqslant V} [\pi + (1 - \mu) P_0 - V] \qquad (公式3—2)$$

这意味着,对于发行人来说,发行价格越高越好;融资项目盈利能力越强越好。或者说,发行价格越高、发行费率越低对发行人越有利;融资项目盈利能力越强,发行人收益越大。

(二)发行人的 IPO 保留价格

1.一般推导

假设发行人目前的资本成本为 $R > 0$,$C_{iss} = \mu P_0$,那么 IPO 融

资应该满足：

$$Y_{iss} = \pi - C_{iss} - (V - P_0)$$
$$= \pi + (1 - \mu)P_0 - V \geqslant R \qquad （公式3—3）$$

经整理可得：

$$P_0 \geqslant \frac{V - (\pi - R)}{1 - \mu} \qquad （公式3—4）$$

事实上，这一不等式反映了 IPO 融资项目参与人利益分割的要求。R 是发行人融资项目回报的最低要求；μP_0 是发行人需要向承销商等中介机构支付的发行费用；P_0 越高，发行人分配到的份额越高，但支付的发行费用也越高，同时外部投资者得到的就越少。从经济学角度看，$\frac{V - (\pi - R)}{1 - \mu}$ 是发行人选择 IPO 的底限，或称保留价格。

2.不同发行人保留价格的分析

无论发行人质量高低，发行人询价时询价下限都不会低于保留价格 $\frac{V - (\pi - R)}{1 - \mu}$。但是，对于不同质量发行人保留价格并不相同。

高质量发行人保留价格：$\frac{V_H - (\pi_H - R_H)}{1 - \mu}$

低质量发行人保留价格：$\frac{V_L - (\pi_L - R_L)}{1 - \mu}$

分析发现，对于外部投资者来说，无法根据保留价格的高低来判断发行人质量类型。作为理性的经济人，发行人总是会隐藏对自己不利的信息，所以外部投资者仅根据询价范围，很难直接判断发行人的真实类型。这也是即便发行人给出询价范围，外部投资者依然需要额外搜集信息以判断公司类型的原因。

（三）发行人询价区间的确定

1.关于询价下限的分析

假设发行人的询价区间为 $[\underline{P}, \overline{P}]$ ，则根据前面分析可知：

$$\underline{P} \geq \frac{V - (\pi - R)}{1 - \mu} \qquad （公式 3—5）$$

询价时，发行人若如实披露这一最低保留价格，则可对 $\underline{P} \geq \frac{V - (\pi - R)}{1 - \mu}$ 取等号。

假设以 $\overline{V}$ 表示外部投资者预期发行人的价值均值，那么当 $\underline{P} \geq \overline{V}$ 时，外部人搜集信息的激励不足，会对发行人以均值报价，以便将风险降至最低。这种以均值报价的行为定义为无信息报价。当 $\underline{P} < \overline{V}$ 时，且当差额部分足以弥补搜集信息成本时，外部投资者才有动机搜集信息。这一差额保证了即便外部投资者发现发行人质量较低，也不必承担损失。

2.关于询价上限的分析

如果 $\overline{P} > V$ ，当投资者申购人数很多，且搜集信息能力较差或者不搜集信息者众多时，企业就可能溢价发行。此时，中签的外部投资者利益就会被老股东侵占。当市场不成熟时，IPO 公司具有增加询价上限的动机，尤其是一级市场需求旺盛时。为了防止一级市场投资者的不理性行为，我国在市场建设初期就对 IPO 定价实行了窗口指导的政策。由于政府拥有对 IPO 节奏宏观调控的能力，而这种限制 IPO 的行为会激发潜在的投资需求。如果这种环境下，不对 IPO 实行窗口指导，很难杜绝发行人无限制提高询价上限的逆向选择行为。

当市场较为成熟时，将询价上限提高到真实价值之上的做法并不能给发行人带来收益。但是当 $\overline{P}$ 过高时，意味着发行人的询价区间跨度①较大。而询价区间跨度越大,传递的风险信息越高。成熟市场中投资者也较为成熟,所以搜集信息的能力更强,或者说具有较强的信息解读和识别能力,所以发行区间的不确定性会加大外部投资者要求的补偿,而往往并不会提高对发行人的报价。显然,发行人故意抬高身价的这种做法是得不偿失的。

因此,$\overline{P} \leqslant V$ 是高质量发行人的理性选择。对高质量发行人来说,在询价时,为了鼓励投资者搜集信息,会对外部投资者的信息搜集成本给予补偿,严格的说,会选择 $\overline{P} < V$。低质量发行人则不同,不搜集信息的外部投资者越多对他们越有利,因为溢价收益越高。

三、外部投资者的报价分析

因假定参与 IPO 的外部投资者不清楚发行人的类型,所以他们面临两种方案——搜集信息然后选择报价或放弃,或者随机选择以预期均值报价。当发行人给予外部投资者足够激励时,会有更多的外部投资者选择搜集信息报价的方案。当然,发行人在向市场提供信息激励时,同样会对外部人搜集信息成本予以估计。假定发行人在询价时做出的让步——预估的搜集信息成本为 $C_{\overline{P}}$,那么只有那些 $C_P < C_{\overline{P}}$ 的外部投资者才会选择搜集报价。而这些外部投资者中只有将发行人质量评估为高时,才会参与申购。那些预期 $C_P > C_{\overline{P}}$ 的外部投资者选择不搜集信息而以预期均值报价。从理论上讲,如果外部投资者数目足够多,或者申购量足够大,那么这部分人申购到高质量公司股票的概率很低。

---

① 从数学角度分析,区间跨度会增大方差,从而增加报价风险。

(一)对信息搜集成本的分析

假设当公司公布招股说明书等信息后,发行人与外部投资者之间的信息不对称程度就确定了,或者说,对于一个特定的公司,私人信息和公共信息作为整体是一定的,一旦进入询价过程中,外部投资者需要承担的信息搜集成本也就是一定的。只是,高质量发行人披露的信息会更多,以此降低信息不对称程度进而减少外部投资者的信息搜集成本;而低质量发行人却更愿意模糊外部投资者判断,以混淆视听。

Chemmanur(1993)证明,低质量发行人实际上并不承担信息搜集成本,而是转嫁给高质量发行人。对于决策前,外部投资者并不准确知道发行人质量好坏,为了提高判断准确性,才会思考是否搜集额外信息的问题,而显然此时估计的信息搜集成本对投资对象——发行人而言是固定的。所以本书假定外部投资者预期信息搜集成本为 C_p。

但是,对于不同的发行人,信息搜集成本是有差异的。一般来说,信息不对称程度越高,信息搜集成本越高;外部投资者搜集信息效率高,例如有经验、能力强的外部投资者,可以更低的信息成本搜集到更有价值的信息。在 Chemmanur(1993)研究中,信息搜集成本是外生的,但本书考虑到信息搜集成本与信息不对称程度之间的关系和引入 VC 分析的必要性,将其内生化。

(二)外部投资者收益函数分析

按照动态规划的观点,假定外部投资者在搜集信息和报价决策都采取最优策略,外部投资者的预期信息搜集收益取决于他对上市后收益的估计(Chemmanur,1993)。根据假设,外部投资者在搜集信息后,对评估为高质量的发行人报价,而放弃对低质量发行人的报价。假设发行人被评估为高质量的概率用 $P(G)$ 表示,P_i

为外部投资者预期发行价格,那么,外部投资者收益函数可以
写为:

$$Y_{out} = \Pr(G)\Pr(V = V_H \mid G) l_g(V_H - P_i) + \Pr(G)\Pr(V = V_L \mid G) l_b(V_L - P_i) - C_P \qquad (公式 3—6)$$

其中,$\Pr(G) = \alpha\beta + (1 - \alpha)\theta$。

将 $\Pr(G)$、$l_b = 1$ 代入,上式可写为:

$$Y_{out} = [\alpha\beta + (1 - \alpha)\theta]\Pr(V = V_H \mid G) l_g(V_H - P_i) + [\alpha\beta + (1 - \alpha)\theta]\Pr(V = V_L \mid G)(V_L - P_i) - C_P$$

使用贝叶斯法则,可以计算出外部投资者评估正确(选对高
质量发行人)和错误(选错发行人)的概率,分别为:

$$\Pr(V = V_H \mid G) = \frac{\alpha\beta}{\alpha\beta + \theta(1 - \alpha)} \qquad (公式 3—7)$$

$$\Pr(V = V_L \mid G) = \frac{\theta(1 - \alpha)}{\alpha\beta + \theta(1 - \alpha)} \qquad (公式 3—8)$$

将两式代入(公式 3—6)可得:

$$Y_{out} = [\alpha\beta + \theta(1 - \alpha)] \times \frac{\alpha\beta}{\alpha\beta + (1 - \alpha)\theta} l_g(V_H - P_i) + [\alpha\beta + (1 - \alpha)\theta]\frac{(1 - \alpha)\theta}{\alpha\beta + (1 - \alpha)\theta}(V_L - P_i) - C_P$$

化简得:

$$Y_{out} = \alpha\beta l_g(V_H - P_i) + (1 - \alpha)\theta(V_L - P_i) - C_P$$

$$(公式 3—9)$$

根据假设,外部投资者不搜集信息报价的预期收益为 0,那么
搜集信息报价的条件为:

$$Y_{out} > 0 \qquad (公式 3—10)$$

换句话说,当信息搜集成本满足 $C_P \leqslant \alpha\beta l_g V_H + (1 -$

$\alpha)\theta V_L - [\alpha\beta l_g - (1-\alpha)\theta]P_i$ 时,外部人选择搜集信息报价方案,而且信息搜集成本越小,获利空间越大。利用外部投资者收益函数分别对 $V_H, V_L, \alpha, l_g, C_P$ 求导,得到:

$$\frac{\partial Y_{out}}{\partial \alpha} = l_g\beta(V_H - P_i) - \theta(V_L - P_i) > 0$$

$$\frac{\partial Y_{out}}{\partial V_H} = \alpha\beta l_g > 0 \qquad \frac{\partial Y_{out}}{\partial V_L} = (1-\alpha)\theta > 0$$

$$\frac{\partial Y_{out}}{\partial l_g} = \alpha\beta(V_H - P) > 0 \qquad \frac{\partial Y_{out}}{\partial C_P} = -1 < 0 \qquad （公式 3—11）$$

公式 3—11 列出的不等式说明,发行人是高质量的概率越高,外部投资者中签概率越高,信息搜集成本越低,则外部投资者预期收益越高;反之,外部投资者预期收益越低。

（三）外部投资者的报价区间

由 $Y_{out} \geqslant 0$ 整理可得,外部投资者申报价格满足:

$$P_i \leqslant \frac{\alpha\beta l_g V_H + (1-\alpha)\theta V_L - C_P}{\alpha\beta l_g + (1-\alpha)\theta} \qquad （公式 3—12）$$

因此,$\dfrac{\alpha\beta l_g V_H + (1-\alpha)\theta V_L - C_P}{\alpha\beta l_g + (1-\alpha)\theta}$ 的最高值为

$\dfrac{\alpha\beta l_g V_H + (1-\alpha)\theta V_L - C_P}{\alpha\beta l_g + (1-\alpha)\theta}$。结合发行人的询价区间限制和外部投资者收益约束,可以得到外部投资者申购价格满足:

$$\underline{P} \leqslant P_i \leqslant \frac{\alpha\beta l_g V_H + (1-\alpha)\theta V_L - C_P}{\alpha\beta l_g + (1-\alpha)\theta} \qquad （公式 3—13）$$

（四）外部投资者的效用函数

根据假设,发行人无论质量高低,在 IPO 时,都会有两种类型外部投资者的参与,即选择搜集信息和不搜集信息。其中,部分外

部 投 资 者 选 择 搜 集 信 息, 并 且 在

$$\left[\frac{V-(\pi-R)}{1-\mu}, \frac{\alpha\beta l_g V_H + (1-\alpha)\theta V_L - C_P}{\alpha\beta l_g + (1-\alpha)\theta}\right]$$ 区间上选择报价。

理性外部投资可以清楚推测出,不搜集信息的投资者会以 $\overline{V}$ 报价,因此当搜集信息发生成本 $C_P > 0$ 后,或者放弃申购,或者以不低于 $\overline{V}$ 的价格报价,以保证中签概率有所提高,即实际报价区间为

$$\left[\overline{V}, \frac{\alpha\beta l_g V_H + (1-\alpha)\theta V_L - C_P}{\alpha\beta l_g + (1-\alpha)\theta}\right]$$ 。假设外部投资者对发行人的

估值在 $\left[\overline{V}, \frac{\alpha\beta l_g V_H + (1-\alpha)\theta V_L - C_P}{\alpha\beta l_g + (1-\alpha)\theta}\right]$ 区间上均匀分布,其中 i

的预期高质量公司发行价格 P_0 为,实际发行价格为 P,则申购新股数量满足:

$$s_i(P_0) = \begin{cases} s_i(P_0), P_0 < P \\ 0, P_0 \geq P \end{cases}$$ （公式 3—14）

根据前面分析,其效用函数为:

$$U_i(P_0) = \{\alpha[\beta l_g(V_H - P_i) - C_P] + (1-\alpha)[\theta(V_L - P_i) - C_P]\} \times s_i(P_0)$$

（公式 3—15）

整理可得:

$$U_i(P_0) = \{\alpha\beta l_g V_H + (1-\alpha)\theta V_L - C_P - [\alpha\beta l_g + (1-\alpha)\theta]P_0\} \times s_i(P_0)$$ （公式 3—16）

四、均衡价格的确定与抑价分析

(一)发行价格的确定

为了便于计算,令 $a = \alpha\beta l_g V_H + (1-\alpha)\theta V_L - C_P$, $b =$

$\alpha\beta l_g + (1 - \alpha)\ \theta$，则上式化简为：

$$U_i(P_0) = (a - bP_0) \times s_i(P_0) \qquad (公式 3—17)$$

据此，外部人的最优报价策略，满足：

$$\begin{cases} \text{MaxE}[\ U_i(P_0)\ ] \\ s.t. \sum s_i(P_0) \end{cases} \qquad (公式 3—18)$$

令 $L = (a - bP_0)\ s_i + \lambda\left[\ N - s_i - \sum_{i \neq j} s_j\ \right]$，然后分别对 P_0 和 s_i 求导，使：

$$\frac{\partial L}{\partial P_0} = 0 \qquad \frac{\partial L}{\partial s_i(P_0)} = 0 \qquad (公式 3—19)$$

可解得：

$$- s(P_0) + (a - bP_0) \times s'(P_0) - \lambda\left[\ s'(P_0) + \sum_{i \neq j} s_j'(P_0)\ \right] = 0$$

$$(公式 3—20)$$

$$a - bP_0 - \lambda = 0 \qquad (公式 3—21)$$

$$(a - bP_0) \sum_{i \neq j} s_j'(P_0) = - s_i(P_0) \qquad (公式 3—22)$$

外部投资者是不同质的，但最终定价是以不低于发行价的报价来统一确定分配。许多学者将这种方式比作荷兰式拍卖。本书假定申购者分为两类：一类是高于发行价格的，即中签者；一类是低于发行价格的，即未中签者。按照前面分析，当 n 个外部投资者选择搜集信息并将发行人评估为高质量发行人时，那么预期取得股份可以表示为：

$$s_i(P_0) = c(a - bP_0)^{\frac{1}{b(n-1)}} \qquad (公式 3—23)$$

因为当发行人以最低价格发行时，外部投资者的申购数量为 $\bar{s} \geq \dfrac{N}{n}$，所以代入上式可解得：

$$c = \bar{s}(a - bP)^{-\frac{1}{(n-1)}} \qquad \text{（公式 3—24）}$$

代入（公式 3—23）并整理，可得反需求函数：

$$P_0 = \frac{a}{b} - \left(\frac{a}{b} - \underline{P}\right)\left(\underline{s_i(P_0)}\right)^{b(n-1)} \qquad \text{（公式 3—25）}$$

均衡时，$s_i(P_0) = \dfrac{N}{n}$，则有：

$$P_0^{\,*} = \frac{a}{b} - \left(\frac{a}{b} - \underline{P}\right)\left(\frac{N}{n\bar{s}}\right)^{b(n-1)} \qquad \text{（公式 3—26）}$$

将 a、b 原值代入并整理得到：

$$P_0^{\,*} = \frac{\alpha\beta l_g V_H + (1-\alpha)\theta V_L - C_P}{\alpha\beta l_g + (1-\alpha)\theta} -$$

$$\left[\frac{\alpha\beta l_g V_H + (1-\alpha)\theta V_L - C_P}{\alpha\beta l_g + (1-\alpha)\theta} - \frac{V - (\pi - R)}{1-\mu}\right]\left(\frac{N}{n\bar{s}}\right)^{[\alpha\beta l_g + (1-\alpha)\theta]\,(n-1)}$$

$$\text{（公式 3—27）}$$

可以发现，均衡价格是由发行人和外部投资者之间相互博弈的结果，既与发行人保留价格有关，也与外部投资者的预期和他们之间的竞争程度有关。具体看，发行人质量类型的分布、保留价格、外部投资者要求的收益、外部投资者揭示信息和评判能力都会影响最终的发行价格。简言之，均衡价格是多种因素共同作用的结果。

事实上，由于外部投资者对判断为高质量的发行人报价区间在 $\left[\bar{V}, \dfrac{\alpha\beta l_g V_H + (1-\alpha)\theta V_L - C_P}{\alpha\beta l_g + (1-\alpha)\theta}\right]$ 上，而且假定搜集信息可以帮助更多的投资者提高判断力，所以只要外部投资者足够多或者申购量足够大，总是有 $P_0^* > \bar{V}$ 成立的。而前面分析过程也暗含了这一假设。

（二）对抑价的分析

1.抑价一般公式

与多数研究相同,本书假定二级市场是有效的。所以,暗含着发行人如实披露信息并上市后公司价值（V）会及时地反映在股票价格上的假设。并且,由于假设 P_i 均匀分布在 $\left[V -, \dfrac{\alpha\beta l_g V_H + (1-\alpha)\theta V_L - C_P}{\alpha\beta l_g + (1-\alpha)\theta} \right]$ 区间上,其他情况相同的条件下,发行人的实际抑价可以表示为:

$$UP = V - P_0^* = V - \left[\frac{a}{b} - \left(\frac{a}{b} - P \right) \left(\frac{N}{ns} \right)^{b(n-1)} \right]$$

（公式 3—28）

将 a、b 原值代入并整理得到:

$$UP = V - \frac{\alpha\beta l_g V_H + (1-\alpha)\theta V_L - C_P}{\alpha\beta l_g + (1-\alpha)\theta} + \left[\frac{\alpha\beta l_g V_H + (1-\alpha)\theta V_L - C_P}{\alpha\beta l_g + (1-\alpha)\theta} - P \right] \left(\frac{N}{ns} \right)^{[\alpha\beta l_g + (1-\alpha)\theta](n-1)}$$

（公式 3—29）

（1）高质量发行人的抑价公式

对高质量发行人来说,公式 3—29 可以重写为:

$$UP_H = V_H - \frac{\alpha\beta l_g V_H + (1-\alpha)\theta V_L - C_P}{\alpha\beta l_g + (1-\alpha)\theta} + \left[\frac{\alpha\beta l_g V_H + (1-\alpha)\theta V_L - C_P}{\alpha\beta l_g + (1-\alpha)\theta} - P \right] \left(\frac{N}{n_H s} \right)^{[\alpha\beta l_g + (1-\alpha)\theta](n_H-1)}$$

化简可得:

$$UP_H = \frac{(1-\alpha)\theta(V_H - V_L) + C_P}{\alpha\beta l_g + (1-\alpha)\theta} +$$

$$\left[\frac{\alpha\beta l_g V_H + (1-\alpha)\theta V_L - C_P}{\alpha\beta l_g + (1-\alpha)\theta} - P\right]\left(\frac{N}{n_H \bar{s}}\right)^{[\alpha\beta l_g + (1-\alpha)\theta](n_H - 1)}$$

（公式 3—30）

当高质量发行人的询价下限高于市场均值,高质量发行人不可能将询价下限降低到保留价格之下,即有 $P = \dfrac{V_H - (\pi_H - R_H)}{1-\mu}$。将其代入公式 3—30,则可以重写为:

$$UP_H = \frac{(1-\alpha)\theta(V_H - V_L) + C_P}{\alpha\beta l_g + (1-\alpha)\theta}$$

$$+\left[\frac{\alpha\beta l_g V_H + (1-\alpha)\theta V_L - C_P}{\alpha\beta l_g + (1-\alpha)\theta} - \frac{V_H - (\pi_H - R_H)}{1-\mu}\right]$$

$$\left(\frac{N}{n_H \bar{s}}\right)^{[\alpha\beta l_g + (1-\alpha)\theta](n_H - 1)}$$

（公式 3—31）

（2）低质量发行人的溢价公式

不同于高质量发行人,低质量发行人不愿意为信息搜集提供激励,因为信息搜集越多对它越不利。除非市场状况低迷,即便低质量发行人也是可以将股票发行出去的。这得益于不搜集信息报价者和误判者。这也说明,只有在市场对新股需求量大、信息不对称程度较高（搜集成本高）、外部投资者不成熟（搜集信息效率低）时,低质量发行人才可以顺利将股票发行出去。将 $V = V_L$ 代入公式 3—30,则可以得到:

$$UP_L = \frac{\alpha\beta l_g(V_H - V_L) + C_P}{\alpha\beta l_g + (1-\alpha)\theta} +$$

$$\left[\frac{\alpha\beta l_g V_H + (1-\alpha)\theta V_L - C_P}{\alpha\beta l_g + (1-\alpha)\theta} - P\right]\left(\frac{N}{n_L \bar{s}}\right)^{[\alpha\beta l_g + (1-\alpha)\theta](n_L - 1)}$$

（公式 3—32）

由前面分析可知,一旦发行成功,低质量发行人就会获得溢价,而非抑价。由于 $P_L < \bar{V}$,可以得到,低质量发行的发行价格 P_L 总会高于 V_L,即有:

UP$_L$ < 0

溢价与抑价是股票价格背离真实价值的相反反映。与高质量发行人抑价需要承担损失相反,当 $\alpha, \pi, n, C_p, \beta$ 指标的变动会相应的增加低质量发行人的溢价收益。但是,随着市场的不断成熟,外部投资者搜集信息成本的下降和识别力的提高、发行费用的降低,低质量发行人得到的申购者会越来越少,从而发行风险很高,直至超过其预期收益。

2.抑价影响因素分析

根据高质量发行人抑价公式,分别使用 $\alpha, V_H, V_L, n, C_p, \beta$ 对抑价求导,可以得到:

$$\frac{\partial\, UP_H}{\partial \alpha} < 0, \frac{\partial\, UP_H}{\partial V_H} > 0, \frac{\partial\, UP_H}{\partial V_L} < 0, \frac{\partial\, UP_H}{\partial n} < 0, \frac{\partial\, UP_H}{\partial C_P} > 0,$$

$$\frac{\partial\, UP_H}{\partial \beta} < 0 \qquad\qquad (公式 3—33)$$

总体上看,真实抑价水平是由新股发行的参与双方特征和市场需求共同决定的。具体看,发行人的质量分布与发行数量、外部投资者对新股发行的评估能力、承担的信息搜集成本高低、有信息报价的人数多寡都会影响抑价的高低。

$\frac{\partial UP_H}{\partial \alpha} < 0$,说明当其他条件不变时,当市场中发行人是高质量的概率较高,会提高外部人的整体预期,所以抑价会随之下降。这就说明,如果市场监管严格可以提高上市整体质量,进而提高拟上市公司是高质量的预期,那么市场整体抑价水平会较低。从这

一点上讲,加强监管从而提高拟上市公司质量是可以有效降低抑价水平、提高发行融资效率的。这也为监管者提供了政策依据。一般来说,市场越成熟,监管越规范,拟 IPO 公司质量也越高,因此这也从侧面证明了成熟市场抑价低而新兴市场抑价高的现象。

$\dfrac{\partial UP_H}{\partial V_H} > 0$, $\dfrac{\partial UP_H}{\partial V_L} < 0$,说明当其他条件不变时,高质量发行人质量越高、低质量发行人质量越低,抑价则越高。综合起来分析,高质量发行人与低质量发行人质量差异越大,则抑价越高。这是符合常理的,市场中发行人质量差异越大,意味着投资风险越高,投资者报价也就越低,因而自然会更高。

$\dfrac{\partial UP_H}{\partial n} < 0$,说明当其他条件不变时,参与询价的外部投资者人数越多,抑价就越低。不考虑其他条件,一级市场需求越旺盛,抑价会越低。当市场信息不对称程度较低时,n 反映的是搜集信息报价者人数;当信息不对称程度较高时,n 则反映的是不搜集信息和搜集信息报价的总人数。尤其是,在新兴市场条件下,高度的信息不对称使得 IPO 市场中因预期信息搜集收益高于成本,从而不搜集信息报价者形成的噪音较大,导致抑价过高。

$\dfrac{\partial UP_H}{\partial C_p} > 0$,说明当其他条件不变时,信息搜集成本与抑价成正比。信息搜集成本越高,发行人需要支付给询价对象的补偿越多,抑价也就越高。一般来说,信息搜集成本可以看作是外部投资者信息不对称程度的函数。这里的信息不对称程度是指对发行人与外部人之间是否存在私人信息及私人信息多寡的计量。一方面,信息不对称程度越高,信息搜集成本越高。因此,当外部投资者仅能根据市场信息不对称水平预估发行成本时,市场总体的信息不对称程度越低,对高质量的发行人越有利,而对低质量的发行人越不利。因此,高质量发行人有必要主动揭示更多的信息,以降低与外部人之间的信息不对称,从而降低外部人的信息揭示成本,达到降低抑价的目的。另一方面,外部投资者信息搜集的效率越高,信息搜集成本也就越低。这暗示,为了降低抑价,需要提高外部投资者信息搜集效率。高质量发行人可以通过吸引更多更成熟更有经验的外部投资者参与询价,也可以通过扩大路演范围、加大宣传力度,主动为询价对象提供调研和咨询便利等方式实现。政府监管部门则可以积极为市场培育外部投资者,通过案例展示、教育培训等方式提高外部投资者搜集信息的能力,引导更多的外部投资者参与信息报价,也可以从严把质量关入手对上市公司加强审核从而降低发行人与投资机构之间的信息不对称程度。

$\frac{\partial UP_H}{\partial \beta} < 0$,说明当其他条件不变时,提高询价对象识别力可以降低抑价水平。识别力的提高是可以进一步减少外部投资者判断失误而形成的损失,增加搜集信息收益。综合看来,β 的提高是一种帕累托改进,不仅可以减少发行人为降低信息不对称而给予外部投资者的信息补偿成本,还可以为外部投资者创造更高的价值。但是,外部投资者识别力的提高不仅依赖于市场发展水平,也取决于外部投资者自身的经验、知识和能力。这也说明,积极培育外部投资者,提高其整体素质,尤其是评估能力对资本市场发展具有重要意义。

注意,考虑到 β 与 θ 负相关,所以 $\frac{\partial UP_H}{\partial \theta} > 0$,影响抑价原理分析与 β 类似,故本书不再专门论述。

由于 P 是发行人询价时给定的最低价格,因此前面没有直接对其求导。但对于发行人来说,这一保留价格是由 IPO 项目的获利性和发行费率共同决定的。而项目的预期收益是发行人保留价格的减函数,发行费率是发行人保留价格的增函数。根据抑价公式,可证 $\dfrac{\partial UP_H}{\partial P} < 0$。因此,根据导函数运算关系可以推得,当其他条件不变时,IPO 项目收益越高,发行费率越低,则发行人的抑价也越高。关于 IPO 项目收益的结论是现实的,因为企业发展机会越大,发行人对抑价的容忍度也就越大。事实上,承销费率高低[①]也可以在一定程度上传递承销商的质量信号。高质量的承销商一般收取的承销费率较高,但在筛选承销对象时也会更加严格,从而能够发挥一定的认证作用。正是因此,只有那些高质量发行人才愿意并且有能力选择承销费率较高的承销商。从这一角度分析,"承销费率越高,抑价越低"的结论是合理的。

同理,使用 $\alpha, V_H, V_L, n, C_p, \beta$ 对低质量发行人的抑价求导,可以得到:

$$\frac{\partial UP_L}{\partial \alpha} < 0, \ \frac{\partial UP_L}{\partial V_H} > 0, \ \frac{\partial UP_L}{\partial V_L} > 0, \ \frac{\partial UP_L}{\partial n} < 0, \ \frac{\partial UP_L}{\partial C_P} > 0,$$

$$\frac{\partial UP_L}{\partial \beta} < 0 \hspace{4cm} （公式 3—34）$$

这说明,除了低质量发行人 V_L 与抑价(溢价)符号与高质量发行人求导结果相反外,其他求导结果与高质量发行人所受影响是一致的。这是因为,低质量发行人的模仿收益大小与高质量发行人的抑价高低具有同向性。信息不对称程度越高,高质量发行人损失越大,而低质量发行人的模仿收益也就越大。这个结果进

———————

① 事实上,承销费用的高低不仅与发行人质量有关,也与发行人和承销商讨价还价能力有关,本书在此假定发行费率为固定比例,简化了分析过程。

一步说明了信息不对称是降低发行市场融资效率的一个重要因素。信息不对称高到一定程度时,众多模仿者将高质量发行人排挤出市场,会产生严重的逆向选择现象。

3.抑价的极值分析

(1)高质量发行人抑价的极值分析

根据抑价公式,当 N = ns 时,新股的供需正好相等,抑价则简化为:

$$UP = V - P \qquad\qquad (公式3—35)$$

发行人上市只获得要求的最低收益,其余部分为外部投资者享有,此时的外部投资者收益得到最大化。相应的,此时的发行价格是发行人接受的最低值。

当 $n \to \infty$ 时,需求远远大于供给,抑价为:

$$\frac{(1 - \alpha)\theta(V_H - V_L) + C_P}{\alpha\beta l_g + (1 - \alpha)\theta} \qquad\qquad (公式3—36)$$

此时,发行人的收益最大化,而外部投资者仅能得到最低的补偿,即评估错误可能给外部投资者可能带来损失与信息搜集成本的最低值。

因此,高质量发行人的抑价区间可以写为 $\left[\overline{V} - P, \dfrac{(1 - \alpha)\theta(V_H - V_L) + C_P}{\alpha\beta l_g + (1 - \alpha)\theta}\right]$。

(2)低质量发行人溢价的极值分析

当 $N = n_L q$ 时,低质量发行人溢价为:

$$PP = P - V_L \qquad\qquad (公式3—37)$$

当 $n_L \to \infty$ 时,低质量发行溢价为:

$$PP = \frac{\alpha\beta l_g(V_H - V_L) - C_P}{\alpha\beta l_g + (1 - \alpha)\theta} \qquad\qquad (公式3—38)$$

市场中购买新发行股票的人数总是一定的。同时，选择承担信息的人数也就是一定的。尽管理论上存在 $m \to \infty$ 的可能性，但不同于高质量发行人，低质量发行人随着信息搜集人数的增加，面临的申购人数会越来越少。除非投资者情绪特别高涨，以至于搜集信息并且评估错误的人数也足以保证其股票顺利发行，否则低质量发行人可能只能通过降低发行规模来达到获利目的。因为其他变量是由外部人和高质量发行人决定的，只有新股发行数量是低质量发行人的决策变量。

当市场成熟、外部投资者搜集信息能力非常强时，低质量发行人选择模仿高质量发行人并不能吸引足够多的投资者参与（m 较小）申购新股。那么均值报价者也会中签，因此，低质量发行人的均衡发行价格为 $P_0{}^* = \overline{V}$，则低质量发行人溢价为：

$$UP_L = V_L - P_0{}^* = -\alpha(V_H - V_L) \qquad （公式 3—39）$$

显然，这时低质量发行人的溢价低于前者。当市场需求较弱、信息搜集成本较高时，均值报价者较多，则这种情况发生的概率也会加大。

极端的，市场需求低迷时，均值报价者与错估者合计起来也无法满足低质量发行人的需求。尽管通常情况下承销商会包销余额，但这种不景气的发行状况显然不是发行人想看到的。很可能不景气的发行会吸引证监会的关注。如果认为询价可以揭示信息的话，那么这种信息揭示会增加低质量发行人的模仿成本。当模仿成本超出预期收益时，低质量发行人的最优选择不再是模仿，而是如实披露信息发行上市。简单说，机构投资者搜集信息成本的降低，识别能力的提高以及市场的周期波动都可能发挥优胜劣汰的作用。这也为询价制的信息揭示功能提供了又一佐证。

一般认为，当低质量发行人选择模仿时，市场会形成一种混合均衡状态。这一均衡达成的条件是低价值发行人预期承担的模仿成本较低,市场信息不对称程度较高,或者说真实质量不易被外部投资者发现,此时低质量发行人可以通过模仿获得发行溢价。所以外部投资者搜集信息和识别优劣能力的高低在询价过程中发挥着重要作用。当市场新股需求状态远远高于供给、监管不严(模仿成本低)时,低质量发行人总可以溢价发行。这种现象将会排挤高质量发行人,从而产生市场"逆向选择"问题。尤其是当二级市场也无效时,低质量发行人模仿行为会更加严重,因为他们可以伪装的更久。

低质量发行人的模仿会对 IPO 后市形成较大冲击,不利于市场稳定。随着监管逐渐规范和外部投资者的逐渐成熟,低质量发行人的模仿收益会越来越低,直至消失。这也说明,加强监管和培育外部人的搜集信息能力具有重要意义。

第三节 风险资本影响 IPO 抑价的模型推导

一、关于风险资本对抑价影响的争论

(一)两个主要流派的观点

关于 VC 对 IPO 抑价影响的现有研究,可以分为两个主要流派,一个是认证学派,一个是逆向选择学派。认证学派的主要观点是,由于 VC 在 IPO 前对企业进行了严格的筛选,并为企业提供了大量的增值服务,投资的企业业绩更好,质量更高,所以 VC 可以作为一种信号,向市场传递质量信息,从而降低信息不对称形成的抑价。与该观点类似的是,由于 VC 是 IPO 市场的常客,为了持续地获得超额回报,会非常注重市场声誉,所以在 IPO 过程中会扮演监督的角色,从而向市场传递盈余质量更可靠的信息,减少投资

者面临的不确定性,降低抑价(Barry,Muscarella,Peavy 等,1990)。因此,以认证学派观点来看,有 VC 企业的抑价会更低。由于这两种观点类似,本书将其统归为认证学派(Certification Hypothesis)。

　　与该学派不同,逆向选择学派表达了另一种观点。VC 投资的目的是获取超额回报。所以对风险投资家们来说,业绩才是硬道理,而 IPO 与否通常被列为考核业绩的重要指标之一。因此,为了建功立业,风险资本家们,尤其是年轻的风险资本家,存在尽早将投资企业推向 IPO 的动机(Grandstanding Hypothesis,逐名假说)。凭借 VC 的社会关系,这种动机具备转换为现实的可能性。这种现象通常被视为 VC 的逆向选择。当 VC 投资的这类企业过早的上市时,就需要以更高的抑价补偿外部投资者以确保发行成功。

（二）对两种观点的评价

　　这两种观点并不矛盾。只是两种学派的研究出发点是不同的。简单说,当市场中的 VC 都以培育创业企业成长进而显著改善业绩后,VC 自然会在 IPO 时扮演认证角色;反之,则具有逆向选择之嫌。我们知道,市场参与人都是以自身利益最大化为目标的,区别在于参与人追求的是短期利益最大化还是长期利益最大化。典型的 VC 的运作流程应该是,凭借自身专业优势,挖掘有潜力的高科技企业,然后通过战略指导、网络关系、监督管理等增值服务加速企业成长,并选择适当时机 IPO 退出,从而赚取超额回报。这也是 VC 之所以受到创业企业追捧和得到各国政府重视的重要原因。立足于长期生存与发展的 VC 应该在市场中扮演创业企业成长的助推器、创业企业上市的护花人、投资者认购 IPO 股份的看门人等"正义"角色,同时借以成就自身的持续健康发展,形成与市场多方参与人共赢的局面。

　　但是,在资本市场中,尤其是市场建设初期,VC 面临的政策、法律以及投资环境都有待完善,难免逐利思想占据上风。而且,VC 自身也面临缺乏好的投资项目的尴尬。

　　在成熟市场中,年轻的 VC 往往急于借退出扬名立万,有可能在企业尚未成熟时推动企业 IPO,从而增加 IPO 成本(高抑价);在新兴市场中,VC 普遍年轻,不仅会增加企业上市成本,还有可能联合企业损害外部投资者的利益。当 VC 投资企业前景黯淡且可能累及风险投资家的业绩时,很可能引发两种结果,一是被抛弃,VC 转战更有价值的项目;二是被伪装,借此高价出售给不明真相者,VC 攫取溢价收益。到底采取哪种方案,与市场成熟度和监管水平直接相关。市场越成熟,监管越严格,VC 包装企业上市的预期收益越低;反之,VC 与企业操纵盈余的可能性越大。

　　企业选择风险资本融资可能是因为,不同于其他权益融资,风险资本的增值服务具有比较优势。但是,考虑到选择负债融资资金成本低,且不必担心控制权的转移问题,选择 VC 也可能是企业逆向选择的结果(Amit,Glosten 和 Muller,1990)——低质量的发行人无法取得资金成本较低的负债融资时,才会选择风险资本融资。这说明,市场不对称水平较高时,尽管风险资本在选择项目前会通过尽职调查、规范审核、专业咨询等方式对投资企业做严格筛选,但最终也会因筛选对象整体质量不高而无法规避企业的逆向选择。

　　成熟市场中,VC 声誉机制可以引导其在正规轨道上运转,严格的监管也会对其投机行为形成有效制约,使其更注重长期发展;新兴市场中,声誉机制还不能有效发挥作用,监管的不完善也为其提供可乘之机,VC 有可能偏离轨道,倾向于短期逐利。

　　综上所述,建立完善的市场机制,对 IPO 严把质量关,是新兴市场发展的必然选择。

二、风险资本引入抑价模型的分析

(一)风险资本引入的条件分析

首先,VC 的引入并不改变基本模型的推理过程。虽然在投资时间和目标上都与其他股东有区别,但 VC 也是发行人股东之一,是发行人的一部分,即 VC 的存在并不改变发行人与外部投资者的博弈关系,也不直接影响外部投资者的决策。

其次,VC 通过影响抑价模型中的某一个或几个变量来作用于外部投资者决策。VC 会改变一些变量特征,进而影响外部投资者预期的投资收益,进而影响其报价决策,影响抑价水平。至于 VC 具体通过影响什么变量以及如何影响,后面将具体分析。

最后,VC 的特征会影响企业质量特征,从而影响发行人决策。VC 对投资项目质量的影响,体现在两个方面,一是先前投资的历史业绩,二是 IPO 融资项目前景。前面分析表明,VC 会对投资项目进行监督并为企业提供网络关系、战略指导等增值服务。这些监管活动会改善企业业绩。但限于有限合伙制期限和后续融资等问题,VC 也存在逐名动机,有可能将低质量企业推向市场。进一步,考虑到长远利益,VC 也会对新融资项目质量把关,因此 VC 持股企业预期未来现金流更丰厚;而如果 VC 只是为了退出获利,甚至可能帮助企业盈余管理,那么 VC 持股企业新融资项目前景还可能更差。无论从哪一方面分析,VC 都有可能改变发行人决策。具体说,当 VC 改善企业质量时,由于发行人预期前景较好,会在询价时降低保留价格,更有动机激励外部投资者搜集信息;当 VC 未改善业绩,甚至降低企业质量时,发行人的保留价格较高,且相应的激励动机不足,抑价可能会较高。

在我国,VC 与中小企业投融资对接尚存在很多问题,其中突出的在于 VC 投资阶段存在明显的滞后性——泛 PE 化。受经济体制和市场环境建设阶段性的影响,VC 并没有发挥提高企业业绩的作用(黄福广和李西文,2009)。类似的,新加坡市场也存在 VC 不能改善业绩的证据(Wang,Wang 和 Lu,2003)。而中小企业板又并非严格意义上的创业板,上市企业整体质量较高,审核条件严格,如要求披露的信息内容与主板采取同样的标准等。这种国情下的 VC 持股企业 IPO 动机,还需要具体分析才能得出恰当结论。因此,区分不同特征的 VC 对分析 VC 作用是非常必要的。

根据这三个条件,本书将 VC 引入模型中,对 VC 作用于抑价的机理进行探讨和分析。

(二)风险资本与基本模型的连接

1.VC 引入模型的切入点

上文对基本抑价模型的评价为细化分析抑价影响因素提出了两点思路,一是信息不对称,二是市场条件。结合 VC 特征与引入条件,显然更适合从信息不对称角度分析 VC 的影响。

首先,市场条件不是 VC 作为发行人之一的力量可以左右的。现实中,有可能 VC 与机构投资者关系密切,但私下拉拢投资者的行为,有损公平交易规则,通常是被禁止的。所以从这个角度上分析,VC 无法改变外部投资者的 β。而新发股票的需求(n)也主要是外生的,例如受市场经济周期、市场发展程度、发行制度及监管政策等等影响。VC 最可能产生影响的是承销费用。VC 与承销商的"合作关系"很可能影响承销费率的高低。但这种"合作关系"较为隐蔽,在短期内很难发现。而且,长期以来我国 IPO 承销服务费用率波动幅度被限制在 1.5%—3%的范围之内(刘江会,2004)。综合分析,市场条件更适合作为 VC 影响抑价程度的约束条件。

其次,从现有研究看,VC 投资特征更适于从信息不对称角度入手分析。这是因为现有研究已有涉足,如 VC 认证作用、逐名假说(逆向选择)等都是基于信息不对称理论提出的。只是,这些观点缺少足够的理论支持,不仅在解释现实时遭遇到质疑,实证结果也不一致。将 VC 与信息不对称结合在一起,放入基本抑价模型,有助于更好地理解 VC 对抑价的影响机理。同时,由于基本抑价模型更加贴近发行状况,也可以更好地为实证研究做铺垫。

2.VC 对信息不对称程度的影响

VC 投资的企业多数为高科技高成长的中小型创业企业,而这些企业发展具有较大的不确定性。VC 利用专业化筛选和评估所做出的投资决策并不能保证这种发展不确定性一定会降低。事实上,VC 投资项目失败率还是相当高的。这种情况主要是由 VC 投资特征和中小企业发展特征所决定的。而这种 VC 投资的不确定性也决定了 VC 对信息不对称程度影响的双面性。

(1)VC 对信息不对的正面影响

VC 是积极的投资者。当 VC 不仅为企业注入资金,也为企业提供增值服务时,可以有效地帮助企业改善业绩。因此,通常 VC 持股会向市场传递企业质量的信号,降低信息不对称(Brav 和 Gompers,1997)。实质上,这个推理有个前提条件,那就是 VC 提高了业绩,而这种业绩的改善并未被外界观察到,更准确的说是 VC 持股企业的价值还未被市场完全发现。那么,此时 VC 的积极性作用就可以体现出来了。上市前,VC 作为 IPO 市场的"熟客",不仅熟知上市规则和流程,还与承销商、机构投资者之间具有密切的网络关系。利用这些特质,VC 是可以向市场提供更多额外信息的。即 VC 可以利用自身优势降低信息不对称程度。

　　基本模型证明,信息不对称程度的降低,可以有效降低发行人的抑价水平。首先,VC 的声誉可以帮助发行人提高概率(α),从而降低发行人抑价水平。VC 声誉可以减小企业与投资者之间的信息不对称(刘晓明、胡文伟和李湛,2010),这得益于其所特有的筛选、监控和服务等。所以 VC 的存在可以增加发行人提高质量的概率。其次,当 VC 投资企业为高质量时,VC 可以帮助企业更好地揭示信息,从而降低外部投资者信息搜集成本。这就意味着 C_P 是 VC 的减函数,即 $C_P'(VC) < 0$。VC 能够降低信息搜集成本,与其自身经验息息相关。如果 VC 建立时间久,有较多的退出经验,尤其是上市退出经验,那么在组织申报上市所需材料、信息披露等方面就可以更好地把握投资者心理,为投资者提供更明晰的信息。因此,综合来看,当 VC 积极地参与了企业管理并改善了企业业绩却没有被市场完全发掘时,VC 持股能够利用声誉、经验等特征对形成抑价的因素产生正面影响,进而降低抑价。当 VC 声誉低或者经验少时,这种降低抑价的作用就不会明显。

　　(2)VC 对信息不对称的负面影响

　　与其他投资不同,VC 追求的回报率较高,同时也承担了更高的风险。在国外,VC 一般依附于有限合伙制企业而存在,以基金形式组织设立,投资期限一般为 10 年左右。一旦 VC 发现项目增值状况未达到预期要求,就需要果断撤出,以免影响后续投资。对那些急于抽身的 VC,股权转让、并购、清算等方式更合适,但如果项目可能具备条件,IPO 也不失为一个好的选择。

　　与前面分析不同,此时 VC 选择 IPO 更多的是倾向于隐藏信息,以求将损失降到最低。在这种情况下,VC 的网络关系依然可以帮助发行人更顺利的上市。一般,VC 与承销商经常打交道——承销商可以帮助 VC 更好地实现退出,而 VC 也可以为承销商带来持续的收益。这种利益关系的存在,可以为 VC 持股企业上市提供便利,同时也可能为 VC 投机与逐名创造条件。当信息不对称水平高时,VC 逐名或者投机性逐利的动机决定了外部投资者信息搜集成本更高(C_P)。当 VC 持股企业质量不高,甚至质量较低时,有 $C_P'(VC) > 0$ 。甚至在披露信息时,VC 还具有隐藏信息的动机。因为发行人质量较差,信息揭示越多,对发行人(含VC)越不利——抑价发行会进一步侵蚀 VC 既得利益。当市场中年轻 VC 或者逐利性 VC 较多时,VC 的真面目会逐步被市场投资者认清,VC 的存在就不再是有利的信号,相反还可能向投资者传递风险信息,从而导致 $\alpha'(VC) < 0$ 。此时,VC 持股的低质量企业采取模仿策略时溢价收益更高;VC 持股的高质量企业抑价高。长久下去,高质量 VC 又有被排挤出去的可能,而且外部投资者也会遭受更多损失。

总之,当致力于投资并切实改善业绩的 VC 持股企业和为了退出而将业绩较差企业推向市场的 VC 持股企业同时上市发行股票时,市场会出现高抑价与高溢价并存的状态。而如果对比 VC 持股与无 VC 持股企业的话,当 VC 降低信息不对称时,VC 持股企业可以更低的抑价发行;而如果 VC 增加了投资者风险和信息不对称时,VC 持股企业可以获得更高的溢价收益。进一步分析,市场中 VC 也是良莠不齐的,高质量 VC 占优则总体上表现出低抑价,而低质量 VC 占优则总体上表现为高抑价。

3.现有理论的切入

(1)对认证作用的分析

认证作用的提出,是依赖于风险资本不仅为企业提供急需的资金,而且还为企业注入了增值服务的前提。例如,相对于持股比例,VC 往往要求更多的控制权,以监督投资企业的运营和管理。

为了获取超额回报,VC 还会为企业提供社会关系网络,并为企业制定战略规划、拓展产品市场等方面提供咨询和指导。结果是,在 VC 的推动下,企业获得更好的发展前景。通常,成熟的市场条件下,政府与公众监管较为严格,且竞争较为激烈,多数 VC 致力于从事孵化企业并向市场传递高质量信息,因此可以降低信息不对称,并在上市过程中降低抑价。Hsu(2004)的相关研究为此提供了支持,他的研究结果证明,VC 对企业的孵化期越长,IPO 抑价水平越低。简单说,VC 只有在切实改善业绩的基础上,才能够向市场传递有利信息,降低信息不对称,从而降低抑价。

(2)对逐名假说的分析

长期投资并改善业绩的 VC 可以降低抑价的结论与认证假说是一致的。可以认为,本书的模型为认证假说找到了解释依据。但很显然,前面分析并不能解释逐名假说的高抑价现象。原因如下所述。

首先,回顾一下 Gompers(1996)提出的逐名假说观点。他认为,声誉对于年轻 VC 更为重要,尤其是 IPO 可以为年轻 VC 带来更多资金支持,所以年轻 VC 倾向于将那些未成熟企业推向市场。在他的论文中,未成熟企业是通过两类指标来反映的,一是公司年龄,二是 VC 与企业的关系和参与管理的时间。论文最后,该作者还指出论文并没有研究 IPO 前后销售、盈利以及资产成长。或者说论文提出的逐名只是针对上市成本而言的,并没有分析长期业绩问题。他还指出,Mikkelson,Partch 和 Shah(1995)的实证检验结果表明有无 VC 会计业绩并无显著差异,只是存在早期 IPO 成本较高的问题。而后续的检验也未就业绩进行比较,如 Lee 和 Wahal(2004)等。这就是说,逐名的 VC 只是利用自身优势将更年轻的企业推向 IPO。很容易得出,年轻企业声誉较低。现在问题就又回到了认证问题上。声誉低则无法发挥认证作用,也就是无法达到降低信息不对称和抑价的目的。

　　进一步分析,当年轻 VC 选择上市的企业质量并不差时,如何影响抑价呢? 前面分析表明,VC 是通过声誉或者经验达到降低信息不对称水平的目的的,但年轻的 VC 却无法做到。相反,年轻VC 持股企业还不够成熟,而通常年轻也被视为信息不对称程度高的一个代理变量。或者说,由于年轻,外部投资者对其质量更加怀疑,α 相对较低;而年轻 VC 与发行人一样,是发行市场的新客,或者稀客,不仅无法帮助企业包装上市,还有可能加大信息搜集的难度——与无 VC 企业相比,VC 的存在使外部投资者面临的股权结构更加复杂,VC 在 IPO 后退出的性质更增加了投资者对发行人发展前景的担忧,相同情况下,外部投资者需付出更高的信息搜集成本(C_P),才能做出理性判断。如此一来,与无 VC 发行人相比,有 VC 发行人的抑价也会更高。

　　(3)对 VC 投机性逐利的分析

　　前面对现有 VC 影响抑价观点进行了总结,但这些 VC 的特征并没有涵盖我国市场的 PE 化现象,或者突击入股行为。本书为了将这一特征与逐名假说区分,将其称为"投机性逐利"。这种投机性逐利是由我国市场发展不成熟和信息不对称所决定的。

　　首先,声誉机制的不健全减弱了 VC 逐名的动机。目前,虽然有多家集团公司致力于风险投资研究,并定期统计风险投资机构排名,如清科研究中心、投资中国等,但这些机构多以盈利为目的,评估标准以及程序都缺少透明性,公信力和影响力都较低。直到2009 年,我国才成立中国创业投资协会,而且至今仍未见到独立的评价体系和结果。进一步,我国风险投资机构多为有限责任公司,不仅资金相对充裕,也没有有限合伙期限的约束。因此,逐名假说缺少成立的背景支持。其次,与国外相比,我国 VC 发展历程较短,普遍较为年轻,承担风险能力较差。由于长期缺少 IPO 退出市场支持,VC 对股权转让、管理层回购等方式形成了一定的路径依赖。中小企业板 IPO 开闸后,为 VC 提供了一种获利更高更快的途径。显然,与其辛苦投资于早期阶段,承受高失败风险,不如积极寻找那些正在融资且有上市计划的企业项目。考虑到市场初建,各种法规不完善、监管也不健全,VC 套利空间会更大。

因此,我国 VC 在选择企业时更多的是出于投机性逐利的目的。在这种情况下,企业抑价会受到什么样的影响就需要重新考虑。本书认为,VC 出于投机性逐利而非逐名的目的投资于上市企业,具体表现为持股时间较短、参与管理程度低。这些信息对机构投资者来说是公开的(在招股说明书中可查阅)。既然如此,机构投资者就需要搜集更多额外信息,以确定 VC 没有帮助企业盈余管理,以证明 VC 与承销商没有"秘密合作"。而且,考虑到 VC 追求高回报的特征,在没有显著改善业绩的前提下,VC"暴利"退出则意味着 VC 没有发挥促进企业成长的作用。从理论上讲,机构投资者更多是看重企业发展潜力而选择长期持有。因而,当选择购买 VC 持股企业发行的新股时,他们出手会更加慎重。因此,VC 逐利性加大了发行人与机构投资者之间的信息不对称。一方面加大了机构投资者信息搜集的难度(C_P),另一方面,加重了机构投资者对企业前景 α 的质疑。

此外,除了上述三种可能的投资动机与退出的组合外,还可能存在另外一种情况,即 VC 在投资时的出发点是培育企业成长,但在培育过程中发现被投资企业经营出现严重问题,即使追加投入也无法达到预期目标。正常情况下,此时的 VC 会选择以清算或者将股份出售给创业者等方式退出。显然,这是 VC 的无奈之举。

如果 VC 所处的市场存在严重的信息不对称、监管不利、声誉机制不健全等问题,VC 也可能铤而走险,帮助企业过度包装,以模仿高质量发行人达到上市要求。如果市场存在这种过度包装的可能,外部投资者预期购入那些积极投资者(VC)持股企业发行的新股风险就会加大(信息搜集成本加大、企业估值下降)。一旦选择模仿的 VC 持股企业成功上市,则会取得溢价。信息不对称程度越高,低质量发行人的溢价越高,VC 收益也越大。

$$\begin{cases} C_{P\,(VC=1)} < C_{P\,(VC=0)} & \alpha_{VC=1} > \alpha_{VC=0} & V_{VC} = V_H \\ C_{P\,(VC=1)} > C_{P\,(VC=0)} & \alpha_{VC=1} < \alpha_{VC=0} & V_{VC} = V_H \\ C_{P\,(VC=1)} > C_{P\,(VC=0)} & \alpha_{VC=1} < \alpha_{VC=0} & V_{VC} = V_L \end{cases}$$

(长期投资)

(逐名／逐利)　　　　　　　　　　　　　　　(公式 3—40)

(模仿退出)

综合不同情况下 VC 对信息搜集成本和质量概率分布的影响分析,可以得到:

(三)引入风险资本的抑价模型分析

1.对 VC 持股高质量发行人的抑价比较分析

根据前面分析,可以分别得到 VC 抑价模型表达式,其中有 VC 抑价表示为:

α, C_P　　　　　　　　　　　　　　　(公式 3—41)

无 VC 抑价表示为:

α, C_P　　　　　　　　　　　　　　　(公式 3—42)

(1)改善企业业绩

前面分析证明,当 VC 致力于投资培育企业以获得高回报时,其他情况相同的条件下,有 α, C_P,且 α, C_P。又因 α, C_P,所以可得:

$$\alpha, C_P \qquad\qquad\qquad\text{（公式 3—43）}$$

同理，由 α, C_P 可以得到：

$$\alpha, C_P \qquad\qquad\qquad\text{（公式 3—44）}$$

VC 影响的这两个因素对抑价的影响结果是一致的，即都起到了降低抑价的作用，因此综合影响将会更大。

（2）未改善业绩

同前，当 α, C_P ，α, C_P 时，有 α, C_P ，α, C_P ，推理可得：

$$\alpha, C_P \qquad\qquad\qquad\text{（公式 3—45）}$$

结果说明，无论 VC 逐名，还是投机性逐利，都会增加 VC 持股发行人的抑价。只是，VC 的持股特征和投资动机是有区别的。

2.对 VC 持股低质量发行人的溢价分析

当 VC 发现投资项目无法带来高收益，并通过上市手段旨在弥补投资损失时，由于其与承销商等中介机构具有更密切的联系，很可能深谙上市包装之道，并且有可能借助高质量 VC 的形象误导外部投资者，从而趁机攫取暴利。与前面分析一致，当市场中 VC 持股企业质量普遍较高时，VC 持股的低质量发行人可以获得更高的溢价收益：

$$\alpha, C_P \qquad\qquad\qquad\text{（公式 3—46）}$$

但是，如果情况相反，VC 投机盛行且普遍给市场信息搜集增加难度时，例如年轻 VC 逐名特征显著存在，或者为了逐利 VC 突击入股竞相逐利，VC 持股的低质量发行人就很难获得较高溢价。因此，VC 持股企业的高抑价使得模仿获利空间大大缩减，有：

$$\alpha, C_P \qquad\qquad\qquad\text{（公式 3—47）}$$

综上所述，当市场条件相同时，VC 的认证作用只有在为企业带来增值时才能有效发挥，通过降低信息搜集成本和传递更多有利信息降低信息不对称，从而降低抑价；当 VC 持股企业与其他企业质量相同时,逐名会督促其尽早将不成熟企业推向市场,投机逐利性会让 VC 突击入股,从而增加投资者面临的不确定性,降低企业是高质量类型的预期,加大了信息搜集成本,从而会表现为高抑价;当 VC 持股企业业绩差时,VC 的负面影响更大,更容易侵害新股东的利益。

第四节　基本抑价模型及 VC 抑价模型的应用分析

一、对基本抑价模型适用性的分析

抑价模型的推理从发行人与投资者之间的信息不对称入手,首先分析了发行人在询价时的目标函数和保留价格,并引入信息搜集成本,对外部投资者询价时的决策函数进行了探讨,最后根据询价制特征求解均衡发行价格,进而得出了抑价的基本模型。通过结合发行人与外部投资者的特征,本书对不同变量影响抑价的原因进行了分析,从而为理解不同发行人的抑价差异提供理论解释。

限于基本抑价模型所涉及到的变量,除了发行人特征类型外,基本可以分为反映信息不对称与市场条件两类。从这两类变量入手,既可以对模型进行拓展分析,也可以为抑价的实证研究提供思路。

(一)信息不对称对基本抑价模型的影响分析

模型中,信息不对称主要指的是发行人和外部投资者之间的关系。整体上,发行人真实价值的信息是有限的。发行人揭示的信息越多,外部投资者可以搜集的私人信息就越少;反之外部投资者搜集到的信息越多,发行人隐藏的信息就越少。但是,在信息不对称的环境下,信息传递是有噪音的,高质量发行人也不可能将所有信息都公之于众(如涉及商业机密,或者处于竞争的考虑等)。这也使得即便高质量发行人揭示信息较多,也不能完全消除信息不对称。出于这方面的考虑,基本抑价模型设定在信息不对称条件下,其中 α, C_p 主要反映发行市场信息不对称程度。对于外部投资者而言,信息不对称程度越高,发行人是高质量的概率越低(α 越小),同时信息搜集成本越高(C_p 越大),对发行人报价越低,相应的发行人抑价水平也就越高。

如果将市场监管考虑进来,当发行市场信息披露状况混乱、上市后监管不利导致溢价发行者众多时,一旦抑价高到一定程度,高质量发行人就会逐步退出市场,这就产生了典型的逆向选择问题。只有规范信息披露,降低整体信息不对称水平,发行人才可以在能够承受的范围内有激励外部投资者搜集信息的动机,同时也更有动力主动揭示信息(这也是有成本的,但当市场不规范时,可能不能准确传递高质量信息),提高外部投资者的先验概率(α),从而以更低的成本获得融资。

(二)市场条件对基本抑价模型的影响分析

本书所指的市场条件主要包括两个方面,一是外部投资者对新股的需求状况,二是市场发展程度。外部投资者对新股需求大,定义为需求旺盛,反之为需求低迷。而市场发展越成熟①,则成熟的外部投资者越多,而外部投资者越成熟,其鉴别力越强,或者说搜集信息后的判断准确率 β 越高;同时,承销商的竞争越激烈,承销费率越低。总结起来,市场条件主要影响抑价模型中的 β, n 三

---

① 成熟的市场通常信息不对称水平也较低,但本书为了更清楚地分析不同变量影响,将信息不对称与市场条件分开表述。

个变量(θ 与 β 负相关,l_g 和 n 负相关,因此均不专门分析)。

1.对需求旺盛的成熟市场的分析

当需求旺盛时,市场中总是有足够多的外部人参与申购新股(n),发行人的抑价水平也就越低;资本市场越成熟,询价对象鉴别力越强(β 越高),由基本抑价模型可知,此时发行人抑价也越低。一般情况下,高质量发行人都愿意选择这种市场条件下融资上市。成熟市场的信息不对称水平通常也较低,即信息搜集成本较低。综合来看,这一市场条件下的整体抑价水平较低。而低抑价也意味着低质量发行人模仿的收益更低,同时增加上市风险(可能发行时无人问津或是遭遇需求冷淡的局面)。因此,旺盛的需求和成熟的外部投资者对维护发行市场秩序、规避逆向选择行为具有积极意义。

2.对需求旺盛的新兴市场的分析

在新兴市场条件下,旨在为中小企业、创业企业提供融资平台和发展机会的创业板市场往往具有法律法规不完善、审核不规范、制度不稳定、外部投资者鉴别力较低、拟上市企业逆向选择动机较强等特征。所以,新兴市场的机构投资不成熟,β 较低,而对新股的强烈需求又迫使众多投资者涌向市场。特别是当市场开启初期,往往外部投资者对新股的热情较高,特别是我国中小企业板对 IPO 实行节奏控制,进一步导致了需求旺盛(n 大)。此时,高质量发行人上市成本相对较高。相反,低质量发行人更容易伪装起来,获得较高的溢价收益。

新兴市场中的发行人往往良莠不齐,整体上看,信息不对称程度高。这种条件下,即便高质量发行人可能会因有非常好的投资项目,从而有激励更多投资者搜集信息的动机,但最终还是要承担较高的抑价成本。而低质量发行人即便没有好的投资项目,也更乐意混水摸鱼。因为,既然平均意义上看外部投资者鉴别力不高,而且新兴市场中承销商也急于开辟市场,低质量发行人更有机会获得 IPO 高收益。这种情况也容易发生在那些投资项目前景风险较高的企业,项目成功了,实现更高的盈利;即便不成功,由于股权分散承担的风险也较小。这也说明,新兴市场有必要加强对拟上市公司质量的审查,尤其是对拟投资项目的可行性要严格把关,以保护中小股东利益,维护市场良性运行。

3.对需求低迷的成熟市场的分析

无论是高质量还是低质量发行人,当面临低迷的市场时,都会面临更高的发行风险(n)。但相对于需求低迷的新兴市场,该市场成熟的投资机构和低度的信息不对称水平更有利于高质量发行人。只是,除非有特别好的项目,一般公司不会选择在这个时候上市。这也就是通常所说的 IPO 择时问题。借助 IPO 择时,高质量发行人可以降低抑价,低质量发行人有机会获得更高的溢价收益,但很可能会因此错过好的投资机会。相对于低质量发行人,高质量发行人具有更强的抵抗力,在有好的机会时,即便市场冷淡,也不用担心股票发行问题。因为高质量发行人的抑价损失可以在市场恢复后的后续融资中弥补回来。但由于市场低迷,投资者鉴别力高,低质量发行人获得高溢价的难度增加了,更多地退出发行市场。随着低质量发行人的退出和高质量发行人的盈利,市场会慢慢恢复。此时,成熟市场发挥优胜劣汰的机制见效了。

4.对需求低迷的新兴市场的分析

需求低迷,市场又处于新兴阶段,即便是不成熟的机构投资者此时出手也会更加慎重,这会让市场雪上加霜。相对于成熟市场,高质量发行人需要做出更大的让步,即付出更高的抑价才可能吸引足够的投资者(n)。尽管高质量发行人可以承受高抑价的成本(一是来源于好项目预期带来的大量现金流支撑,二是由于市场的周期性,当市场转好时,高质量发行人可以更高的价格增发股票,将 IPO 损失弥补回来),但当融资项目所带来的收益被大量亏蚀时,IPO 融资对高质量发行人的诱惑力会慢慢消失。而且不同于成熟市场,低质量发行人更愿意铤而走险——一旦成功,不仅可以获得溢价收益,还能够通过融资项目改善现有业绩状况。显然,这种状况不利于发行市场的复苏,也不利于企业的成长。

在我国,企业择时发行的自由性较低,或者说择时是有局限的。一是,IPO 流程有严格的规定,一旦企业申请 IPO,审核通过后的上市时间是有限定的①。二是 IPO 的整体节奏往往由政府控制,是政府宏观调控的一种工具,不是个别企业可以左右的。例如 IPO 的暂停与重启。长期来看,这是与市场化经济条件不相适应的。

结合模型分析,低迷的需求和成熟的市场会帮助高质量发行人逐渐降低抑价,更有利于优胜劣汰和市场复苏;旺盛的需求和新兴市场则相反,只有借助监管和对投资者、承销商等中介机构的培育才有可能更多的推动高质量发行人上市,减少低质量发行的投机性。

结合信息不对称和市场条件对基本抑价模型应用的分析发现,基本抑价模型能够对信息不对称影响抑价的途径和结果做出合理解释,也能够结合不同市场条件对发行人因外部投资者需求(受宏观经济周期以及投资情绪影响)、外部投资者间信息不对称

① 2006 年 4 月 26 日,由我国证券监督管理委员会审议通过的自 2006 年 5 月 8 日起施行的《上市公司证券发行管理办法》规定,自中国证监会核准发行之日起,上市公司应在六个月内发行证券;超过六个月未发行的,核准文件失效,须重新经中国证监会核准后方可发行。

程度的差异而产生的抑价现象进行合理的解释。因此,具有广泛的应用空间。

二、VC 影响抑价模型适用性的分析

(一)信息不对称对 VC 抑价模型影响的分析

VC 抑价模型认为,VC 的投资动机影响其投资行为,进而决定了 VC 在 IPO 过程中的不同作用。具体表现为 VC 增加或者降低发行人与外部投资者之间的信息不对称水平。那么信息不对称反过来是否影响 VC 抑价模型适用呢?当信息不对称程度较高时,VC 的逐名和投机动机会越强,从而导致 VC 持股企业整体质量不高。这是因为,即便 VC 逐名或者投机,市场投资者在识别公司质量时也容易犯错,从而使 VC 短视性行为更加隐蔽。在此时,即便存在高质量 VC 致力于孵化创业企业,那么信息不对称也会使信号机制失灵,从而减弱 VC 的认证作用。因此,对信息不对称程度较高的新兴市场中 VC 和抑价关系进行分析时,如果使用 VC 抑价模型,会低估 VC 的实际影响,尤其是在一二级市场信息不对称均较高时。这告诉我们,当利用 VC 影响抑价模型进行实证分析时,有必要控制反应市场信息不对称水平的一些变量。

(二)市场条件对 VC 影响抑价模型影响的分析

1.需求旺盛的成熟市场条件对 VC 持股抑价的影响

成熟市场的信息不对称程度通常较低,因此当 VC 持股企业质量更高时,抑价更低。这是因为,成熟市场中,外部投资者对信息的鉴别力强,承销商竞争更加激烈,承销费率较低;需求旺盛,意味着参与申购人数较大。这些条件可以为 VC 退出提供更有利的环境,降低发行成本。相应的,VC 投机性选择 IPO 退出低质量项目时,即便成功了,获得高溢价收益,但很可能会因成熟市场的信

誉机制健全而累及声誉,从而影响其下次 IPO。因此成熟的市场更有利于培育 VC 的投资理念。

2.需求旺盛的新兴市场条件对 VC 持股抑价的影响

与成熟市场相对应,新兴市场环境外部投资者对信息的鉴别力低、承销费率高,不利于 VC 认证信号的传递,同时旺盛的需求还有可能激起更多低质量发行人参与上市,增加信息不对称程度。尤其是那些投资于质量较差企业的 VC,更容易在上市中成功牟利。声誉机制的不健全还会加剧这种现象的发生。久而久之,致力于投资的好 VC 会被驱逐,形成劣币驱逐良币的恶果。这也为新兴市场敲响了警钟。

3.需求低迷的成熟市场条件对 VC 持股抑价的影响

市场的成熟环境为 VC 提供了更高效的信息传递环境,而低迷的需求可以将那些低质量发行人上市的想法扼杀。投资于质量较差企业的 VC 采用 IPO 退出,需要更多地承担发行失败风险(需求不足)以及由此损失的声誉。而且,还会波及后续投资。这是因为,VC 溢价发行的结果很快被市场熟知,从而让融资者担心其是否具备帮助企业成长的能力。

4.需求低迷的新兴市场条件对 VC 持股抑价的影响

当市场需求低迷时,高质量发行人抑价相对成熟市场也会更高。但是与无 VC 企业相比,当存在 VC 持股并且 VC 声誉高时,发行人抑价相对较低。但新兴市场的 VC 普遍年轻,占领 IPO 市场可以为其树立成功形象,因此逐名动机较为强烈。此外,新兴市场的外部投资者不成熟,还会加大 VC 的投机性。可见,如果不加以正确引导,很难发挥预期作用。从这个角度讲,培育 VC 的投资理念对新兴市场是有积极意义的。

三、二级市场发展程度对基本抑价及 VC 抑价模型的影响分析

（一）对基本抑价模型的影响分析

前面分析均假定二级市场是能够在很短的时间内反映企业真实价值状况。但据有效市场理论研究综述来看，甚至美国股市也未达到完全有效。从这个角度而言，有必要考虑二级市场发展程度对基本抑价模型解释力的影响问题。按常理推断，二级市场越成熟，投资者越理性，相应的首日价格将会越接近发行人真实价值水平。相反，二级市场不成熟时，发行人和投资者面临的不确定性越高，相应的利用首日收盘价计算抑价越不准确。

1.二级市场不成熟但需求理性情况下的分析

首先，假定上市首日无法完全反映发行人的真实价值，但需求处于理性范围内。发行人的首日收盘价格不仅取决于询价传递的信息，二级市场投资者在投资前也会进一步挖掘信息，而不是盲目跟风打新。通常，理性的二级市场投资者，可以更多地搜集信息，从而有助于价格尽快回归正常水平。因此，高质量和低质量发行人的首日收盘价格关系满足：$V_H > P_H > P_0^* > P_L > V_L$。高质量发行人的名义抑价为：

$$U\tilde{P} = P_H - P_0^* < UP_H$$

低质量发行人的名义溢价：

$$P\tilde{P} = P_0^* - P_L < PP$$

这说明，采用通常的抑价计量方式计算出来的抑价水平要比实际低。即二级市场的不成熟会掩盖高质量发行人的损失和低质量发行人的收益。二级市场越不成熟，高质量发行人与低质量发行人上市后的股价差异越小，越不利于监管部门发现发行过程中

的问题。

2.二级市场不成熟且需求非理性情况下的分析

当市场需求旺盛时,很容易造成二级市场投资者的非理性购买行为,而市场低迷时,投资者可能会过于保守。本书重点分析市场需求旺盛、监管不严时,非理性的二级市场投资者对发行人决策的影响。市场非理性,主要表现为对新股的狂热,结果会导致 P_H > V_H > P_0* > P_L > V_L,甚至 P_H > V_H > P_L > P_0* > V_L。

利用首日收盘价代理真实价值,利用基本模型计算出来的抑价会虚高,而溢价则较低或者低质量公司也表现为抑价发行。

$$\tilde{UP}_H = P_H - P_0{}^* > UP_H , \tilde{UP}_L = P_0{}^* - P_L < UP_L$$

二级市场无法快速反映真实价值,而二级市场盲目炒新,会激励发行人抬高发行价格,降低中签率,从而进一步抬高股价,无论是高质量还是低质量发行人都可以从中获得更多的好处。但这种虚抬股价的现象,容易产生股市虚假繁荣的假象,久之会损害长期投资者利益,很容易造成股价的大崩盘,严重影响股市的健康发展。二级市场的无效主要源于投资者的过度乐观,因此积极培育投资者的投资理念不仅对稳定二级市场价格有利,对稳定一级市场价格也具有重要意义。

(二)二级市场不成熟对 VC 抑价模型的影响分析

1.二级市场不成熟但需求理性条件下的分析

如果二级市场投资者保持理性,改善业绩的 VC 认证作用会进一步传递信号,尽管此时 VC 降低抑价的作用较低,但相对于无 VC 企业,VC 的二次认证作用可以推动股价尽快提高到真实水平。同时,机构投资者预期从有 VC 企业投资中可以获得更高的投资收益,从而有利于提高发行价格,降低抑价水平。纵向看,市场越成熟,VC持股企业抑价水平越低;横向比,不成熟市场中,VC持股企业抑价更低。逐名、逐利的VC却很难做到这一点,二级市场的不确定性会加大机构投资者的风险,从而降低收益预期,此时有VC发行人的抑价会更高。

如果VC是逐名或逐利的,那么二级市场理性时,会进一步加大抑价水平。而如果仍然使用首日收盘价计算抑价,那么真实抑价水平还要高。而且,由于信息不对称,外部投资者不仅无法确定企业类型,也无法确定VC类型。无疑,VC的参与给外部投资者购入新股增加了额外的不确定性。预期到这种情况外部投资者报价会更低。即二级市场非理性降低了名义抑价,却增加了实际抑价水平。

对于那些隐藏信息蒙混过关的VC持股发行人,此时却可以更好地隐藏起来,即便在上市后一段时间退出,还能保持一定的盈利。或者说,二级市场的非理性也会增加VC投资企业模仿的预期收益。这是因为,二级市场价格并不能有效揭示真实价值信息,仍然存在一定程度的信息不对称。这一方面将使股价在一定时期内下滑的迹象较为迟缓,从而增加了发现难度;另一方面,还有可能借助一级市场的投资者的认购,向二级市场传递错误信息,通过一级市场投资者剥夺二级市场投资者的部分利益,即二级市场越不成熟,有VC企业模仿的隐蔽性就越高。

因此,当二级市场保持理性时,尽管市场不成熟,并不影响VC抑价模型的解释力度,这种市场条件下VC认证作用会传递到二级市场,从而降低抑价;相反,二级市场投资者的理性也会推动逐名或者逐利的VC持股企业抑价会更高;但那些投机性的VC持股企业收益也会更大,但上市后股价仍然会大幅度下降。

2.二级市场不成熟且需求非理性条件下的分析

　　当二级市场中的投资者非理性时(主要是指过度乐观),很可能激发 VC 尽快上市退出的动机,更容易为 VC 突击入股、谋取暴力的行为提供机会。因为此时的退出意味着可以迅速实现高回报,而且相对来讲此时的退出可操作性更强,同时隐蔽性更高。因此二级市场的不成熟,很容易催生 VC 的逆向选择行为。当监管不到位时,这种状况会更严重。

　　如果 VC 是培育企业并提高企业质量的,则市场中会普遍认为 VC 具有筛选或者认证作用,所以这种情况下 VC 不仅可以向一级市场传递好的信息,还可以向二级市场进一步发挥信号作用,从而为其成功退出锦上添花。同时预期到二级市场的这种盲目需求状况,机构投资者的预期收益也会增加,从而 VC 持股企业发行新股时还可以进一步提高发行价格。但可能此时,用首日收盘价计算的抑价水平可能依然很高。但根据 VC 抑价模型可知,这种高抑价只是一个假象。二级市场投资者非理性时,甚至有可能错误认为企业价值信息未得到充分挖掘,或者盲目地崇拜 VC,从而更加踊跃地投资,哄抬二级市场价格。结果可能是,有 VC 企业抑价高于无 VC 企业抑价。

$$UP_H = |P_H - P_0{}^*| < \tilde{PP} = |P_0{}^* - P_L|$$

　　但事实上,却有可能是 VC 持股企业以更低的抑价发行新股。二级市场投资者的鉴别力一般比机构投资者低,因此对于逐名的 VC,也会竞相认购,预期到这种情况,VC 的逐名逐利动机就会更加强烈。如果市场监管严格,逐利性可能更占上风,如果市场监管不严,此时低质量企业都会试图分一杯羹,尤其是 VC 持股的那些低质量企业,借助 VC 的力量,更容易获得溢价机会,同时更愿意冒险——如果融资额较多,可能企业还会因获得更多的投资机会而改善质量,即便不成功,还可以进行在职消费、变相将融资额占为己有等,而 VC 也可以获得更高利润。这显然不利于市场的稳定,也会损害其他投资者的利益。

此外,计量方式可能影响模型的解释力度。欧美等发达国家市场,股票市场相对成熟,采用首日收盘价计量 IPO 抑价时也就越准确。在新兴市场条件下,新股发行首日可能无法如实反映企业质量信息。例如,有可能出现非理性认购新股行为。这种情况下的抑价,如果采用常用的方式计量(首日收盘价计量公司价值),则据此计算的结果还可能受到二级市场投资者需求的影响①。

综上,当市场不成熟时,如果市场保持理性,VC 持股高质量企业抑价仍然低于无 VC 持股企业,逐名逐利会受到限制,模仿收益尽管会加大但仍有较高风险;当市场非理性时,主要表现为二级市场投资者过度乐观,VC 的逐名逐利动机会更加强烈,低质量企业的模仿行为也会加剧,而且投资于高质量企业的 VC 还有可能过度认证——形成高抑价的假象。简单说,市场不成熟但需求理性时,有 VC 企业抑价基本可以保持 VC 抑价模型预测的结果准确度,但当需求非理性时,可能出现 VC 持股高质量企业的都表现出高抑价特征,而投机性的 VC 持股企业上市溢价会更高,而且这种溢价甚至可能转变为抑价,此时利用首日收盘价计算的抑价会很高,而这种结果是不准确的。当然这并不改变模型的预测,只是实证结果可能无法取得与模型一致的结论。

---

① 二级市场需求引发的股价上涨,通常也被称为二级市场溢价。

第四章 数据、样本和变量描述

第一节 数据来源和样本分布

一、数据来源及处理

（一）数据来源

本书所用数据主要来源于万德金融资讯数据库（Wind）、中国经济金融数据库（CCER）以及从巨潮网络（http://www.cninfo.com.cn/）下载的招股说明书等资料。为确保数据真实、完整、有效，笔者还利用深圳中小企业板网站以及各相关金融网站公布的数据进行了核实与补充。

风险投资机构数据主要源于手工搜集整理。具体而言，风险投资机构持股特征数据，主要是根据招股说明书公布的股东资料以及风险投资机构主页、ChinaVenture 投资中国网（http://www.chinaventuregroup.com.cn/）以及中国风险投资网（http://www.vcinchina.com/）等网站公布的资料等内容整理。

（二）数据处理

本书选取了深圳中小企业板 2004—2010 年上市的 529 家上市公司作为研究样本（总样本为 531 家，按照研究惯例剔除 2 家金融保险类企业后得到全样本为 529 家）。其中，有 VC 样本为 148 家，无 VC 样本为 381 家，有 VC 占总体样本的 28%。此外，根据 Megginson 和 Weiss（1991）配对标准，本书按照中小企业所处行业和发行规模选择最相近的样本企业进行匹配,最后得到有效样本各 104 家,共计 208 家。

VC 的界定标准是,如果企业上市前的前十名股东中存在主营业务明确专门为高新技术企业、高科技企业进行投资的风险投资机构,则界定为有 VC 组,否则为无 VC 组。具体来讲,风险投资分组(这里指的是对中小企业是否有 VC 持股所作的分组)的方法是,首先检索中小企业板上市公司的十大股东姓名中关键词,如包含风险投资、创业投资、产业投资和科技投资等字样,则作为有 VC企业的备选,然后对备选企业所公示的招股说明书进行逐一盘查,根据招股说明书中投资机构的主营业务初步判断(明确该机构是否以风险投资或创业投资、高新技术投资、产业投资、高科技投资为主营业务)该股东是否为风险投资机构,最后结合网站公布的相关资料确定是否为风险投资机构。为了保证结果的稳健性,笔者还将那些同样以投资为主营业务的 PE 类公司进行了区分。

由于 2004 年尚未实行询价发行制、2005 年实行股份制改革且样本较小(12 家),为了保持与理论模型一致,本书在多元回归分析过程中仅就 2006—2010 年数据进行统计分析。

(三)对数据选择的说明

由于中小企业板并非严格意义上的创业板,上市公司成立时间相对较长,规模相对较大,但限于以下原因,本书依然选取了中小企业作为研究样本:首先,创业板启动时间较短,数据较少,尤其是研究 IPO 后业绩数据难以支持本书研究的相关检验要求;其次,中小企业板与创业板类似的地方在于致力于培育高科技、高成长型的中小企业,而这与本书研究对象关键特征相符;最后,风险资本投资于中小企业板公司的样本占比达到研究要求(28%),可以为研究提供有力支持。

二、全样本数据分布分析

(一)年度分布分析

表4—1 上市年度分布

年度	频率	百分比	有效百分比	累积百分比
2004	38	7.2	7.2	7.2
2005	12	2.3	2.3	9.5
2006	52	9.8	9.8	19.3
2007	99	18.7	18.7	38.0
2008	71	13.4	13.4	51.4
2009	54	10.2	10.2	61.6
2010	203	38.4	38.4	100.0
合计	529	100.0	100.0	

由表4—1可知,中小企业板上市公司年度分布并不均匀,主要集中在2007年和2010年。结合我国宏观市场经济发展状况可知,这主要是由于2007年股市处于牛市,而2010年是继2008年金融危机,我国政府停止审批IPO项目后,重启IPO形成的爆发。2004—2005年上市公司数目最少,这是因为中小板启动时间尚短,且恰逢两次IPO暂停①。

(二)行业分布分析

从行业分布来看,超过3/4的中小企业属于制造业,信息技术业位居其次(10%)。这与我国是制造业大国不无关系。制造业的发展,直接关系到国民经济各部门的发展,也关系着国计民生和

---

① 两次暂停IPO时间分别为:2004年8月26日至2005年1月23日和2005年5月5日至2006年6月2日。

国防力量的加强,因此,各国都把机械制造业的发展放在首要位置。中小企业板以制造业为主的特征符合我国经济发展现阶段的需求,但比例过高不利于调动和协调其他行业领域的中小企业发展。

表4—2 行业分布

行业	频率	百分比	有效百分比	累积百分比
采掘业	5	0.9	0.9	0.9
传播与文化产业	1	0.2	0.2	1.1
电力、煤气及水的生产和供应业	3	0.6	0.6	1.7
房地产业	7	1.3	1.3	3.0
建筑业	13	2.5	2.5	5.5
交通运输、仓储业	6	1.1	1.1	6.6
农、林、牧、渔业	12	2.3	2.3	8.9
批发和零售贸易	14	2.6	2.6	11.5
社会服务业	13	2.5	2.5	14.0
信息技术业	53	10.0	10.0	24.0
制造业	401	75.8	75.8	99.8
综合类	1	0.2	0.2	100.0
合计	529	100.0	100.0	

信息技术业所占比例较高,恰好体现了中小企业板扶植高科技领域企业上市的宗旨。显然,从这一分布看,信息技术产业占比仍然不多。众所周知,二十一世纪也被称为"信息时代"。一个国家信息技术落后就无法在其他方面取得成功,所以信息产业的发展对整个国民经济的发展意义重大。在国内外,信息技术产业都是风险投资关注的重点对象。因此,有必要进一步推动信息产业

领域的中小企业发展并对风险资本发展积极引导,以此带动信息技术行业的创新和其他行业的全面发展。

传播与文化产业和综合类上市企业占比最低,截至 2010 年底,各自仅有一家企业上市。其他行业分布占比在 0.6%—2.6% 之间,均占比较低。

由于制造业占比非常高,因此本书进一步分析其构成分布。根据证监会所属行业分类明细,制造业还可细分为 10 个细目,其具体分布如表 4—3。机械、设备、仪表,石油、化学、塑胶、塑料,金属、非金属分别占比 21.4%,13.8%,10.4%,为制造业中占比前三甲。木材、家具占比最低,不足 1%。

表4—3　制造业明细分布

行业	频率	百分比	有效百分比	累积百分比
电子	51	9.6	12.7	12.7
纺织、服装、皮毛	27	5.1	6.7	19.5
机械、设备、仪表	113	21.4	28.2	47.6
金属、非金属	55	10.4	13.7	61.3
木材、家具	5	0.9	1.2	62.6
其他制造业	9	1.7	2.2	64.8
石油、化学、塑胶、塑料	73	13.8	18.2	83.0
食品、饮料	20	3.8	5.0	88.0
医药、生物制品	30	5.7	7.5	95.5
造纸、印刷	18	3.4	4.5	100.0
合计	401	75.8	100.0	

(三)地域分布分析

中小企业板上市公司的区域分布也呈现一种集中的态势。广东、浙江、江苏各占 21.4%,17%,13.6%,合计起来占据了全部样本企业的一半多;其次是山东,北京,福建,上海,分别为 8.3%,4.9%,4.2%,4%。但是,海南、黑龙江、内蒙古、宁夏、西藏、山西分别只有 1 家企业上市,占比仅为 0.2%。这足以说明中小企业板上市公司的地区发展不平衡,部分原因是我国地区经济发展不平衡所致,也有政策重视不够、历史与文化环境等方面的影响。这种地域分布的发展不平衡,不利于产业结构和地区结构的优化,也不利于经济发展的整体协调。

表 4—4　地域分布

省份	频率	百分比	有效百分比	累积百分比
安徽省	16	3.0	3.0	3.0
北京市	26	4.9	4.9	7.9
福建省	22	4.2	4.2	12.1
甘肃省	3	0.6	0.6	12.7
广东省	113	21.4	21.4	34.0
广西壮族自治区	4	0.8	0.8	34.8
贵州省	5	0.9	0.9	35.7
海南省	1	0.2	0.2	35.9
河北省	8	1.5	1.5	37.4
河南省	16	3.0	3.0	40.5
黑龙江省	1	0.2	0.2	40.6
湖北省	8	1.5	1.5	42.2
湖南省	15	2.8	2.8	45.0
吉林省	4	0.8	0.8	45.7
江苏省	72	13.6	13.6	59.4
江西省	5	0.9	0.9	60.3

省份	频率	百分比	有效百分比	累积百分比
辽宁省	8	1.5	1.5	61.8
内蒙古自治区	1	0.2	0.2	62.0
宁夏回族自治区	1	0.2	0.2	62.2
山东省	44	8.3	8.3	70.5
山西省	1	0.2	0.2	70.7
陕西省	3	0.6	0.6	71.3
上海市	21	4.0	4.0	75.2
四川省	17	3.2	3.2	78.4
天津市	6	1.1	1.1	79.6
西藏自治区	1	0.2	0.2	79.8
新疆维吾尔自治区	8	1.5	1.5	81.3
云南省	7	1.3	1.3	82.6
浙江省	90	17.0	17.0	99.6
重庆市	2	0.4	0.4	100.0
合计	529	100.0	100.0	

三、分组样本分布比较分析

（一）上市年度分布比较分析

从有无 VC 两组上市年度情况看（见表 4—5），区别不大。尽管有 VC 组在热发年度上市公司比例更高些，但并不能观察到明显的 VC 择时迹象。这可能与我国国情有关。在我国 IPO 市场中，企业能否以及何时上市往往受制于政府管制，因此有些研究将这种现象归结为政府择时行为。政府通常将 IPO 发行数量作为调控市场指数、冲销情绪的工具之一，由此形成了 IPO 数量的波动（邵新建等，2010）。

表4—5　上市年度分布比较

年度	频率		百分比		累积百分比	
	有 VC	无 VC	有 VC	无 VC	有 VC	无 VC
2004	8	30	5.4	7.9	5.4	7.9
2005	2	10	1.4	2.6	6.8	10.5
2006	12	40	8.1	10.5	14.9	21.0
2007	29	70	19.6	18.4	34.5	39.4
2008	21	50	14.2	13.1	48.6	52.5
2009	15	39	10.1	10.2	58.8	62.7
2010	61	142	41.2	37.3	100.0	100.0
合计	148	381	100.0	100.0		

(二)行业分布比较分析

通过对行业分布的比较发现(见表4—6),有 VC 组集中在制造业和信息技术业,这与风险资本投资的偏好相符。由于其他行业占比均较少,比较的意义不大。

对比有无 VC 组在制造业细目分布上发现(见表4—7),有 VC 组样本更多地分配在电子和机械、设备、仪表两个行业。但与其他国家不同的是,我国 VC 投资企业在医药、生物制品业分布较少。这说明,我国现阶段 VC 投资更加偏好于传统的先进制造技术领域,而较少的涉足于风险较高、获利较高的医药、生物制品业。这可能与我国对医药、生物制品业的行业管理制度有关,也可能是受到医药、生物制品行业特征的影响。医药、生物制品业投入高,要求的技术支持高,相对周期较长,一般需要8—10年、甚至10年以上的时间,因此风险较高,但其收益往往也很高。因此,这些行业通常为 VC 所重点关注。长期以来,我国在该行业的科研资金投入严重不足,直接导致了自主创新能力差,进而竞争力较低。2010 年以来,我国相关部门已多次明确提出发展生物医药业,并将其纳入战略性新兴产业范畴。这些政策会激励 VC 向这一领域进军的热情和速度,推动 VC 投资企业向更合理的投资领域发展。

表 4—6　行业分布比较

行业	频率		有效百分比		累积百分比	
	有 VC	无 VC	有 VC	无 VC	有 VC	无 VC
采掘业	2	3	1.4	0.8	1.4	.8
传播与文化产业	0	1	0	0.3	0	1.0
电力、煤气及水的生产和供应业	0	3	0	0.8	0	1.8
房地产业	4	3	2.7	0.8	4.1	2.6
建筑业	4	9	2.7	2.4	6.8	5.0
交通运输、仓储业	0	6	0	1.6	0	6.6
农、林、牧、渔业	3	9	2.0	2.4	8.8	8.9
批发和零售贸易	2	12	1.4	3.1	10.1	12.1
社会服务业	2	11	1.4	2.9	11.5	15.0
信息技术业	21	32	14.2	8.4	25.7	23.4
制造业	110	291	74.3	76.4	100.0	99.7
综合类	0	1	0	0.3		100.0
合计	148	381	100.0	100.0		

表 4—7　制造业分布比较

行业	频率		百分比		有效百分比		累积百分比	
	有 VC	无 VC	有 VC	无 VC	有 VC	无 VC	有 VC	无 VC
电子	26	25	17.6	6.6	23.6	8.6	23.6	8.6

续表

行业	频率		百分比		有效百分比		累积百分比	
	有 VC	无 VC	有 VC	无 VC	有 VC	无 VC	有 VC	无 VC
纺织、服装、皮毛	2	25	1.4	6.6	1.8	8.6	25.5	17.2
机械、设备、仪表	38	75	25.7	19.7	34.5	25.8	60.0	43.0
金属、非金属	17	38	11.5	10.0	15.5	13.1	75.5	56.0
木材、家具	2	3	1.4	0.8	1.8	1.0	77.3	57.0
其他制造业	1	8	0.7	2.1	0.9	2.7	78.2	59.8
石油、化学、塑胶、塑料	16	57	10.8	15.0	14.5	19.6	92.7	79.4
食品、饮料	2	18	1.4	4.7	1.8	6.2	94.5	85.6
医药、生物制品	2	28	1.4	7.3	1.8	9.6	96.4	95.2
造纸、印刷	4	14	2.7	3.7	3.6	4.8	100.0	100.0
合计	110	291	74.3	76.4	100.0	100.0		

(三)地域分布比较分析

表 4—8 地域分布比较

省份	频率		有效百分比		累积百分比	
	有 VC	无 VC	有 VC	无 VC	有 VC	无 VC
安徽省	4	12	2.7	3.1	2.7	3.1
北京市	7	19	4.7	5.0	7.4	8.1
福建省	5	17	3.4	4.5	10.8	12.6
甘肃省	1	2	0.7	0.5	11.5	13.1
广东省	42	71	28.4	18.6	39.9	31.8

续表

省份	频率		有效百分比		累积百分比	
	有 VC	无 VC	有 VC	无 VC	有 VC	无 VC
广西壮族自治区	2	2	1.4	0.5	41.2	32.3
贵州省	0	5	0	1.3	0	33.6
海南省	0	1	0	0.3	0	33.9
河北省	0	8	0	2.1	0	36.0
河南省	4	12	2.7	3.1	43.9	39.1
黑龙江省	0	1	0	0.3	0	39.4
湖北省	3	5	2.0	1.3	45.9	40.7
湖南省	5	10	3.4	2.6	49.3	43.3
吉林省	1	3	0.7	0.8	50.0	44.1
江苏省	26	46	17.6	12.1	67.6	56.2
江西省	3	2	2.0	0.5	69.6	56.7
辽宁省	1	7	0.7	1.8	70.3	58.5
内蒙古自治区	0	1	0	0.3	0	58.8
宁夏回族自治区	0	1	0	0.3	0	59.1
山东省	9	35	6.1	9.2	76.4	68.2
山西省	0	1	0	0.3	0	68.5
陕西省	1	2	0.7	0.5	77.0	69.0
上海市	4	17	2.7	4.5	79.7	73.5
四川省	4	13	2.7	3.4	82.4	76.9
天津市	4	2	2.7	0.5	85.1	77.4
西藏自治区	1	1	0.7	0.3	85.8	77.7
新疆维吾尔自治区	0	7	0	1.8	0	79.5
云南省	1	6	0.7	1.6	86.5	81.1
浙江省	19	71	12.8	18.6	99.3	99.7
重庆市	1	1	0.7	0.3	100.0	100.0

续表

省份	频率		有效百分比		累积百分比	
	有 VC	无 VC	有 VC	无 VC	有 VC	无 VC
合计	148	381	100.0	100.0		

如表 4—8 所示,与无 VC 组 18.6%分布在广东省相比,有 VC 组有 28.4%的企业分布在该省。相对于无 VC 组的地域分布,有 VC 组的集中趋势更加明显。如果加上两组在江苏的分布,有 VC 组占到了近一半——46%,而无 VC 组还不到 1/3,仅为 30.1%。这说明,与国外 VC 相同,我国 VC 投资的地域集中性也普遍存在。

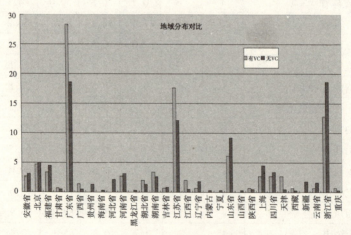

图 4—1　地域分布对比

第二节　变量选择与实证分析方法

在以往研究基础上,本书选择了三方面代理变量:中小企业特征变量(包括财务指标特征变量和非财务变量、发行特征变量和VC持股特征变量)。虽然在回归过程中,本书并未将所有变量纳入方程,但分析这些变量特征以及它们与抑价之间的相关性有助于分析VC对抑价产生影响的机理,并为最终结论提供支持。

一、变量的选择

前面已提及本书设计了三类变量,具体分析中小企业、发行过程和VC持股特征,以更加准确地分析VC对抑价的影响机理。另外,由于抑价是本书的主要研究对象,故此对不同计量方式抑价进行单独表述。

(一)企业自身特征变量

发行企业的自身特征,主要包括两方面:一是以企业年龄、企业规模、是否有VC持股、是否高新等计量的非财务指标;二是反映企业每股价值、盈利能力、成长性、营运能力以及资本资产结构的财务指标。企业年龄和规模、是否高新均作为信息不对称的代理变量;而对于反映企业财务特征的变量,考虑到可能的多重共线性问题,本书分别选择具有代表性的每股收益、总资产收益率、营业收入增长率、资产负债率纳入回归分析。其他变量均用于描述与比较分析。另外,对于财务指标,分别以-3,-2,-1表示IPO前3、2、1年的时点。

表4—9　企业特征变量一览

变量	符号	定义
企业年龄	age	企业从成立到上市的时间长度,以年为计量单位

变量	符号	定义
是否高新	hitec	企业是否为高新技术企业为哑变量,1 为是,0 为否
VC 持股与否	VC	是否有 VC 持股为哑变量,1 为有 VC 持股,0 为无 VC 持股
营业收入	lnrev	衡量企业规模的变量之一,上市前一年营业收入总额的自然对数
资产总额	lnass	衡量企业规模的变量之一,上市前一年资产总额的自然对数
每股收益	EPS	税后利润与股本总数的比值,衡量每股价值的一个基础性指标
每股现金流量	CFPS	经营活动产生的现金流量与股本总数的比值,反映每股价值的质量
每股净资产	BPS	股东权益与总股数的比值,衡量股东拥有的资产现值,也反映每股价值
资产负债率	lev	企业的负债与资产总额之比,衡量企业的财务杠杆效应
流动资产占比	liqua	流动资产与总资产的比例,衡量资产的流动性
流动负债占比	liqud	流动负债占负债总额的比例,衡量负债结构的合理性
营业收入增长率	revgt	营业收入增长率=(本期营业收入-上期营业收入)/上期营业收入×100%。该指标越大,说明企业业务拓展能力越强,成长性也就越好
利润总额增长率	incgt	衡量企业实现利润总额的持续增长能力
营业利润增长率	oprgt	本期营业利润增长额与上期营业利润总额的比率,反映企业经营活动盈利水平的增长速度
净资产收益增长率	ROEgt	本期净资产收益率增减变化与上期净资产收益率的比值

变量	符号	定义
净资产增长率	nagt	企业本期净资产总额与上期净资产总额的比率,反映了企业资本规模的扩张速度和成长状况
总资产增长率	asgt	本期总资产减去上期总资产之差除以上期总资产的比值,主要衡量企业规模的扩张
销售毛利率	gpm	销售毛利率=(销售净收入−产品成本)/销售净收入×100%,用来预测企业盈利能力的指标之一
销售净利率	npm	销售净利率=(净利润/销售收入)×100%,一般用来衡量企业在一定时期的销售收入获取的能力
净资产收益率	ROE	净利润与平均股东权益的比值,反映股东权益的收益水平
总资产净利率	ROA	企业净利润与平均资产总额的比值,反映总资产的利用效率,也常用于分析企业盈利水平和综合管理水平
存货周转率	invto	企业一定时期主营业务成本与平均存货余额的比率,用来衡量企业生产经营各环节中存货运营效率,是反映企业营运能力分析的重要指标之一
应收账款周转率	accto	赊销收入净额÷平均应收账款,衡量一定期间内企业应收账款转为现金的平均次数,也是反映有企业营运能力的指标之一
流动资产周转率	liqto	企业一定时期内主营业务收入净额同平均流动资产总额的比率,反映企业的流动资产利用效果
总资产周转率	tato	营业收入净额除以平均资产总额的比值,是考察企业资产运营效率的一项重要指标,反映企业全部资产的管理质量和利用效率

(二)发行特征变量

发行特征变量,主要包括反映发行人发行特征的供应规模、发行成本、上市准备时间等；反映投资者需求的网下认购倍数、换手率等指标等；以及反映 IPO 第三方参与人可能对抑价产生影响的变量，如承销商声誉、发行费用等。

通常，发行费用与发行规模是显著线性相关的，因为承销费用、律师费用等中介机构收费时往往以发行规模为重要参考。因此，为了规避两者之间的多重共线性问题，本书采用发行费用率作为代理变量，其中发行费用率等于发行费用与发行收入的比值。

表 4—10　发行特征变量一览

变量	符号	定义
申报次数	tapl	企业第一次申报到申报成功的次数
上市时间间隔	lisd	企业从发行招股日至上市日的时间长度，以天数为计量单位
申购期	byd	申购起始日至截止日的天数
询价期	bkd	询价起始日至截止日的天数
中签率	lott	中签率 = 股票发行股数/有效申购股数 * 100%，反映股票需求的大小
网下中签率	lottd	与中签率计算方法相同，但只针对网下配售机构投资者情况进行统计
换手率	TR	上市首日股票买卖转手的频率，是反映股票流通性强弱的指标之一
超额申购倍数	ovb	发行股票时，投资者实际参与购买企业股票金额与预定发行金额的比率
网下超认倍数	ovbd	针对网下认购统计的超额认购倍数
发行收入	proc	发行数量乘以发行价格得到金额的对数，反映发行规模大小或融资数额
承销商排名	udwr	承销商排名为哑变量，排名在前20名记为1，否则0
发行费用	issf	发行时的承销费用、审计费用以及其他中介费用、宣传费用等

变量	符号	定义
发行市盈率	PE	发行价格与每股收益的比值,用来比较不同价值股票是否被高估或低估

注:承销商声誉根据中国证券协会网站公布的承销商承销股票金额排名确定,具体确定方法是按照 IPO 企业主承销商在企业 IPO 前一年的排名顺序而定的。结果由笔者手工整理而得。

（三）VC 持股特征变量

理论模型证明,VC 持股以及参与管理等特征对 VC 作用于 IPO 抑价的结果是有很大差异的。因此,结合 VC 投资动机和退出特征,本书分别选取了计量 VC 参与管理程度、VC 持股比例和持股时间以及 VC 组织结构特征的变量。限于这些数据多为手工搜集整理,而且缺失数据相对较多,本书中的 VC 持股特征变量主要用于对 VC 影响抑价的佐证来分析。

表 4—11　VC 特征变量一览

变量	符号	定义
VC 参与否	invo	VC 是否在董事会、监事会占有席位
参与个数	nuinv	VC 参与董事会监事会的人数
参与占比 1	pinv1	参与董监事会人数占董监事会全部席位的比例,不含独立董事
参与占比 2	pinv2	参与董监事会人数占董监事会全部席位的比例,含独立董事
VC 在 IPO 前持股	VCha0	IPO 前,投资于企业的全部 VC 持股比例之和
IPO 前 lead 持股	VChl0	IPO 前,投资于企业的最大持股 VC 持股比例
VC 在 IPO 后持股	VCha1	IPO 后,投资于企业的全部 VC 持股比例之和
IPO 后 lead 持股	VChl1	IPO 后,投资于企业的最大持股 VC 持股比例

变量	符号	定 义
VC 成立时间	VC_{age}	VC 自成立到被投资企业上市之日的时间,以年计算
VC 投资时间	VC_{invt}	VC 自投资于被投资企业直至其上市日的时间,以年计
VC 组织形式	VC_{org}	VC 组织形式为哑变量,有限责任企业记为 1,否则为 0
VC 是否国有	VC_{sls}	VC 企业是否含有国有股成分为哑变量,是则记为 1,否则为 0
VC 发行时总资产	VC_{tass}	VC 发行前报告的资产总额
VC 发行时净资产	VC_{nass}	VC 发行前报告的净资产总额
VC 发行时净利润	VC_{ninc}	VC 发行前报告的净利润数额

（四）抑价指标的计量

1.常用抑价公式

通常,研究使用的抑价计算公式为:

$$UP = \frac{P_1 - P_0}{P_0} - \frac{P_{m1} - P_{m0}}{P_{m0}}$$ （公式 4—1）

其中 P_1 为新股上市首日收盘价,P_0 为新股发行价格;P_{m1},P_{m0} 分别为与上市首日和招股公告日相对应的市场指数。

2.抑价指标选择

为了更加稳健地分析抑价及其影响因素,本书不仅按照常用抑价指标进行分析对比,还分别采用未经市场指数调整和首日开盘价两种形式计量抑价。由于这些指标计量的结果无明显差异,所以在回归分析时仅以 UP_{sc} 和 UP_{so} 为主。

表 4—12 抑价指标

抑价符号	定义
UP_c	未经市场指数调整的抑价,以收盘价计算
UP_o	未经市场指数调整的抑价,以开盘价计算
UP_{zc}	以收盘价计算的经深证综指(399106)调整后的抑价指标
UP_{zo}	以开盘价计算的经深证综指(399106)调整后的抑价指标
UP_{sc}	以收盘价计算的经中小板综指(399101)调整后的抑价指标
UP_{so}	以开盘价计算的经中小板综指(399101)调整后的抑价指标

此外,凡是文中涉及价格的,以 P 表示,并分别以下标 0,1 表示发行和上市时点,以 c 表示收盘,以 o 表示开盘,以 a 表示均值。

二、实证分析方法的介绍

(一)描述性分析

描述性分析主要是为研究假设的提出以及相关性分析、多元回归分析服务的。本书主要是对中小企业特征、发行特征和 VC 持股特征变量的均值、标准差等指标分别进行分析,以更好地为进一步分析做铺垫。

(二)对比分析

本书分别选择独立样本 T 检验和配对样本检验两种方法对相关数据进行对比分析,以确保结果的稳健性。

鉴于样本较少,本书在比较分析时,以独立样本 T 检验为主,因此报告统计结果为 T 检验分析结果,即两种方法的样本检验结果无显著差异时,本书报告的是独立样本检验结果。由于配对后的样本剔除了行业和发行规模的干扰,更加适合比较分析,结果也更加有说服力,因此当独立样本检验与配对样本检验结果差异显著且可能影响到结论时,本书会进一步报告配对样本结果。

(三)相关性分析

由于研究设计的变量不仅有连续变量,也有哑变量,因此本书在进行相关性分析时,分别采用 Spearson 参数检验和 Spearman 非参数检验的方法互相验证。

(四)回归分析

本书在对比与相关性分析基础上,对研究假设设计实证分析模型,并以 SPSS17.0 作为统计分析工具,对 VC 持股是否影响 IPO 抑价以及如何影响 IPO 抑价进行实证检验。在回归过程中,本书将严格按照实证分析要求,对可能影响回归方程解释力度的多重共线性、自相关、异方差等问题进行检验和调整。

需要说明的是,考虑到文中变量较多,本书在多元回归分析时,首先采用的是逐步回归分析方法,筛选掉了那些系数不显著或者存在多重共线性的变量。限于篇幅,这些变量分析结果没有单独在统计表格中报告。

第三节　特征变量的描述性分析

特征描述分析的目的是对中小企业融资及制度背景分析进一步补充,也是对实证研究假设提出的必要支持,主要包括对中小企业特征、中小企业发行特征、风险资本持股特征和不同抑价指标的描述分析四个部分。具体说,对中小企业特征和风险资本持股特征描述分析是对实证假设和检验部分的重要支撑,中小企业发行特征和对不同抑价指标的描述则直接为实证检验提供技术支持。

一、中小企业特征的描述性分析

(一)非财务特征描述

中小企业板上市公司的平均年龄为 4.62 年,与同为新兴市场的新加坡股票交易所上市公司的统计结果相比(Wang,Wang 和Lu,2003),相对较为年轻。而且,中小企业中的 76.18% 为高新技术企业。从企业成立年限和高科技含量来看,整体上比较符合创业企业特征。上市前一年,中小企业营业收入平均为 80579.97 万元,平均总资产为 75489.33 万元,与主板市场相比规模较小。只是,不同指标计量的企业规模差异较大,如营业收入分布在6123.64 万元—1017140.72 万元之间,但标准差仅为 1.11,分布较集中;而总资产规模分布在 10476.83 万元—894468.97 万元之间,标准差为 87622.90,可见不同企业资产规模差异较大。

表 4—13　中小企业特征描述结果

指标	极小值	极大值	均值	标准差
age	1	18	4.62	3.18
hitch	0	1	0.76	0.43
rev	6123.64	1017140.72	80579.97	1.11
ass	10476.83	894468.97	75489.33	87622.90

此外,上市日总股本平均为 14969.66 万股,首发前总股本平均为 11464.84 万股,差额为 3504.82 万元,且标准差较高,数据较为离散。进一步统计,中小企业 IPO 融资后上市流通股占全部股份比例平均为 23.41%。这主要是由股份锁定[①]造成的。目前,我

[①] 股份锁定,分为强制锁定(监管部门为了预防大股东或高管人员在 IPO 时违规或造假导致的对中小投资者利益侵占行为)和自愿锁定(发行人为了向市场传递高质量信号而自行锁定的行为)。

国中小企业板 IPO 股份锁定比例较高,且多为强制锁定,这也从侧面反映了市场的不成熟。

(二)财务特征描述分析

1.每股指标的描述分析

从总体上看(见表4—14),上市前三年每股盈余、每股现金流量、每股净资产均成增长趋势,尤其是上市前一年每股指标均值增长更快。而且,各年度指标标准差均较小。这说明,中小企业的每股价值指标数据相对较为集中。

表4—14　每股指标描述结果

指标	N	极小值	极大值	均值	标准差
EPS-3	509	0.03	7.21	0.61	0.59
EPS-2	521	0.1	5.9	0.62	0.45
EPS-1	527	0.14	3.74	0.7	0.38
CFPS-3	509	-2.75	37.68	0.7	1.86
CFPS-2	520	-2.7	7.6	0.7	0.71
CFPS-1	513	-2.32	4.11	0.75	0.65
BPS-3	326	0.38	49.1	2.28	2.96
BPS-2	358	0.54	17.75	2.31	1.22
BPS-1	493	1.14	10.02	2.75	1.09

2.成长性描述分析

表4—15　成长性描述结果

变量	N	极小值	极大值	均值	标准差
EPSgt-2	509	-88.56	500	23.48	68.92
EPSgt-1	521	88.31	772.22	24.54	59.93

变量	N	极小值	极大值	均值	标准差
revgt-2	529	-29.78	188.64	33.51	29.01
revgt-1	529	-35.75	411.03	23.69	33.91
oprgt-2	529	-79.86	4145.22	50.87	196.86
oprgt-1	529	-68.84	5047.43	48.68	235.38
incgt-2	529	-74.81	5347.43	51.8	243.46
incgt-1	529	-62.92	5746.88	50.3	262.64
ROEgt-2	529	-73.17	403.27	3.74	49.67
ROEgt-1	529	-77.99	359.86	2.26	36.34
nagt-2	529	-32.39	552.09	39.81	43.5
nagt-1	529	-22.89	473.92	36.35	43.03
asgt-2	529	-37.56	272.44	30.48	31.16
asgt-1	529	-31.04	267.88	27.66	27.03

　　首先,需要说明的是,由于中小企业只报告了上市前3年的财务资料,因此本书只能考察上市前两年中小企业的成长状况。从统计结果看(见表4—15),上市前中小企业成长性较好——各指标平均值均超过20%。但是,IPO前1年与前2年比,成长性还略差些。按两年平均增长状况来看,总资产增长率比李延喜、包世泽和孔宪京(2006)计算的高科技企业还高,营业收入增长率基本与其持平(28.6%)。可见,中小企业的成长性还是较高的,整体上符合中小企业板侧重于高成长企业的上市目标。

　　3.盈利性描述分析

　　总体来看(表5.16),上市前中小企业盈利能力保持了较高水平,销售毛利率在30%左右;销售净利率、总资产收益率在IPO前三年均高于10%;而净资产收益率在IPO前三年更是保持在28%

以上。只是,各指标的标准差均较大,说明中小企业盈利能力差异较大,数据较为离散。整体上可以认为,中小企业在选择上市企业时,更侧重那些具有高盈利能力、高成长性的企业,也验证了本书对中小企业板上市公司整体业绩较好的推测。

表 4—16 盈利能力描述结果

变量	N	极小值	极大值	均值	标准差
gpm-3	529	2.82	94.3	30.18	15.98
gpm-2	529	3.26	95.58	30.34	15.64
gpm-1	529	4.89	96.3	31.32	15.67
npm-3	529	0.8	59.63	13.31	8.9
npm-2	529	0.96	51.63	13.1	8.6
npm-1	529	1.75	45.91	13.79	8.29
ROE-3	414	3.62	111.11	31.1	14.61
ROE-2	529	2.22	92.21	30.38	12.77
ROE-1	529	3.09	117.88	29.17	12.04
ROA-3	414	0.89	54.03	13.03	7.83
ROA-2	529	1.13	59.66	13.63	7.65
ROA-1	529	1.85	82.74	13.8	7.61

4.营运能力描述分析

总体上看(见表 4—17),上市前中小企业营运能力稳中有升,尤其是存货周转率增长更快。同时应收账款周转率略有下降,结合销售收入增长率推断,这可能是由于销售规模的扩张和赊销政策放宽造成的。这两者的综合影响使流动资产周转率保持在相对较为稳定的状态。考虑到中小企业的成长性,这种变化显示出企业良好的发展势头。这进一步解释了中小企业板在引导高成长企业方面已经初见成效。

表 4—17　营运能力描述结果

变量	N	极小值	极大值	均值	标准差
invto-3	523	0.28	1227.81	12.71	69.75
invto-2	517	0.28	91.27	6.64	9.17
invto-1	518	0.28	69.26	6.86	8.59
accto-3	362	1.24	281.35	14.24	27.10
accto-2	373	1.20	275.59	14.95	27.64
accto-1	373	1.73	344.98	16.68	36.38
liqto-3	291	0.47	7.31	1.98	1.00
liqto-2	381	0.37	7.32	2.16	1.06
liqto-1	381	0.24	12.08	2.09	1.11
tato-3	321	0.24	9.02	1.30	0.83
tato-2	381	0.16	6.37	1.27	0.70
tato-1	381	0.15	10.22	1.22	0.76

5.资本结构描述分析

从资本结构指标统计结果分析(见表 4—18),总体上中小企业资本结构并不合理。例如,不同年度中小企业资产负债率均在50%以上。而且,受到中小企业的自身特征所限,负债中绝大部分为流动负债,甚至有些企业高达 100%,前三年流动负债占比分别为 90.02%,88.77%,88.11%。从资产结构看,各组流动资产占总资产比例均在 60%以上,这说明中小企业固定资产比例较低,这也可能是造成中小企业总体长期负债较少的一个重要原因。

总体上看,拟上市中小企业资本结构不够合理,可能是限于固定资产较少,可抵押资产不足,很难从银行等金融机构获得相应的长期负债融资,也可能是企业没有充分利用财务杠杆的原因。但考虑到中小企业的特征,更可能是受到融资约束的缘故。

表 4—18　资本结构特征描述结果

变量	N	极小值	极大值	均值	标准差
lev-3	529	14.05	93.34	55.90	14.67
lev-2	529	6.25	95.71	53.70	14.00
lev-1	529	9.26	94.28	51.21	14.90
liqud-3	529	11.66	100.00	90.02	14.71
liqud-2	529	5.93	100.00	88.77	15.28
liqud-1	529	18.69	100.00	88.11	15.07
liqua-3	529	9.71	99.36	63.30	18.59
liqua-2	529	4.48	99.42	62.25	18.32
liqua-1	529	5.46	99.60	62.58	17.92

二、中小企业发行特征分析

(一)有关发行筹备的描述分析

1.中小企业申报次数

统计显示(见表 4—19),中小企业多数为一次申报通过,平均申请次数仅为 1.11 次。具体来看,89.4% 的中小企业一次申报即获审核通过,但也有 10% 的企业申报了两次才获得 IPO 资格,而申报 3 次才成功的企业仅占 0.6%。当然,该数据并未包括审核被拒后放弃申请的中小企业数据。因此,该通过率可能还偏高。这说明中小企业在申请上市的资料准备和对规则的解读还存在不足。可能是由于中小企业板相关法规还不够明确,部分原因也可能是承销商业务不够熟练,选择企业时把关不到位等。

表 4—19 申报次数分布

申报次数	频率	百分比	有效百分比	累积百分比
1.00	473	89.4	89.4	89.4
2.00	53	10.0	10.0	99.4
3.00	3	0.6	0.6	100.0
合计	529	100.0	100.0	

2.上市筹备与承销状况分析

统计显示(见表 4—20),中小企业从发行到上市的平均期为12.90 天,相对较短。中小企业的申购时间最短为 1 天,最长为 9天,平均值为 1.73 天。中小企业上市时间与申购时间的标准差均很小,说明这些企业择时的可能不大。

表 4—20 IPO 筹备与承销情况统计

指标	N	极小值	极大值	均值	标准差
lisd	529	8	24	12.90	3.12
byd	491	1	9	1.73	1.05
bkd	492	1	19	3.91	1.69
PE	529	6.67	113.64	38.56	17.52
udwr	529	0.00	1.00	0.63	0.48
issf	529	748.27	22960.28	3522.40	2554.49

我国曾实行市盈率管制,市盈率控制在 30 倍以下。放开市盈率管制后,市盈率偏高一直是困扰我国中小企业板新股发行市场的难题。根据数据统计,发行市盈率均值为 38.56 倍。这种较高的发行市盈率既有制度、文化的原因,也有市场的问题。近期屡次

出现的破发现象说明,这种高市盈率很可能是承销商和发行人对二级市场风险估计不足,对成长性估计过于乐观等原因造成的。

从主承销商排名看,高声誉承销商占到 63%,说明总体上来讲中小企业选择承销商时还是比较注重声誉的。承销费用分布从748.27 万元—22960.28 万元,差异显著,可见不同公司承销商收取费用区别很大。

(二)新股认购情况分析

从新股认购情况看(见表4—21),中签率平均为 0.41,而网下认购中签率相对较高,为 1.46;超额认购倍数平均为 717 倍,而网下超额认购倍数则为 143.26 倍。但从分布来看,机构网下认购倍数更加集中。结果表明,与散户相比,机构投资者中签率较高,且超额认购倍数较低,这也体现了机构投资者与散户投资者的差异性,同时也说明机构投资者可能更加理性。

表4—21　新股认购情况统计

指标	N	极小值	极大值	均值	标准差
lott	479	0.01	3.45	0.41	0.48
lottd	491	0.23	18.59	1.46	2.03
ovb	479	29.00	7727.00	717.25	1017.00
ovbd	491	5.38	431.18	143.26	101.74
proc	529	9045.00	593480.00	63367.95	58098.06

样本区间内,中小企业上市公司 IPO 募集资金平均为63367.95 万元,发行费用均值为 3522.40 万元,占比募集资金总额的 5.56%。与深圳市场 2004—2010 年募资总量相比,融资总量仅为 34.18%,而上市公司总数却占到 95.32%。可见中小企业募资

规模还是明显较小的。进一步统计发现,中小企业平均超募数额为26320.34万元(未报告),这些巨额资金是市场化定价的产物,但其能否有效使用是各界关注和担忧的焦点问题。如果超募资金得到合理有效的安排,可以促进那些成长潜力大的公司主业的发展,提升公司的核心竞争力;如果不能得到合理利用,很可能造成资源的巨大浪费。超募资金多,说明市场对新股的需求较为旺盛,对上市企业估值较高。

此外,中小企业板公司发行股票均采用余额包销的方式,所以本书还统计了承销商余额包销的情况。平均看来,只有5.88万股由承销商买入,说明承销风险不大。

(三)中小企业上市首日表现分析

表4—22 上市首日表现统计

变量	N	极小值	极大值	均值	标准差
P_0	529	2.88	148.00	18.67	13.34
P_{1o}	529	5.01	166.00	30.97	18.61
P_{1c}	529	5.26	175.17	31.74	18.95
P_{1a}	529	5.09	177.07	31.36	18.85
TR	529	19.94	94.05	71.97	13.20

统计显示(见表4—22),中小企业发行价格均值为每股18.67元,首日开盘价为每股30.97元,首日收盘价为31.74元,首日成交均价为每股31.36元,且标准差均较大。但进一步统计发现,上市首日开盘价涨跌幅为88.31%,而收盘价涨跌幅、均价涨跌幅分别高达94.52%和90.72%。新发股票首日涨跌幅较高,说明发行人"留在桌面上"的钱较多,初级市场投资者收益较高,既有

可能是企业价值被低估,也有可能是二级市场存在过度乐观投资者的结果。上市首日换手率平均为 71.97,相对较高,且分布较分散。

三、风险资本投资特征的描述分析

为了更清楚地理解我国 VC 持股特征,本书从不同角度对 VC 参与企业管理特征和自身特征进行了描述。

（一）风险资本参与管理的特征分析

首先,对 VC 参与企业管理状况进行了描述（见表 4—23）。从统计结果看,84% 的 VC 以在董事会或者监事会任职的形式参与对企业经营和财务决策的监督管理。在我国,有 VC 持股中小企业董事会和监事会总人数在 6—17 人之间（统计结果不含独立董事,如含独立董事则为 8—22 人之间）,而 VC 在董事会监事会所占席位平均为 1.64,不足 2 人,参与席位占董事会、监事会总席位的平均比例为 16.82%（含独立董事）。Campbell 和 Frye（2009）对美国 1993 和 1996 年上市的公司进行的研究发现,VC 参与席位数约为 2.76,明显高于我国 VC 参与数目。这也说明,我国 VC 参与企业管理程度与国外成熟市场 VC 相比还较低。当然,这需要结合 VC 持股比例分析,才能够得到更准确的结论。

表 4—23　VC 参与管理情况统计

变量	N	极小值	极大值	均值	标准差
invo	148	0	1	0.84	0.36
nuinv	148	0	7	1.64	1.26
pinv1	148	0.00	50.00	12.28	0.10
pinv2	148	0.00	70.00	16.82	0.13

（二）风险资本持股的特征分析

按照投资于企业的全部 VC 持股比例之和统计，IPO 前平均持股比例为 16.40%，IPO 后为 11.8%（见表 4—24）。与 Megginson 和 Weiss（1991）研究结果相比（36.3%，26.3%），我国 VC 平均持股比例明显偏低。但仍然高于 VC 参与管理席位的统计，但差异不显著性说明 VC 参与企业管理活动并不积极。考虑到分散的小股东无法参与董事会、监事会，VC 的参与管理程度相对更低。但如果只对比持股比例最高的 VC 持股比例（12.31%）与参与席位占比时，差异相对较大，但仍然不显著。因此，总体上，可以认为 VC 在参与企业管理方面是比较积极的，但积极性非常有限。

表 4—24　VC 持股情况描述

变量	N	极小值	极大值	均值	标准差
VCha0	148	0.31	81.65	16.40	14.28
VChl0	148	0.31	80.25	12.31	12.05
VCha1	147	0.23	61.22	11.80	10.06
VChl1	147	0.23	60.17	9.02	8.81

（三）VC 持股企业特征的特征分析

从 VC 企业成立时间看，不同 VC 之间的区别很大（见表 4—25）。成立时间最短的距离企业上市还不足 1 年，而最长的一家海外风险资本投资机构——德国投资与开发有限公司，成立时间长达 48 年之久。国内成立时间最长的是中国风险投资有限公司，成立于 1987 年 4 月 24 日，距离被投资企业（002329）上市时间也长达 23 年之久。与 Campbell 和 Frye（2009）统计发现企业 IPO 时，

VC 平均年龄为 11.87 年来看,我国 VC 平均年龄仅为 7.22 年,相对较为年轻。如果剔除海外 VC 的影响,平均年龄为则降为 6.93年。因此,总体上来看,我国 VC 呈现年轻化的特征,这为本书阐述的 VC 投机性逐利观点提供了又一个佐证。

表 4—25　VC 持股企业特征描述

	N	极小值	极大值	均值	标准差
VC_{age}	142	0.92	48.02	7.22	5.36
VC_{invt}	148	0.72	12.52	3.42	2.18
VC_{org}	148	0	1	0.96	0.20
VC_{sls}	148	0	1	0.22	0.42

从投资时间看,VC 持股时间相对较短,平均仅为 3.42 年,这进一步支持了前面关于风险资本参与管理程度较低的判断。Hsu(2008)对 1980—2004 年美国上市公司数据统计发现,VC 平均投资孵化期为 4.023 年。考虑到美国上市制度更加开放和自由,而我国上市公司一般会在上市前三年开展准备工作,且上市需要经过严格复杂的申请审核流程,VC 持股时间的差距会更大。可以推断,VC 基本上是投资于即将准备上市的企业。最短的投资时间甚至不足 1 年,而统计发现,56% 以上的 VC 投资时间不足 3 年(未报告)。这说明 VC 很可能是短期逐利的。而且,与国外 VC组织形式不同,投资于中小企业板的 VC 有 96% 为有限责任公司,且有将近 1/4 的企业含有国有成分。

由于投资于中小企业板的 VC 绝大多数为非上市公司,财务数据均不公开,只有部分在招股说明书中披露了一些财务信息,所以本书只能就 VC 的基本财务状况进行简单描述(见表 4—26)。

从分布来看,VC 的资产规模差异巨大,标准差高达 149829.13。从被投资企业前一年获利情况看,并不乐观,甚至有些企业还处于亏损状态。计算 VC 的平均 ROA 和 ROE 则分别为 7.36% 和 10.41%,与界内追捧的高回报率似乎严重不符。但是,参考前面分析可知,这也是 VC 成立时间较短,急于建功立业的可能因素。

表4—26　VC 企业财务指标描述

变量	N	极小值	极大值	均值	标准差
VC_{tass}	119	196.00	1065864.63	78857.77	149829.13
VC_{nass}	120	195.00	542799.29	55748.26	88402.22
VC_{ninc}	119	-2314.00	65152.73	5805.91	14675.16

注:表中均值单位为万元。

四、对抑价的描述性分析

（一）抑价水平的总体分析

总体上看(见表4—27),中小企业抑价水平较高,以深市综指与中小企业板指数调整的抑价分别高达 96.52% 和 96.29%,而其他方式计量的抑价最低也达到了 89.54%,与现有研究相比明显较高。如 Vong 和 Zhao(2008)对 1999—2005 年共 213 家香港创业板上市公司统计的抑价仅为 18.3%。具体看,不同方式计量的抑价均值和标准差均较高,说明不同公司抑价可能存在较大差异。理论分析表明,较高的抑价也暗示中小企业板上市公司信息不对称水平较高。

表 4—27　抑价总体描述

项目	UP_{zc}	UP_{sc}	UP_{zo}	UP_{so}	UP_c	UP_o
N	456	456	456	456	456	456
极小值	3.00	1.00	-2.00	-398.00	0.00	-1.00
极大值	419.00	423.00	470.00	470.00	428.00	472.00
均值	96.52	96.29	91.76	89.54	97.63	91.80
标准差	84.99	85.51	83.91	85.84	86.86	84.19

(二)抑价水平的年度分布

总体上看(见表 4—28),抑价水平有逐年下降的趋势,但 2007 年抑价水平明显高于其他年度,而 2010 年则显著较低。结合我国股市发展状况和前面对上市公司年度分布的分析,可以推断,中小企业在 IPO 时可能存在择时行为。2007 年,是股市大牛市,企业此时上市可以获得更多的融资和发展机会,因而引发聚集上市现象;2010 年,股市却处于熊市,上市公司数目反而更多,但抑价却明显偏低,显然择时假说无法解释这一现象。考虑到 2009 年前的长期停发导致的需求压抑和新出台的一系列规范发行和 IPO 的相关政策法规对抑价的抑制作用,"政府择时"更能够给出合理解释。

表 4—28　不同年度抑价比较

上市年度	UP_{zc}	UP_{sc}	UP_{zo}	UP_{so}	UP_c	UP_o
2006	93.88	95.37	89.71	80.87	96.48	90.19
2007	187.10	188.85	190.38	185.89	194.35	191.33
2008	125.87	124.86	107.11	111.61	120.41	107.11
2009	65.33	64.80	62.76	61.52	64.81	61.54

续表

上市年度	UP_{zc}	UP_{sc}	UP_{zo}	UP_{so}	UP_c	UP_o
2010	49.08	47.75	44.81	42.72	49.65	44.63
总计	96.52	96.29	91.76	89.54	97.63	91.80

（三）不同行业抑价的描述分析

统计结果显示（见表 4—29），抑价在不同行业也是有较大区别的。总体上看，采掘业、传播与文化产业、社会服务业明显偏高；而电力、煤气及水行业明显偏低。由于这些行业上市公司分布较少，总体抑价水平基本是由占比最高的制造业主导的。具体看，无论采用哪种计量方式，制造业抑价水平与总体样本统计结果保持了高度的一致性。

表 4—29　不同行业的抑价描述

行业归属	UP_{zc}	UP_{sc}	UP_{zo}	UP_{so}	UP_c	UP_o
采掘业	181.20	181.60	160.20	161.00	181.80	161.20
传播与文化产业	169.00	167.00	142.00	151.00	159.00	143.00
电力、煤气及水	39.00	38.00	22.00	30.50	29.00	21.50
房地产业	94.00	94.50	105.33	103.83	96.00	105.67
建筑业	100.85	102.08	88.31	87.85	102.85	88.46
交通运输、仓储业	90.50	89.50	85.75	85.25	90.00	85.75
农、林、牧、渔业	89.27	88.18	87.82	83.91	92.64	88.36
批发和零售贸易	100.90	99.10	92.00	92.20	97.90	91.00

风险资本对我国中小企业 IPO 抑价影响的研究

续表

行业归属	UP_{zc}	UP_{sc}	UP_{zo}	UP_{so}	UP_c	UP_o
社会服务业	143.58	142.92	136.25	140.67	138.75	136.25
信息技术业	101.63	101.10	102.90	101.00	102.84	102.88
制造业	93.04	92.87	87.89	85.10	94.46	87.93
综合类	94.00	97.00	84.00	86.00	96.00	81.00
总计	96.52	96.29	91.76	89.54	97.63	91.80

第五章　风险资本对中小企业 IPO 抑价影响的实证分析

第一节　实证研究假设

一、信息不对称影响抑价的假设

虽然学术界对 IPO 抑价形成原因存在争议,但基本上都认同信息不对称是影响抑价的一个重要原因。而且,本书模型已经证明,发行人与投资者之间的信息不对称对抑价的产生具有重要影响。这种影响不仅与发行人特征有关(质量高低),也与外部投资者特征有关(对搜集信息成本的估计以及搜集信息的效率等),还与 IPO 市场特征相关(市场发展程度及外部投资者需求等)。

(一)背景分析

一般认为,发达国家的资本市场较为成熟,无论是发行市场还是交易市场,信息不对称程度均较新兴市场更低。我国尚处于转轨经济时期,市场经济建设仍然处于探索阶段,尽管我国股票市场历经近三十年风雨,取得了辉煌成绩,但无论从发展规模还是从市场化程度上都无法与成熟国家相提并论,因此仍属于新兴市场范畴。

较为突出的是,我国股票市场的市场化程度还不高。虽然经历了多次股票上市制度改革,但长期以来政府在发行和上市过程中主导的作用仍然不容小觑,尤其是股票发行市场。这也在很多方面和很大程度上降低了市场配置效率,限制了市场功能的有效发挥。例如,在发行方面,虽然发行定价已经步入市场化阶段,但直到 2009 年 6 月 11 日起施行的《关于进一步改革和完善新股发行体制的指导意见》发布,政府的"窗口指导"才逐步退出舞台。该意见直接提出要"在新股定价方面,完善询价和申购的报价约束机制,淡化行政指导,形成进一步市场化的价格形成机制"。但是,核准制面临的行政干预依然较多,程序繁琐、审核周期长、难度大等问题还没有得到根本解决。

而且,上市公司在我国几乎可以"长生不死",缺少必要的新陈代谢,借壳重组现象屡见不鲜,内幕交易、市场炒作、虚假信息,造成了严重的社会资源浪费,同时还扭曲了市场的投资理念。而这些特征也决定了我国股票市场的信息不对称程度更加严重。

因此,结合基本抑价模型和 VC 抑价模型推断,对我国中小企业板 IPO 抑价与 VC 影响之间的关系进行实证分析,适合从新兴市场环境和 VC 投机性逐利的角度展开探讨。

(二)假设的提出

中小企业板建立时间短,且中小企业规模相对较小、成长较快、科技含量高,所以在发行上市过程中中小企业面临的信息不对称问题也更加突出。林毅夫和孙希芳(2005)指出信息不对称是金融交易的一个基本特征,而相对于大企业,中小企业信息更为不透明。Vong 和 Zhao(2008)也提出,高抑价主要与事前不确定性有关,包括承销商和会计事务所等在内的发行中介机构的声誉是不能解释高抑价现象的。结合中小企业特征与现有研究可推断,信息不对称是形成高抑价的重要原因。基本抑价模型指出,发行人和机构投资者之间的信息不对称是影响 IPO 抑价的主要因素。信息不对称程度高,则发行人预期搜集信息报价人数较少,且高质量信号不能有效传递,所以为了激励有效信息报价,高质量发行人会在询价时做出更大的让步;而外部投资者预期信息搜集成本较高,且对发行人估值较低,综合起来表现为更高的抑价。总之,发行人与机构投资者间的信息不对称程度越高,IPO抑价越高。

基于以上分析,本书提出假设1:信息搜集成本越高,搜集信息报价者越少,则抑价水平越高。

基本抑价模型指出,当预期搜集信息成本较高时,投资者会选择对企业预期的均值报价,而预期搜集信息可以带来收益的增加时,投资者才会主动搜集信息。按照常理推断,当投资者搜集信息后对企业的估值更加准确,中签概率会大大提高。因此,搜集信息人数越多,高质量发行人的抑价会越低;同时低质量发行人的模仿收益也越低。如果信息不对称水平较低,对于高质量发行人来说,只有那些搜集信息者才能中签,而那些以均值报价的机构投资者将被排除在外,此时抑价就会较低。而如果信息不对称水平较高,则可能出现不搜集信息报价也能申购到股票的情况,此时的抑价水平会非常高。

从我国中小企业板抑价畸高的现象推断,整体上中小企业面临的信息不对称水平较高。进一步而言,不搜集信息报价者中签,意味着不搜集信息者数目越多,超额认购倍数越高。由于信息搜集成本很难计量,机构投资者是否搜集信息也很难区分,因此只能以超额认购倍数来反映信息不对称程度,即信息搜集成本高低。

不搜集信息申购者越多,则相对来讲信息搜集者越少,超额认购倍数作为信息搜集成本的代理变量越有效。现阶段,参与询价的机构投资者需要经承销商推荐和证监会把关。这导致短期内满足询价要求的机构投资者数目有限。从机构投资者角度分析,新兴市场中询价机构搜集信息的渠道有限,搜集信息和解读信息效率较低且评估能力有限,所以在申购新股时即便不考虑故意压价的可能,机构投资者也会因预期申购风险高而降低申报价格。考虑到询价制度实行时间较短,询价机构经验较少,单凭企业推介和路演而参与报价的行为具有很大的随意性和投机性,这一现象会更加严重。何况,对于机构投资者来讲,即便因不搜集信息而申购到低质量股票,由于市场的有效性较低,他们也可以在后市通过与承销商或证券分析师等勾结或者托市等行为降低损失,甚至获取收益。综合这些因素,当信息不对称程度很高时,机构投资者选择不搜集信息的概率会更高。因此,现有市场条件下,可以超额认购倍数代理信息搜集成本。

结合中小企业板和 IPO 市场特征分析,本书进一步提出,信息搜集成本越高,则超额认购倍数越高,进而抑价也会更高。

基于以上分析,本书提出假设 1a:超额认购倍数越高,中小企业抑价越高。

现有研究通常将上市时间间隔作为信息不对称的代理变量,用以衡量发行人与二级市场投资者之间的信息不对称程度。本书以研究发行人与机构投资者之间的信息不对称为重点,但结合对基本抑价模型适用性的分析可知,二级市场是否有效对研究结论具有重要影响,因此将上市时间间隔作为控制变量进行分析。

如果询价制能够揭示发行人所有的隐藏信息,那么除非有重大事件发生,从发行到上市的短短几天(中小企业板上市公司平均上市时间间隔不足 13 天)对于股价的影响不会太大。但随着时间延长,发生其他事件的概率也会增加,从而会增加上市前的不确定性。Chen 等(2000)对我国 1992—1995 年上市的 350 家 A 股公司进行的研究发现,平均首日报酬率(抑价)高达 350%,并且将这种超额回报归因于上市公司的再融资计划和发行至上市的时间间隔。杜莘、梁洪昀和宋逢明(2001)也发现,上市时间对首日超额收益有重要影响。而且,他们均发现上市时间间隔与 IPO 抑价呈正相关关系,即上市时间间隔越长,抑价也就越高。尽管基本抑价模型并未将这一变量纳入分析过程,但考虑到上市时间间隔可能影响到模型的解释力度,因此予以控制。

　　基于以上分析,本书提出假设 1b:中小企业板上市公司上市时间间隔越长,抑价越高。

　　首日换手率,可以反映上市股票的流动性,也可以在一定程度上反映信息不对称程度。当信息不对称程度较高时,市场投机氛围较浓,首日换手率也会更高。因此,该指标也通常被用来反映一二级投资者对股票的不同预期。如杜莘、宋逢明和梁洪昀(2001)、武龙(2009)等将首日换手率作为二级市场投资者狂热的代理指标,并发现该指标与抑价呈正相关关系。从基本抑价模型出发,当通过询价揭示的信息不足以反映企业真实价值时,一级市场的信息不对称会继续扩散到不成熟的二级市场,从而表现为首日收盘价不能反映企业的真实价值,而是受到换手率高低的显著影响。为了控制二级市场不成熟对实证研究结果的影响,本书将首日换手率也作为控制变量之一。

　　基于以上分析,本书提出假设 1c:中小企业板上市公司首日换手率越高,抑价越高。

二、关于风险资本影响抑价的实证假设

(一)对风险资本投资动机的分析

　　动机决定行动。当 VC 以投资目标为主时,会通过频繁的参与管理、日常监督以及积极地提供各种形式的增值服务等形式对企业进行孵化。当市场机制较为健全时,VC 会更倾向于以投资

培育为目标,以保证长期盈利性。成熟的市场条件下,信息不对称程度较低,二级市场能够有效地反映公司真实价值,而且由于 VC 整体上发展成熟、声誉机制约束力较强,致使 VC 更加着眼于长期利益,所以 VC 的存在可以向市场传递认证信号,从而导致有 VC 持股企业抑价显著较低。

但情况相反时,结果也会发生变化。新兴市场条件下,包括法律、声誉在内的各项机制的不健全、VC 发展历史的短暂、股票市场的高度信息不对称等特征较为突出,信号传递系统有可能失灵。如果好的 VC 积极培育企业成长,却需要等待漫长的岁月,不仅承受着更高的失败风险,而且还面临证监会等机构的严格审核、IPO 节奏控制等阻碍,即便获得上市资格,却同样可能因为无法向市场传递更加有利的信息而遭遇冷板凳,或者即便受到投资者追捧,也无法确定是否可以获得高于差的 VC 投机性逐利的收益。此时,VC 很可能反其道而行之,市场就出现了逆向选择问题。既然短期投资可以获得丰厚的报酬,并更快建功立业,那么 VC 就失去了培育企业成长的动力。显然,这种情况是不利于中小创业企业和股票市场发展的,不仅会形成投机风气,还会加大 IPO 公司股票的波动性,破坏市场正常的投资秩序。

(二)风险资本投资动机与特征的关系分析

通过分析 VC 投资的特征,如持股时间、持股比例以及是否参与管理等,可以更好地推断 VC 的投资动机。而且借助对 VC 特征的描述,可以推断 VC 持股可能对企业抑价及后市走向的影响。根据理论分析,当 VC 投机性强时,往往表现出参与管理较少,投资到上市时间较短,持股比例相对较低等特征。而当 VC 以培育企业成长为目的时,往往积极参与企业管理,更多地投资于企业发展的早期阶段,持股比例也相应较高。

（三）VC 持股对 IPO 抑价影响的研究假设

本书模型推理认为，风险资本在具有投资理念、持股并改善企业业绩的前提下，会倾向于在市场中发挥认证作用，从而降低抑价。但当 VC 投机性强时，反而会增加抑价。尽管 VC 更多地投资于高科技企业，但 VC 平均持股时间较短且绝大多数为有限责任公司，结合前面相关描述和对比分析后，笔者认为 VC 很难发挥培育企业成长的作用，更多的投资行为是出于短期逐利的特征。同时，作为发行人之一的 VC，受限于证券法规的约束，在发行后的一段时间里需要锁定股票（一般为一年，自愿锁定案例很少），与其他发行人一样希望成功上市——既可以借此增加声誉，又可以借此实现高收益退出。

不过，相对来讲，我国现阶段声誉机制并没有形成太大的约束力。例如，并没有针对 VC 退出后企业业绩下滑的专门审核，甚至相关的追踪报道也很罕见。考虑到市场的高度信息不对称状况，VC 有可能牺牲其他发行人利益，在定价时有意抑价，并通过后市运作实现高价退出。毕竟，创业者或者大股东的持股锁定期一般要长达三年。时间越长，持股风险也就越大。作为创业者的发行人对 IPO 规则并不熟悉，而 VC 则不同，他们往往与承销商、证券分析师以及其他中介机构是"熟客"，他们之间具有更密切的关系。VC 可以为企业积极寻找上市机会和得力的中介机构，同时也会努力说服创业者上市。但为了达到上市和建立业绩、拉拢承销商等目的，很可能更愿意抑价发行。尤其是，当前我国多数 VC 投资目的就是为了短期获利，PE 化倾向非常明显。根据对 VC 持股比例、是否参与管理、股权结构等因素的分析推断，我国目前投资于中小企业板的 VC 倾向于短期持股，更多地注重短期投资业绩。这种状况使 VC 无法发挥认证作用，甚至传递风险信息。

基于以上分析,本书提出假设 2:相对于无 VC 企业,VC 持股企业抑价较高。

根据 VC 抑价模型可知,VC 通过影响企业质量和信息搜集成本作用于抑价。当 VC 为了逐利而选择突击入股时,就很难为企业带来增值。VC 的投资时间、参与管理情况是需要在招股说明书中披露的,对于机构投资者来说属于公开信息。但 VC 是否帮助企业包装以及是否与承销商之间存在密切关系等信息是无法直接获得的,需要额外搜集信息。相对于一般发行人来讲,VC 在上市时更有经验和能力通过与承销商的合作达到上市的目的。毕竟,作为不断投资并将项目推向市场的 VC 总是能为承销商带来更多的收益机会,而承销商也能够在 VC 后续退出中提供帮助。所以 VC 突击入股行为很可能向机构投资者传递了更多的不确定性,从而增加信息搜集成本。考虑到 VC 上市后短期内退出的情况,外部投资者对发行人的质量好坏的评判会进一步打折扣。因此,VC 的存在会增加信息搜集成本,降低企业高质量的概率,从而增加抑价。

VC 的存在是否会降低高质量发行人的质量分布预期,无法找到数据通过实证直接验证。前面分析已经论证了以超额认购倍数作为信息搜集成本的代理变量的合理性,按照 VC 抑价模型可知,当有 VC 时,信息搜集成本更高,所以对抑价的影响会更加显著。

基于以上分析,本书提出假设 2a:相对于无 VC 企业,有 VC 企业的网下超额认购倍数对抑价的影响更显著。

同前,在分析 VC 持股对抑价的影响时,本书也对上市时间间隔进行控制。考虑到 VC 持股企业信息不对称程度较高的假设,投资者对有 VC 持股企业的上市时间间隔变化会更加敏感。

由于 VC 突击入股且急于退出获利,如果企业质量较好,那么不考虑市场择时因素影响的话,新股发行成功后,有 VC 企业便会积极安排上市活动,而不会拖延时间。反之,如果 VC 持股企业上市准备时间较长,很可能向市场传递更大的不确定性信息。因此推断,有 VC 持股企业上市时间间隔对抑价的影响会更加敏感。

基于以上分析,本书提出假设 2b:与无 VC 企业相比,有 VC 企业的上市时间间隔对抑价的影响更显著。

前面分析说明,中小企业板市场并非有效市场,如于栋(2003)等认为我国股市投资者存在非理性行为。按照对 VC 抑价模型的分析,当市场非理性时,可能会导致抑价(以首日收盘价作为真实价值代理变量时)虚高。当市场非理性时,VC 的投机性逐利信号会传导至二级市场,会加大与无 VC 企业抑价的差异。由于样本期间分布在 2006—2010 年,相对股市低迷时期较长,因此,可以假设新股发行市场是理性的。在理性的新兴市场条件下,不确定性会影响二级市场投资者的交易热情。结合前面 VC 突击入股传递信息不对称信息的分析推测,二级市场投资者对 VC 持股企业的交易热情会相对较低。

基于以上分析,本书提出假设 2c:以首日换手率作为代表代理变量,与无 VC 企业相比,有 VC 企业的首日换手率对抑价的影响作用较弱。

三、其他变量与抑价、VC 关系的实证假设

(一)公司业绩与抑价关系的假设

按照本书模型的推导,高质量发行人的抑价会更低。汪宜霞(2008)则提出,发行前公司业绩较好意味着公司质量较好,同时

也表明公司的抑价程度较低,即公司质量与抑价程度负相关。但是,业绩好的公司在发行新股时能否获得好的发行价格,不仅取决于外部投资者对信息不对称程度的判断,也取决于公司的保留价格。如果业绩好的公司正处于快速成长期,急需扩张资金,那么很可能会降低询价下限。Van Frederikslust 和 Van der Geest(2004)指出研究一般假设公司在 IPO 前销售收入的真实增长会持续到上市后。这暗示,业绩好的企业发展前景也好,或者说,未来盈利能力也更强。按照基本抑价模型的推理,企业质量越高,相应的抑价会越低。

理论与背景分析表明,我国 VC 在 IPO 时是投机性逐利的。这决定了尽管以短期内退出为目的,但为了降低上市风险,VC在选择企业时也会对企业发展潜力进行筛选评估。这种筛选并不能向市场传递认证信息,因为 VC 投资时间较短、提供的增值服务较少,但一般来说也不会选择那些发展前景暗淡的企业。结合现有研究成果(谈毅、陆海天和高大胜;黄福广和李西文,2009 等)和 VC 抑价模型推断,VC 对企业业绩无显著影响,但由于 VC 的投机性会增加机构投资者申购风险,因此在其他条件不变的条件下,即便与无 VC 企业业绩相同,抑价表现也可能更加敏感。

基于以上分析,本书提出假设 3:中小企业板上市公司的业绩越差,抑价越高;VC 持股会增强业绩对抑价影响的敏感性。

(二)市场条件与抑价关系的假设

基本抑价模型拓展分析指出,当发行人预期融资需求迫切、市场投资者需求有限时,会对发行价格做出更大的让步。即当市场新股供应量大,需求量相对较小时,抑价会更高。这与我国部分学者提出的观点是一致的,如田利辉(2010)认为,由于新股信息变动带来需求扩张,在发行到上市期间存在的供给刚性使得二级市场的出清价格与一级市场的出清价格存在显著差异。

长期以来,我国政府对 IPO 节奏的控制和对发行人上市的严格审核,造成了新股发行供需相对失衡,从而呈现出高抑价现象。一般来说,当股市处于牛市时,拟上市企业可以借机获得更多的投资机会,因此在发行时保留价格会有所降低,从而增加抑价,而当市场低迷时,企业的投资积极性也会降低,从而 IPO 融资时会要求更高的保留价格,此时抑价反而会降低。当二级市场不成熟时,首日收盘价还会因二级市场投资者的过度乐观而上扬,从而导致抑价进一步提高,而当市场处于熊市时,即便供应量不增加,需求的减少也会影响二级市场投资者购买新股的热情,从而首日收盘价会较低,极端的还会出现"首日破发"现象。

按照 Latham 和 Braun(2010),唐运舒和谈毅(2008)等对 VC 择时现象的分析,由于 VC 关心的是退出利益而并非企业发行收益,或者考虑到自身的认证功能,与无 VC 企业相比,VC 持股企业择时现象较少。但是,这一现象并不适合解释我国 VC 持股企业的择时现象。根据 VC 抑价模型及其拓展分析推断,当投机性逐利 VC 持股企业较多时,会降低外部投资者对发行人高质量的概率估计,从而增加抑价;反之,则会降低抑价。市场状况越好,VC 突击入股的获利空间则更大,而市场处于低谷时,VC 逐利空间则会缩小。因此,相对于无 VC 企业,对于以投机性逐利为目标的 VC 持股企业而言,市场状况好坏对抑价的影响更为敏感。不过,考虑到我国 IPO 节奏基本上是由政府控制,VC 在 IPO 时择时的可能性微乎其微。

基于以上分析,本书提出假设 4:中小企业板市场状况越好,IPO 抑价水平越高;市场状况越差,IPO 抑价水平越低;VC 持股对市场状况与抑价之间关系的影响不显著。

(三)发行费率与抑价的关系假设

基本抑价模型分析表明,承销费率与抑价呈负相关关系。基本抑价模型以发行人与外部投资者之间的信息不对称为主要研究对象,但考虑到承销商在 IPO 过程中的作用,还是对与承销商密切相关的承销费率进行了分析。模型认为,当市场存在信息不对称时,承销费率高低可以向市场传递质量信号,从而影响抑价水平。发行人质量越高,越希望借助高质量承销商增加发行收入,同时降低发行失败风险,同时也越有能力承担昂贵的承销费用。由于承销费用数据较难取得,而发行费用中承销费率占主要部分,因此本书以发行费率作为承销费率的代理变量(发行费率等于发行费用除以发行收入的值,以 rissf 表示)。

在我国,IPO 市场初建,加上投机色彩浓重的 VC 普遍较为年轻,与 VC 相互勾结的可能还不大。但不能否定,VC 会利用社会网络关系和后续合作增加与承销商的谈判筹码,此时 VC 有可能帮助企业降低承销费用;但反过来考虑,为了尽早实现超额回报,VC 也有动机在谈判中不惜以抬高承销费率来拉拢承销商。作为理性的经济人,机构投资者会充分考虑 VC 与承销商合作关系可能带来的风险,从而影响 IPO 抑价。当机构投资者认为 VC 持股企业质量高时,高发行费率会传递高质量信号,从而进一步增加机构投资者对发行人的估值,降低抑价;相反,机构投资者则会进一步降低报价,从而增加发行人抑价。简单说,VC 的存在会扩大发行费率对 IPO 抑价的影响。

基于以上分析,本书提出假设 5:在我国中小企业板,发行费率与抑价负相关;VC 的存在,会增加发行费率对抑价的影响力度。

此外,根据以往研究对 IPO 抑价影响因素的分析,本书还控制了发行市盈率、公司年龄、资产负债率、承销商声誉等相关变量。

第二节　IPO 抑价、VC 与其他
变量的相关性分析

相关性分析是研究随机变量之间的统计分析方法。一般来说，当两个连续变量间呈线性相关时，使用 Pearson 积差相关系数；当不满足积差相关分析的适用条件时，使用 Spearman 秩相关系数来分析。Spearman 相关系数，又称秩相关系数，是利用两变量的秩次大小作线性相关分析，对原始变量的分布不作要求，属于非参数统计方法，适用范围要广些。对于服从 Pearson 相关系数的数据亦可计算 Spearman 相关系数，但统计效能要低一些。Pearson 相关系数的计算公式可以完全套用 Spearman 相关系数计算公式，但公式中的 x 和 y 用相应的秩次代替即可。

一、Pearson 相关性检验

（一）抑价与相关变量的相关性分析

1.与抑价显著相关的非财务指标

公司年龄（5%）、营业收入（1%）、资产对数（1%）、询价天数（5%）、申购天数（1%）、发行市盈率（1%）、换手率（1%）、中签率（1%）、超额认购倍数（1%）、发行收入和发行费用（1%）与抑价呈显著相关关系。

公司成立时间越长，抑价越高，这一点与以往研究结论不符，还需进一步分析具体原因。企业规模越小，不确定性越大，信息不对称程度可能越高，因此抑价也越高。询价天数、申购天数越长，不确定性越高，抑价越高，与 Chen 等（2000）等研究类似。一般来说,发行市盈率越高,发行抑价应该越低(田利辉,2010;汪宜霞,2005;张小成,2009)。首日换手率可以用来衡量交易的活跃程度和市场对股票的需求状况——首日换手率越高,说明二级市场投资者需求越大,抑价越高(曾江洪和杨开发,2009)。超额认购倍数,为中签率的倒数,与抑价显著正相关,与中签率可以相互印证。首发募集资金规模与 IPO 抑价程度负相关(吴占宇、汪成豪和董纪昌,2009),本书结果对此给予了支持。Beatty 和 Ritter(1986)认为,发行规模可以作为公司风险度量的一个代理指标,并且提出发行规模越小的公司,收益具有较大的不确定性。而发行费用的上升意味着发行成本的增加,发行人很可能以提高 IPO 定价的方式弥补损失,因此预期发行费用与 IPO 抑价负相关(张小成,2009),统计结果也支持了这一说法。

关于 VC,只有以深圳综指计算的抑价与 VC 是否持股具有正相关性,显著性为 10%,说明有 VC 持股企业抑价更高。

Beatty 和 Ritter,Carter 和 Manaster 等研究表明,声誉较高的承销商与低抑价相关。按照中国证券协会公布的证券承销商年度承销金额排名,将处于前二十名的承销商定义为高声誉的承销商,其余为低声誉承销商,并用哑变量测量(1 为高声誉,0 为低声誉)。与国外研究不同,本书并未发现承销商声誉和抑价之间存在显著的相关关系。这在一定程度上,证明我国承销商声誉在中小企业 IPO 过程中的影响力还有待提高。

2.与抑价显著相关的财务指标变量

每股盈余(1%)、每股现金流量(1%)、每股净资产(1%),资产负债率(5%)、营业收入增长率(1%),净资产收益增长率(10%)、总资产增长率(1%)、ROE(5%)、ROA(1%)、总资产周转率(10%)与抑价显著相关。这些财务指标涵盖了每股价值、资本结构、成长和扩张、盈利能力和营运能力的方方面面。但是,除了营业收入增长率、资产负债率与抑价正相关外,其他指标均与抑价负相关。总之,成长性较好和财务杠杆较高的企业抑价较高;而业绩较好、营运能力较强、每股价值较高的企业抑价较低。成长性越好(营业收入增长率)、资产负债率越高,则企业抑价越高,这可能源于成长性与高风险性往往同时相伴而生。但这一结果因抑价计算方式有别,因此不稳健。

（二）VC 与相关变量的相关性分析

1.与 VC 显著相关的非财务变量

是否高新(5%)、申报次数(5%)、发行市盈率(5%)、销售规模(5%)均与 VC 持股变量显著相关。与是否高新正相关和销售规模负相关关系说明,VC 持股更多的是营业规模较小的高科技企业。VC 持股企业申报次数显著较少,说明 VC 在推动企业上市包装过程中更好地发挥了指导作用。有 VC 企业发行市盈率显著较高,发行价格高固然是好事,但太高可能面临跌破发行价的风险,这对发行人和初级市场投资者来说都不利。原因可能是 VC 发挥了认证作用,也可能是市场对新股的期望过高,从而引发过度需求造成的。具体原因需要采用回归分析进一步解释。

2.与 VC 显著相关的财务变量

每股现金流量(5%)、流动资产占比(1%)、流动资产周转率(1%)、总资产周转率(10%)与 VC 显著相关。除了流动资产占比外,这些变量与 VC 均为负相关关系。相对来讲,有 VC 企业每股经营现金流量较低,可能是与高新技术企业发展前期销售尚未完全渗透市场、生产成本费用较高有关,所以这类企业风险相对也较高些。流动资产占总资产比例较高,长期资产比例较低,说明有

VC 持股企业的资产保持了更好的流动性。这可能与其投资偏好于高科技企业有关。有 VC 组的资产利用效率相对较高,流动资产和总资产变现能力都显著优于无 VC 组。但参考与其他指标的相关性来看,整体上 VC 对企业业绩的影响不大。

二、相关性的稳健分析

(一)Spearman 非参数检验

由于 VC 变量、承销商声誉为哑变量,在统计上采用 Pearson 相关检验可能不够准确,于是本书采用 Spearman 非参数检验方法对上述变量进行了重新检验。结果发现,各变量之间的相关性基本保持不变。不同的是,这种方法下,VC 与抑价之间的相关系数更加不显著了。限于篇幅和结果的相似性,笔者对 Spearman 统计结果未单独报告。

(二)重分组检验

为了保证上述分析更加准确可信,本书对 VC 持股分组进行了更细致的处理。由于在我国 VC 发展中存在 PE 化现象,因此,作笔者将无 VC 组进行了再分类,即将其按是否有 PE 或类似投资性质的公司归为一类,而将其他个人或法人持股企业归为一类。通过屏蔽 PE 类企业,再对比有无 VC 类企业各指标的差异性,并分析抑价、VC 与各指标间的相关性,得到的结论与前面分析基本一致。因此可以认为,前面的分析是稳健的。

(三)配对检验

为了进一步增强实证的说服力,笔者还对样本进行了分组配比。配对样本检验结果与前面析得出的结论基本一致。

表 5—1　相关分析结果——公司特征与发行特征与抑价相关性

变量	UPzc	UPsc	age	hitech	VC	listd	buyd	bookd	lott	undwr	ovby	list	PE	TO	lnproc	lnissf	lnce	lnsale	lnass
UPzc	1	1.000***	.091**	.043	.073*	.063	.518***	.114**	-.398***	-.010	.438***	-.003	-.303***	.227***	-.467***	.454***	-.003	-.239***	-.239***
UPsc		1	.098**	.045	.053	.112***	.537***	.182***	-.449***	-.031	.435***	-.012	-.383***	.169***	-.544***	.548***	.004	-.278***	-.277***
age			1	.069	-.006	.032	.139***	.083*	-.110**	.002	.063	.165***	-.162***	-.051	-.122***	-.136***	.017	.041	.133***
hitech				1	.109**	-.019	-.035	-.015	-.003	.001	.007	-.031	.031	.072*	-.086**	-.076	-.047	-.197***	-.188***
VC					1	-.054	-.032	-.055	.005	.020	.017	-.095**	.087*	-.002	.015	.044	.010	-.101**	-.054
listd						1	.108**	.125***	-.062	-.106**	.003	-.018	-.308***	-.197***	-.290***	-.341***	.080*	-.137***	-.131***
buyd							1	.227***	-.423***	.039	.477***	-.001	-.554***	.013	-.535***	-.562***	.113**	-.177***	-.172***
bookd								1	-.289***	-.048	.355***	-.045	-.352***	-.122***	-.276***	-.289***	.134***	-.031	-.034
lott									1	.082*	-.463***	-.021	.488***	-.110**	.636***	.653***	.023	.317***	.327***
undwr										1	.012	.031	.058	.015	.177***	.182***	.096**	.147***	.177***
ovby											1	.034	-.375***	.173***	-.463***	-.427***	-.020	-.212***	-.217***
list												1	-.061	.015	.011	-.020	.053	.056	.088*
PE													1	.112**	.570***	.657***	-.293***	.030	.034
TO														1	-.046	.004	-.161**	-.046	-.035

247

续表

变量	UP$_{zc}$	UP$_{sc}$	age	hitch	VC	listd	buyd	bookd	lot	undwr	ovby	list	PE	TO	Inproc	Inissf	Incc	Insale	Inass
Inproc	-.467***	-.544***	-.122**	-.086**	.015	-.290***	-.535***	-.276***	.636***	.177	-.463***	.011	.570***	-.046	1	.906***	.247***	.575***	.606***
Inissf	-.454***	-.548***	-.136**	-0.076	.044	-.341***	-.562***	-.289***	.653***	.182	-.427***	-.020	.657***	.004	.906***	1	.081	.468***	.499***
Incc	-.003	.004	.017	-.047	.010	.080	.113**	.134**	.023	.096**	-.020	.053	-.293***	-.161***	.247	.081*	1	.468***	.510***
Insale	-.239***	-.278***	.041	-.197***	-.101**	-.137***	-.177***	-.031	.317***	.147	-.212***	.056	.030	-.046	.575***	.468***	.468***	1	.843***
Inass	-.239***	-.277***	.133***	-.188	-.054	-.131**	-.172**	-.034	.327***	.177	-.217***	.088	.034	-.035	.606***	.499***	.510***	.843***	1

注：由于指标数据占篇幅较大，本书将小数点前的 0 省略列示；表 5-2 和表 5-3 与此相同。

表 5-2 相关系数统计结果——财务指标与抑价相关性

变量	UP$_{zc}$	UP$_{sc}$	EPS	NCF	BPS	lev	liqua	liquid	cuoasg	revsg	Opnesg	ROEsg	nassg	assg	gmp	nnp	ROE	ROA	invcto	accrto	liquao	fixto	tassto
UP$_{zc}$	1.000	.998	-.292	-.165**	-.243	.108**	.007	-.042	-.053	.188	.064	.082*	-.054	-.252***	.024	-.067	-.101**	-.137	-.049	-.008	-.061	-.050	-.074
UP$_{sc}$	.998	1.000	-.317	-.155**	-.280	.116**	-.007	-.059	-.054	.220	.060	.079*	-.051	-.292***	.026	-.072	-.104**	-.142	-.043	-.013	-.060	-.070	-.081*
EPS	-.292	-.317***	1.000	.486	.628	-.088*	.179**	.080*	.273**	.118	.305**	.141	.420***	.393***	.215	.324***	.639***	.507***	.012	.050	.053	.236	.156
NCF	-.165**	-.155**	.486	1.000	.411	.041	-.172**	-.040	.262	.002	.212	.247	.058	.100**	.059	.049	.227	.163	.193	.215	.247**	-.062	.127
BPS	-.243	-.280	.628	.411	1.000	-.084*	.023	-.036	.110**	-.119**	-.002	-.053	.061	.003	.031	.032	-.109**	-.043	.008	.029	-.063	-.001	-.087*
lev	.108**	.116**	-.088	.041	-.084	1.000	-.128**	-.197	.079	.188	.069	.173	-.129**	-.498***	-.517***	-.618***	-.076	-.655***	.099**	.149	.257	-.005	.133

续表

变量	UP_{zc}	UP_{sc}	EPS	NCF	BPS	lev	liqnia	liquid	epsgr	revgr	Opregr	ROEgr	nassgr	assgr	gmp	mmp	ROE	ROA	inveto	acerto	liquino	fnto	tassito
liqnia	.007	-.007	.179***	-.172**	.023	-.128*	1.000	.431***	.029	.107	.103	-.041	.264***	.297***	.063	.017	.207***	.224***	-.228***	-.338***	-.386***	.793***	.273***
liquid	-.042	-.059	.080*	-.040	-.036	-.197***	.431***	1.000	-.006	-.010	.111*	-.010	.104	.227***	-.036	-.070	.139*	.210***	.044	-.119	.012	.416***	.361***
epsgr	-.053	-.054	.273***	.262***	.110	.079*	.029	-.006	1.000	.253***	.679***	.673***	.283***	.121*	-.003	-.019	.278***	.151**	.023	.059	.126*	.102	.136*
revgr	.188***	.220***	.118*	.002	-.119*	.188***	.107	.010	.253***	1.000	.427***	.275***	.340***	-.029	-.025	-.041	.320***	.123*	.027	.088*	.155**	.178**	.221***
Opregr	.064	.060	.305***	.212***	-.002	.069	.103	.111*	.679***	.427***	1.000	.707***	.430***	.162**	.016	.047	.449***	.265***	.025	.115*	.167**	.179**	.235***
ROEgr	.082	.079*	.141*	.247***	-.053	.173**	-.041	-.010	.673***	.275***	.707***	1.000	.450***	.030	-.013	-.039	.230***	.087	-.030	.108*	.159**	.059	.148*
nassgr	-.054	-.051	.420***	.058	.061	-.129**	.264***	.104	.283***	.340***	.430***	.450***	1.000	.295***	.123*	.248***	.600***	.438***	-.103	.057	.049	.274***	.187**
assgr	-.252***	-.292***	.393***	.100**	.003	-.498***	.297***	.227***	.121*	-.029	.162**	.030	.295***	1.000	.347***	.458***	.489***	.694***	-.103	-.078	-.079	.325***	.168**
gmp	.024	.026	.324***	.059	.031	-.076	.063	-.036	-.003	-.025	.016	-.013	.123*	.347***	1.000	.827***	.250***	.515***	-.473***	-.254***	-.544***	-.167**	-.534***
mmp	-.067	-.072	.324***	.049	.032	-.618***	.017	-.070	.019	-.041	.047	-.039	.248***	.458***	.827***	1.000	.405***	.687***	-.394***	-.246***	-.532***	-.207***	-.544***
ROE	-.101*	-.104*	.639***	.227***	-.109*	-.655***	.207***	.139*	.278***	.320***	.449***	.087	.600***	.489***	.250***	.405***	1.000	.736***	.011	.098	.150**	.324***	.298***
ROA	-.137**	-.142**	.507***	.163**	-.043	.099*	.224***	.210***	.151**	.123*	.265***	.025	.438***	.694***	.515***	.687***	.736***	1.000	-.060	-.020	-.041	.235***	.146*
inveto	-.049	-.043	.012	.193***	.008	.099	-.228***	.044	.023	.027	.025	.108*	-.030	-.103	-.473***	-.394***	.011	-.060	1.000	.259***	.654***	.044	.486***
acerto	-.008	-.013	.050	.215***	.029	.149**	-.338***	-.119	.059	.088*	.115*	-.020	.057	-.078	-.254***	-.246***	.098	-.020	.259***	1.000	.605***	-.050	.317***
liquino	-.061	-.060	.053	.247***	-.063	.257***	-.386***	.012	.126*	.155**	.167**	.159**	.049	-.079	-.544***	-.532***	.150**	-.041	.654***	.605***	1.000	.055	.712***

续表

变量	UP_zc	UP_sc	EPS	NCF	BPS	lev	liquni	liquid	epsgr	revgr	Opregr	ROEgr	nassgr	assgr	grpgr	nnp	ROE	ROA	inveto	accrto	liquino	finto	tassto
finto	-.050	-.070	.236***	-.062	-.001	-.005	.793***	.416***	.102*	.178***	.179***	.059	.274***	.325***	-.167**	-.207***	.324***	.235***	.044	-.050	.055	1.000	.624***
tassto	-.074	-.081*	.156***	.127*	-.087*	.133*	.273***	.361***	.136***	.221***	.235***	.148***	.187***	.168***	-.534***	-.344***	.298***	.146***	.486***	.317***	.712***	.624***	1.000

表 5—3 相关性检验——VC 持股特征与抑价相关性

变量	UP_zc	UP_sc	invo	lock	ninv	pinv1	pinv2	hitec	VCha0	VChal	VCha1	VChl0	VChl1	VCorg	VCsls	VCtas	VCnas	VCnin	VCage	VCinv
UP_zc	1																			
UP_sc	.999***	1																		
invo	.291***	.302***	1																	
lock	.106	.087	-.018	1																
ninv	.239***	.235***	.510***	-.006	1															
pinv1	.248***	.253***	.495***	.009	.985***	1														
pinv2	.236***	.240***	.502***	.029	.978***	.992***	1													
hitec	.152*	.154*	-.077	.142*	.055	.052	.066	1												
VCha0	.112	.105	.259***	.067	.698***	.695***	.683***	.037	1											

续表

变量	UP$_{ac}$	UP$_{sc}$	invo	lock	nuinv	pinv1	pinv2	hitec	VCha0	VCh10	VCha1	VCh11	VCorg	VCgls	VCtas	VCnas	VCnin	VCage	VCinv
VCh10	.075	.078	.224***	.074	.575***	.579***	.578***	.030	.918***	1									
VCha1	.134	.126	.260***	.081	.693***	.691***	.680***	.024	.978***	.903***	1								
VCh11	.066	.069	.229***	.063	.573***	.572	.572	.024	.910***	.989***	.903***	1							
VCorg	-.107	-.113	.082	-.030	-.065	-.067	-.052	-.129	-.044	-.046	-.040	-.044	1						
VCgls	.147*	.190**	.134	-.003	.120	.102	.112	-.008	-.004	.016	-.036	-.036	-.102	1					
VCtas	-.078	-.083	-.282***	.141	-.122	-.118	-.118	.034	-.073	-.056	-.075	-.057	-.024	-.052	1				
VCnas	-.080	-.084	-.282***	.139	-.121	-.118	-.117	.033	-.074	-.057	-.076	-.058	-.024	-.051	1.000	1			
VCnin	.011	.012	.182	-.144	.022	.020	.017	.015	-.011	-.009	-.010	-.008	-.016	-.020	-.576***	-.574***	1		
VCage	.025	.030	.108	-.110	.103	.097	.085	-.013	.132	.072	.114	.060	-.134	.084	-.080	-.080	.041	1	
VCinv	.049	.051	.212*	-.151*	.290***	.282***	.261***	.206**	.406***	.362***	.351***	.352***	-.100	.052	-.051	-.053	.077	.300***	1

第三节　对分组样本的比较分析

一、中小企业特征的比较分析

(一)非财务指标的比较分析

非财务指标统计对比(见表5—4)说明,有 VC 企业与无 VC 企业在成立时间、发行规模和投资于高科技企业方面是有差异的。如果以这些指标代表信息不对称程度的话,可以得出有 VC 企业信息不对称程度更高的初步结论。

对比中小企业成立时间发现,有 VC 组略低于无 VC 组,但差异非常小。从发行规模来看,有 VC 组营业收入明显小于无 VC 组,差异在5%水平上显著;但资产总额却无显著差异,这可能与样本资产分布过于离散有关。总体上,有 VC 企业规模较小。这与 Franzke(2004)研究结论一致。统计结果显示,VC 更加青睐于高科技企业——有 VC 组企业投资于高新技术企业的概率远高于无 VC 组。

表5—4　中小企业特征对比

变量	分组	N	均值	标准差	均值标准误
age	无 VC 组	381	4.63	3.126	0.16
	有 VC 组	148	4.59	3.354	0.28
rev	无 VC 组	381	10.90 ***	0.91	0.05
	有 VC 组	148	10.70	0.83	0.07
ass	无 VC 组	381	10.92	0.77	0.04
	有 VC 组	148	10.83	0.70	0.06

续表

变量	分组	N	均值	标准差	均值标准误
hitch	无 VC 组	380	0.73	0.44	0.02
	有 VC 组	148	0.84***	0.37	0.03

注：*表示在10%水平上差异显著；**表示在5%的水平上差异显著；***表示在1%的
水平上差异显著。下同。

（二）财务指标的比较分析

1.每股指标的比较分析

分组样本统计结果（见表5—5）显示，无论有无 VC，每股指标
均有随时间增长的趋势，说明这些企业在上市前保持了良好的增
长势头。具体看，有 VC 组每股收益略高，每股经营现金流量较低
（上市前一年在5%水平上显著），而每股净资产差异无明显规律。
这意味着两组样本在企业每股价值上不存在显著差异。这一点与
本书提出的观点相符，即新兴市场条件下，VC 的短期逐利性驱使
他们选择那些拟上市企业突击入股，由于 VC 在投资前会严格筛
选投资对象，但参与管理程度低，因此在上市前 VC 持股企业质量
可能与无 VC 企业没有显著差异。

表5—5　每股指标对比结果

指标	分组	N	极小值	极大值	均值	标准差
EPS-3	无 VC 组	368	0.03	3.93	0.59	0.45
	有 VC 组	141	0.05	7.21	0.68	0.86
EPS-2	无 VC 组	375	0.1	4.77	0.62	0.4
	有 VC 组	146	0.2	5.9	0.63	0.55
EPS-1	无 VC 组	379	0.14	3.74	0.71	0.38
	有 VC 组	148	0.23	3.2	0.68	0.36

指标	分组	N	极小值	极大值	均值	标准差
CFPS-3	无VC组	364	-2.06	37.68	0.74	2.1
	有VC组	145	-2.75	7.88	0.6	1.0
CFPS-2	无VC组	374	-2.7	4.02	0.72	0.7
	有VC组	146	-0.56	7.6	0.64	0.75
CFPS-1	无VC组	367	-0.93	4.11	0.80***	0.64
	有VC组	146	-2.32	2.9	0.64	0.65
BPS-3	无VC组	227	0.38	49.1	2.32	3.37
	有VC组	99	0.85	12.12	2.17	1.69
BPS-2	无VC组	252	0.54	10.59	2.25	0.92
	有VC组	106	1.05	17.75	2.46	1.72
BPS-1	无VC组	355	1.14	10.02	2.75	1.09
	有VC组	138	1.2	7.16	2.76	1.09

2.成长性比较分析

从表5—6显示的结果分析,有VC组成长性略好于无VC组,但只有IPO前2年的净资产增长率和总资产增长率与无VC组有显著差异(1%),其他均不显著。而且,有VC组的个别指标,包括每股收益、净资产收益的增长还较为缓慢。这说明有VC持股企业前景并不比无VC组好。这进一步验证了VC投机性逐利的观点。

此外,从发展趋势看,拟上市企业的成长速度是有所减缓的。这也说明更多的企业开始从高成长走向成熟。而VC此时选择退出很可能是因为企业上市后的成长性预期不在满足其高回报的特征。这表示,即便VC投资期较长、参与管理程度较高,其自身对高回报的要求也会向投资者传递项目质量信息——IPO融资项目的盈利能力可能会有所降低。这与 VC 抑价模型提出的 VC 影响投资项目质量的观点是一致的。

表 5—6　成长性对比结果

变量	分组	N	极小值	极大值	均值	标准差
EPSgt-2	无 VC 组	368	-87.92	500	24.67	71.07
	有 VC 组	141	-88.56	404.58	20.38	63.11
EPSgt-1	无 VC 组	375	-87.21	772.22	25.85	66.56
	有 VC 组	146	-88.31	189.19	21.17	37.91
revgt-2	无 VC 组	381	-29.78	156.8	32.52	28.39
	有 VC 组	148	-13.4	188.64	36.05	30.51
revgt-1	无 VC 组	381	-35.75	411.03	23.61	35.55
	有 VC 组	148	-30.89	202.71	23.9	29.38
oprgt-2	无 VC 组	381	-79.86	937.77	43.86	88.15
	有 VC 组	148	-76.1	4145.22	68.92	344.47
oprgt-1	无 VC 组	381	-68.84	1492.79	41.49	101.89
	有 VC 组	148	-21.46	5047.43	67.19	414.36
incgt-2	无 VC 组	381	-74.81	954.75	42.18	82.24
	有 VC 组	148	-74.31	5347.43	76.57	441.09
incgt-1	无 VC 组	381	-62.92	1396.1	41.31	98.2
	有 VC 组	148	-24.21	5746.88	73.46	471.27
ROEgt-2	无 VC 组	381	-73.17	356.53	5.59	49.99
	有 VC 组	148	-72.98	403.27	-1.02	48.7
ROEgt-1	无 VC 组	381	-77.99	359.86	3.05	40.04
	有 VC 组	148	-71.95	84.88	0.22	24.38
nagt-2	无 VC 组	381	-32.39	326.99	36.25[***]	33.7
	有 VC 组	148	-16.2	552.09	48.98	61.19

变量	分组	N	极小值	极大值	均值	标准差
nagt-1	无 VC 组	381	-10.24	473.92	36.01	42.2
	有 VC 组	148	-22.89	382.87	37.22	45.23
asgt-2	无 VC 组	381	-37.56	218.01	28.75***	29.82
	有 VC 组	148	-14.49	272.44	34.93	34.08
asgt-1	无 VC 组	381	-24.06	267.88	27.8	27.59
	有 VC 组	148	-31.04	192.01	27.3	25.65

3.盈利性的比较分析

表 5—7 显示,与无 VC 组相比,有 VC 组销售毛利率、销售净利率均较高,但两组差异只在少数情况下显著;分析更具有说服力的盈利指标净资产收益率(ROE)和总资产收益率(ROA)时,两组差异变得更小。这说明,有 VC 企业的盈利能力并不比无 VC 企业强,这进一步支持了 VC 投机性逐利的观点。

从时间发展看,两组企业的净资产收益率随着时间变化均略有下降,总资产收益率却保持上升趋势,这可能是源于 IPO 前的企业净资产增加较多而总资产增长相对较慢的原因。具体分析发现,平均来看有 VC 组总资产收益率增长略少些,但并不显著。结合成长性分析可以认为,VC 持股并没有提高企业业绩。

表 5—7　盈利性对比结果

变量	分组	N	极小值	极大值	均值	标准差
gpm-3	无 VC 组	381	2.82	94.3	29.33***	15.62
	有 VC 组	148	7.6	80.88	32.36	16.72

续表

变量	分组	N	极小值	极大值	均值	标准差
gpm-2	无 VC 组	381	3.26	95.58	29.86	15.46
	有 VC 组	148	8.11	86.76	31.59	16.1
gpm-1	无 VC 组	381	4.89	96.3	31	15.71
	有 VC 组	148	7.12	84.79	32.17	15.6
npm-3	无 VC 组	381	0.8	59.63	12.70***	8.42
	有 VC 组	148	1.96	46.49	14.88	9.87
npm-2	无 VC 组	381	0.96	51.63	12.64***	8.12
	有 VC 组	148	2.19	50.96	14.29	9.65
npm-1	无 VC 组	381	1.75	45.91	13.43	8.12
	有 VC 组	148	1.87	44.12	14.72	8.68
ROE-3	无 VC 组	292	4.08	111.11	30.87	14.57
	有 VC 组	122	3.62	84.54	31.65	14.77
ROE-2	无 VC 组	381	2.22	92.11	30.26	12.44
	有 VC 组	148	6.39	92.21	30.69	13.64
ROE-1	无 VC 组	381	3.09	117.88	29.44	12.57
	有 VC 组	148	7.44	67	28.48	10.58
ROA-3	无 VC 组	292	0.89	54.03	12.97	7.46
	有 VC 组	122	1.45	53.85	13.16	8.68
ROA-2	无 VC 组	381	1.13	59.66	13.54	7.53
	有 VC 组	148	2.97	51.48	13.88	7.99
ROA-1	无 VC 组	381	1.85	82.74	13.94	8.16
	有 VC 组	148	3.07	34.92	13.43	5.97

4.营运能力的比较分析

统计结果说明(见表5—8),整体上有 VC 组营运能力略低于无 VC 组,但无显著差异。与前面指标比较结果不同,有 VC 组的营运能力与无 VC 组具体比较结果较为复杂。这可能与 VC 选择企业的行业特征有关。结合行业分布分析可知,VC 更多地选择了那些高科技领域的行业,而这些行业固定资产占比较低、存货较少,因此相对来讲有 VC 组存货变现情况更好,但更宽松的赊销政策导致其流动资产利用率却明显偏低。从总资产周转状况比较,VC 持股企业总资产利用率较低,但与无 VC 组差异的显著性降低(仅为 10%)。综合来看,这主要是因为 VC 持股企业流动资产占比较高、应收账款周转率较低导致的流动资产周转率较低,进而影响了总资产利用率。

表 5—8 营运能力对比结果

变量	分组	N	极小值	极大值	均值	标准差
invto-3	无 VC 组	373	0.29	91.27	6.94	9.64
	有 VC 组	144	0.28	72.02	5.87	7.80
invto-2	无 VC 组	374	0.28	69.26	7.28**	9.23
	有 VC 组	144	0.31	56.8	5.78	6.58
invto-1	无 VC 组	374	0.14	90.26	7.19**	9.76
	有 VC 组	144	0.34	56.14	5.44	6.07
accto-3	无 VC 组	142	0.29	83.24	8.66***	10.69
	有 VC 组	504	0.29	281.35	12.67	23.78
accto-2	无 VC 组	144	0.31	92.27	9.15***	10.65
	有 VC 组	517	0.31	275.59	13.34	24.27
accto-1	无 VC 组	144	0.41	139.41	9.50***	15.19
	有 VC 组	517	0.41	344.98	14.68	32.07
liqto-3	无 VC 组	122	0.08	7.57	1.70***	0.99
	有 VC 组	413	0.08	7.57	1.9	1.00

续表

变量	分组	N	极小值	极大值	均值	标准差
liqto-2	无 VC 组	148	0.07	6.59	1.82***	0.98
	有 VC 组	529	0.07	7.32	2.07	1.05
liqto-1	无 VC 组	148	0.08	6.75	1.72***	0.88
	有 VC 组	529	0.08	12.08	1.98	1.06
Tato-3	无 VC 组	130	0.08	4.43	1.14*	0.67
	有 VC 组	451	0.08	9.02	1.25	0.79
Tato-2	无 VC 组	148	0.07	4.36	1.15*	0.60
	有 VC 组	529	0.07	6.37	1.23	0.67
Tato-1	无 VC 组	148	0.08	4.09	1.09*	0.58
	有 VC 组	529	0.08	10.22	1.18	0.72

5.资本结构的比较分析

总体上看(见表5—9),有 VC 组与无 VC 组的资本结构差异不大,均显示出流动负债占比较重、流动资产占比较高的特征。相对于无 VC 组,有 VC 组企业资产负债率偏低,但差距甚微。两组企业的流动负债占比也基本持平。有 VC 组只有流动资产占比显著高于无 VC 组,这可能与 VC 更多地投资于高科技企业有关。如前所述,通常高科技企业更多地以科技研发为主,相对固定资产占比较低,流动资产所占份额自然偏高。中小企业资本结构对比结果表明,无论是否有 VC 持股,拟上市企业的资本结构都不尽合理,但随着时间的推移,两组资本结构状况均略有改善。这也可能是由于中小企业处于高速增长期的原因所致。

表5—9　资本结构比较结果

变量	分组	N	极小值	极大值	均值	标准差
lev-3	无 VC 组	381	14.05	89.61	55.87	14.82
	有 VC 组	148	16.79	93.34	56.00	14.32
lev-2	无 VC 组	381	15.98	86.77	53.88	14.11
	有 VC 组	148	6.25	95.71	53.25	13.76
lev-1	无 VC 组	381	15.01	88.90	51.34	15.27
	有 VC 组	148	9.26	94.28	50.87	13.95
liqud-3	无 VC 组	381	11.66	100.00	89.97	15.31
	有 VC 组	148	42.43	100.00	90.15	13.08
liqud-2	无 VC 组	381	5.93	100.00	88.84	15.66
	有 VC 组	148	30.27	100.00	88.62	14.29
liqud-1	无 VC 组	381	18.69	100.00	87.91	15.78
	有 VC 组	148	38.97	100.00	88.63	13.10
liqua-3	无 VC 组	381	12.24	99.36	61.58***	18.25
	有 VC 组	148	9.71	98.63	67.74	18.77
liqua-2	无 VC 组	381	4.48	99.42	60.80***	18.39
	有 VC 组	148	18.74	98.82	65.98	17.66
liqua-1	无 VC 组	381	5.46	99.60	61.21***	18.07
	有 VC 组	148	21.12	98.92	66.08	17.09

二、发行特征的比较分析

（一）筹备与承销状况的比较分析

对比发现（见表5—10），两组数据在上市期、申购期、询价期上均无显著差异，相对来讲有 VC 组效率更高些。有 VC 组申报次数显著小于无 VC 组（1%水平上显著），这有可能是 VC 在 IPO 过程中发挥了网络关系和专业优势作用的结果。但市盈率却区别显著,有 VC 组企业发行市盈率明显偏高。一方面,说明市场对有 VC 组企业估值较高,另一方面,也说明可能购入有 VC 股的风险更高。

表 5—10　筹备与承销状况比较结果

变量	分组	N	均值	标准差	均值标准误
lisd	无 VC 组	381	13.00	3.18	0.16
	有 VC 组	148	12.63	2.94	0.24
byd	无 VC 组	351	1.75	1.03	0.06
	有 VC 组	140	1.68	1.108	0.09
bkd	无 VC 组	352	3.97	1.85	0.1
	有 VC 组	140	3.76	1.191	0.1
tapl	无 VC 组	381	1.13 ***	0.36	0.02
	有 VC 组	148	1.06	0.24	0.02
发行 PE	无 VC 组	381	37.60 ***	17.47	0.89
	有 VC 组	148	41.01	17.48	1.44

(二)申购特征的比较分析

总体上看(见表 5—11),有 VC 组募集资金数额较低,且发行费用率偏高。可以算出,有 VC 组的发行费率为 4.83%,而无 VC 组仅为 4.28%。这也表示,有可能 VC 在上市前为企业引荐承销商,并为了后续退出在谈判时倾向于对承销商让步。或者,承销商对于 VC 突击入股谋取暴利的现象了然于胸,因此会在上市过程提出更高的要求。进一步统计发现,实际募集资金数额平均为 46540.58 万元,比无 VC 组募集资金少了 12541.31 万元,约 26.95%。不过,募资区别并不显著。

表 5—11　申购特征比较结果

变量	分组	N	均值	标准差	均值标准误
lott	无 VC 组	381	0.41	0.46	0.02
	有 VC 组	148	0.43	0.49	0.04
lottd	无 VC 组	351	1.42	1.94	.16
	有 VC 组	140	1.48	2.08	.11
ovb	无 VC 组	341	715.03	1036.19	56.11
	有 VC 组	138	722.74	971.58	82.71
ovbd	无 VC 组	351	140.05	99.46	5.31
	有 VC 组	140	151.30	107.20	9.06
proc	无 VC 组	381	63344.28	61462.92	3148.84
	有 VC 组	148	63428.91	48563.00	3991.85
issf	无 VC 组	381	3461.81	2631.66	134.82
	有 VC 组	148	3678.37	2345.46	192.79

从认购情况分析,有 VC 组中签率偏高,其中网下中签率也偏高,但与无 VC 组相比均无显著差异。有 VC 组超额认购倍数较高与网下超额认购倍数均较高,但与无 VC 组无显著差异。如果以超额认购倍数衡量发行人与投资者之间的信息不对称程度,那么可以初步推断有 VC 企业信息不对称程度更高。

(三)首日表现的比较分析

表 5—12　首日表现比较结果

变量	VC	N	均值	标准差	均值标准误
P_0	无 VC 组	381	18.63	14.26	0.73
	有 VC 组	148	18.79	10.68	0.88

续表

变量	VC	N	均值	标准差	均值标准误
P_{1o}	无 VC 组	381	30.29	18.99	0.97
	有 VC 组	148	32.72	17.54	1.44
P_{1c}	无 VC 组	381	31.12	19.41	0.99
	有 VC 组	148	33.32	17.69	1.45
P_{1a}	无 VC 组	381	30.68	19.28	0.99
	有 VC 组	148	33.11	17.63	1.45
TO	无 VC 组	381	71.98	13.29	0.68
	有 VC 组	148	71.92	13.01	1.07

对比发现(见表5—12),首日上市表现变量中只有开盘涨跌幅和首日均价涨跌幅在两组间存在微弱显著差异。有 VC 组首日开盘价、首日收盘价和成交均价、首日收盘涨跌幅都相对高于无 VC 组,但差异并不显著,尤其是发行价格高低非常接近。这说明不考虑其他因素影响时,VC 持股对发行定价的影响不大。或者说,单独分析 VC 对发行价格乃至收盘价格的影响均不显著。进一步,首日换手率对比也表明 VC 对收益交易流动性影响较小。这说明,当不考虑其他因素时,首日换手率不因 VC 是否持股而有所区别。

三、抑价的分组描述与配对分析

(一)分组描述分析

从分组样本统计结果看(见表5—13),无论抑价采用何种方式计量,有 VC 组与无 VC 组的抑价水平都处于较高水平——尽管无 VC 组抑价较低,但也都在80%以上。而且,两组抑价的标准差均较大,说明不同样本抑价之间的差异较大。独立样本 T 检验结果表明,有无 VC 持股企业的抑价差异显著性较低,仅有 UP_{so} 在 10%水平上显著。这一结果与理论和特征分析推断结果是有出入的。

表 5—13 抑价的分组描述结果

分组与变量		UP_{zc}	UP_{sc}	UP_{zo}	UP_{so}	UP_c	UP_o
无VC组	N	326	326	326	326	326	326
	极小值	3.00	1.00	−1.00	−398.00	0.00	0.00
	极大值	376.00	379.00	383.00	382.00	381.00	385.00
	均值	92.68	92.45	87.57	84.73	94.03	87.59
	标准差	78.12	78.56	76.70	79.99	80.09	76.97
有VC组	N	130	130	130	130	130	130
	极小值	4.00	1.00	−2.00	−4.00	0.00	−1.00
	极大值	419.00	423.00	470.00	470.00	428.00	472.00
	均值	106.16	105.92	102.27	101.59	106.65	102.34
	标准差	99.86	100.53	99.29	98.33	101.67	99.58

(二)配对检验分析

考虑到抑价指标受到行业和发行规模的影响较大,本书借鉴 Megginson 和 Weiss(1991)的方法,对样本按照行业和发行规模进行排序匹配,然后对两组抑价进行配对检验。结果发现(见表 5—14),配对后两组样本抑价差异的显著性水平明显提高了,表现为有 VC 组抑价高于无 VC 组。这说明,剔除行业和发行规模因素后,对比结果与前面理论推理是一致的。

表 5—14　配对比较结果

分组与变量		UP_{zc}	UP_{sc}	UP_{zo}	UP_{so}	UP_{c}	UP_{o}
无 VC 组	N	105	105	105	105	105	105
	极小值	3.00	1.00	0.00	−398.00	1.00	1.00
	极大值	295.00	293.00	294.00	296.00	292.00	290.00
	均值	89.90	89.82	84.66	77.10	92.88	84.27
	标准差	71.44	71.98	66.53	80.20	73.10	66.40
有 VC 组	N	105	105	105	105	105	105
	极小值	4.00	1.00	−2.00	−4.00	0.00	−1.00
	极大值	418.00	414.00	470.00	470.00	415.00	472.00
	均值	111.17^{*}	111.07^{*}	107.26^{*}	106.04^{**}	112.50	107.50^{**}
	标准差	100.62	101.25	100.72	99.89	102.02	100.92

第四节　多元回归分析

一、模型设计

(一)基本回归模型的设计

本书分别采用经深证综指调整的抑价和经中小板综指调整的抑价两个指标作为因变量,将影响抑价的信息不对称因素作为自变量,并将其他与抑价显著相关的变量以及年度和行业作为控制变量,进行多元回归分析。由于抑价分布具有较强的非正态性,因此对其取自然对数。回归模型如下:

$$lnup_{zc} = \alpha + \beta_i indvar + \varepsilon \qquad lnup_{zc} = \alpha + \beta_i indvar + \beta_j contvar + \varepsilon$$

$$(公式 5—1)$$

$$\text{lnup}_{sc} = \alpha + \beta_i \text{indvar} + \varepsilon \qquad \text{lnup}_{sc} = \alpha + \beta_i \text{indvar} + \beta_j \text{contvar} + \varepsilon$$

（公式 5—2）

（公式 5—3）

$$\text{lnup}_{zc} = \alpha + \beta_i \text{indvar} + \varepsilon \qquad （公式 5—4）$$

其中，α 为常数项，β_i 为第 i 个自变量回归系数，β_j 为第 j 个控制变量的回归系数，ε 为误差项。自变量包含前面分析的所有代理公司特征（不含 VC 是否持股）、发行特征的变量和财务指标。

（二）VC 影响抑价模型的设计

模型推导证明，VC 在以培育企业为目标并切实履行了参与经营管理、提供增值服务的责任后，会有效降低抑价；而如果是以短期投资为主，投机色彩浓重，则不利于发行人降低发行成本，就会显示更高的抑价。而结合对我国投资于中小企业的 VC 特征分析，可以得出我国 VC 更倾向于短期逐利的推论。模型推导也证明，VC 是通过自身投资行为和影响发行人与外部投资者之间的信息不对称关系从而影响抑价的。因此，本书将分别有 VC 样本和无 VC 样对上述方程进行重新检验，以验证 VC 影响抑价的假设。

$$\text{lnup}_{zc} = \alpha + \beta_1 \text{VC} + \beta_i \text{contvar}_1 + \varepsilon \qquad （公式 5—5）$$

$$\text{lnup}_{zc} = \alpha + \beta_1 \text{VC} + \beta_i \text{contvar}_1 + \beta_j \text{contvar}_2 + \varepsilon \qquad （公式 5—6）$$

$$\text{lnup}_{sc} = \alpha + \beta_1 \text{VC} + \beta_i \text{contvar}_1 + \varepsilon \qquad （公式 5—7）$$

$$\text{lnup}_{sc} = \alpha + \beta_1 \text{VC} + \beta_i \text{contvar}_1 + \beta_j \text{contvar}_2 + \varepsilon \qquad （公式 5—8）$$

按分层回归的判断规则，如果分层回归结果显示，回归方程的拟合度无显著变化，那么证明 VC 持股没有对抑价产生影响；如果有显著变化，则可以通过系数显著性变化判断 VC 通过影响哪些因素来影响抑价水平。

二、多元回归方法的选择与操作步骤

（一）多元回归方法的选择

1.逐步回归法

本书分析的变量较多,但这些变量间有许多存在显著的相关性,直接放在一起回归会发生多重共线性问题。为了消除这一影响,本书采用逐步回归法。

逐步回归法的基本思想是,首先,从当前选择的全部自变量中,找出对偏回归平方和贡献最大的变量,用方差比较进行显著性检验的办法,判断是否选入回归方程;然后,在选入的变量中,选择偏回归平方和贡献最小的变量,用方差比进行显著性检验的办法,判断是否有必要从回归方程中剔除。经过反复的选入和剔除,方程中剩余的变量拟合度最优——增减变量都会减弱方程的解释力。

利用逐步回归法建立的方程有两个优点:第一,在方程中包含尽可能多的自变量,特别是包含那些对因变量 y 有显著作用的自变量;第二,为了使方程更加有效和方便,最终方程中不包含不必要的自变量,即那些对 y 作用不显著的自变量(边重,1983)。

2.分层回归方法

结合 VC 抑价模型推导和对 VC 作用的分析,本书选用分组回归方法,对 VC 作用于抑价的机理进行检验。模型推导过程显示,VC 并不直接作用于抑价,而是通过投资企业特征和自身特征间接作用于抑价形成过程。按照温忠麟、侯杰泰和张雷(2005)对调节变量和中介变量的分析和界定,本书拟将 VC 作为方程的调节变量,并采用他们对调节效应检验的建议,对模型进行分组,然后利用 SPSS17.0 软件采用分层回归方法对样本进行检验。

（二）回归操作步骤

本书分别将与两种经不同市场指数调整的抑价（因变量）显著相关的自变量纳入方程，利用 SPSS17.0 进行回归分析。具体步骤如下：

第一步，不考虑年度、行业控制变量，将与因变量显著相关的自变量纳入回归方程，对全样本运行逐步回归。根据逐步回归分析结果，检查排除变量中是否存在显著性在 10% 以内的变量，如果有则也纳入方程，否则不予考虑。

第二步，检验是否存在强影响点、多重共线性、自相关和异方差等问题。

第三步，利用 VC 哑变量将全样本分组，并利用分组回归分析方法对按照行业、发行规模配对的样本再次运行回归方程，并重复第二步。

第四步，对回归结果进行描述、对比和总结。

三、实证检验结果与解释

首先，以 SPSS17.0 软件为主要分析工具对数据进行有效性的基础检验，剔除缺失数据和无效数据、异常数据（因变量）后，分别对全样本和配对样本运行回归模型，得到检验结果。需要说明的是，由于抑价指标分布非正态，本书对其取自然对数。经检验，抑价取对数后，基本符合正态分布的特征。

（一）基本抑价模型回归分析

1.全样本检验

（1）不控制年度行业的回归结果分析

在不控制行业年度的情况下，全样本回归结果表明，影响抑价的主要变量是网下超额认购倍数、发行费率、发行市盈率、换手率、上市间隔、成长性和公司年龄。除了发行市盈率系数显著为负外，其他均显著为正。

表 5—15　基本抑价模型回归结果（全样本）

变量	模型 1	模型 2	模型 3	模型 4
（常量）	1.310	1.323 ***	0.546 *	0.503
rissf	9.052 ***	9.506 ***	5.555 ***	6.122 ***
PE	−0.012 ***	−0.013 ***	0.003	0.003
ovbd	0.004 ***	0.004 ***	0.003 ***	0.003 ***
TO	0.018 ***	0.018 ***	0.040 ***	0.040 ***
lisd	0.043 ***	0.045 ***	0.008	0.011
SG	0.003 *	0.003 **	0.000	0.000
lnage	0.131 **	0.137 ***	0.018	0.022
Year	N	N	Y	Y
Indu	N	N	Y	Y
R2	0.506	0.509	0.660	0.648
Ad-R2	0.498	0.501	0.647	0.634
P 值	<0.001	<0.001	<0.001	<0.001

注：(1) 模型 1,3 因变量为 $lnUP_{zc}$；模型 2,4 因变量为 $lnUP_{sc}$。
　(2) 为消除多重共线性，回归变量经逐步回归法筛选；经检验 VIF 值均小于 10,基本略高于 1。
　(3) 模型 DW 值分别为 1.950,1.964,1.921,1.939,均接近于 2,说明方程不存在明显自相关。
　(4) 在回归时论文检测了异常点，并予以剔除，且不存在明显的异方差现象。

网下超额认购倍数系数显著为正,在一定程度上说明机构投资者认购较为积极,需求较高。同时,网下超额认购倍数越高也说明不搜集信息的报价人数较多,而搜集信息报价人数较少,所以中签率较低,引发高抑价。这在一定程度上支持了信息搜集成本是影响抑价的一个主要因素的假设。进一步分析,结果也说明中小企业上市时与投资者之间信息不对称程度较高。假设 1a 得到有力支持。

发行费率系数为正,这说明发行费率正向作用于抑价,与假设 5 结论不符。不过,结合基本抑价模型推导过程可知,承销费率高低可以在一定程度上传递承销商的质量信号是假设"发行费率高则抑价低"的理论依据。我们的回归结果与假设 5 不一致,说明我国的承销商质量信号是无法通过发行费率传递的。结合我国市场环境推断,这可能是中小板市场的信息不对称、程度较高导致的。信息不对称程度高,承销商对这些公司进行辅导的成本就会提高,同时承销风险加大。为了降低风险和成本,承销商只好对那些质量较差的发行人收取更高的承销费用,而不像成熟市场那样通过高承销费率传递高质量信号。

上市间隔回归系数显著为正,说明上市准备时间越长,上市过程的不确定性越大,从而抑价也就越高。企业成长性系数显著为正,说明企业成长越好,抑价越高。结合前面分析,这一结果也印证了二级市场投资者的不理性认购的说法。假设 1b 通过实证检验。

首日换手率回归系数显著为正,说明换手率越高,抑价越高。换手率越高,说明一、二级市场信息不对称程度越高,因而抑价也越高。假设 1c 得到证实。

发行市盈率越低,抑价越高。发行市盈率低,说明发行人的盈利能力较差,同时也反映了发行人对股票的未来估值偏低。这一点正好验证了企业业绩较差的企业抑价高的假设。成长性越好的企业,抑价反而偏高。公司年龄系数显著为正,说明企业成立时间越久,抑价越高。与前面分析一致,这种现象更合理的解释应该是低风险股票在二级市场更受欢迎。假设 3 得到了部分支持。

（2）控制年度行业的回归结果分析

控制行业年度的情况下，全样本回归结果（见表 5—16）表明，影响抑价的主要变量是网下超额认购倍数、发行费率、换手率、上市间隔，且回归系数均显著为正。此外，行业系数均不显著，说明行业对中小企业板上市公司抑价没有显著影响；年度变量非常显著，2007 年抑价显著较高，而 2008 年、2009 年、2010 年系数显著为负，结合股市波动分析，这说明抑价受到大盘波动影响较大，热发年度抑价显著较高，而在熊市抑价显著较低（2009 年、2010 年表现更为明显）。假设 4 得到了部分支持。

控制年度行业后，统计结果发生了显著变化，发行市盈率、成长性和公司年龄均不再显著，说明这些因素对抑价的影响是不稳健的。同时，这也证明了信息不对称程度较高时，发行人业绩很难向市场准确传递质量信息，发行价格的确定很大程度上取决于发行人与外部投资者询价过程的博弈。

总体上分析，抑价主要影响因素包括网下超额认购倍数、发行费率、换手率和上市年度。

2.配对样本检验

本书按照配对样本，对上述回归方程进行了重新检验，以保证结论的稳健性。与全样本模型回归结果一致，配对样本结果显示，影响 IPO 抑价的主要因素，在不控制年度行业情况下，仍为网下超额认购倍数、发行费率、发行市盈率、换手率、上市间隔、成长性和公司年龄；控制行业年度后，网下超额认购倍数、发行费率、换手率和上市年度依然显著。不同的是，当以配对样本检验时，上市间隔的系数显著性提高了，这更有利地支持了假设 1b，即上市间隔时间越长，信息不对称程度越高，因此抑价也会更高。总体上讲，

信息不对称影响抑价的假设均得到了显著的证据支持。统计结果
如表 5—16 所示。

表 5—16　基本抑价模型回归结果（配对样本）

变量	模型 1	模型 2	模型 3	模型 4
（常量）	1.310 ***	0.474	−0.066	−0.130
rissf	9.052 ***	10.492 ***	6.672 ***	7.552 ***
PE	−0.012 ***	−0.013 ***	0.003	0.002
ovbd	0.004 ***	0.004 ***	0.003 ***	0.003 ***
TO	0.018 ***	0.020 ***	0.042 ***	0.040 ***
lisd	0.043 ***	0.085 ***	0.039 **	0.045 ***
SG	0.003 **	0.004 *	0.001	0.001
lnage	0.131 ***	0.155 **	0.022	0.034
Year	N	N	Y	Y
Indu	N	N	Y	Y
R2	0.522	0.511	0.646	0.622
Ad−R2	0.505	0.494	0.617	0.590
P 值	<0.001	<0.001	<0.001	<0.001

注：(1)模型 1,3 因变量为 $\ln UP_{zc}$；模型 2,4 因变量为 $\ln UP_{sc}$。

(2)为消除多重共线性，回归变量经逐步回归法筛选；经检验 VIF 值均小于 10,基本略高于 1。

(3)模型 DW 值分别为 1.965,2.000,1.942,1.998,均接近于 2,说明回归方程不存在明显自相关。

(4)在回归时本书检测了异常点，并予以剔除，且不存在明显的异方差现象。

（二）VC 影响抑价分析

考虑到 VC 对信息不对称程度影响,本书认为 VC 可能对这些
变量发挥了调节作用。由于本书设定的 VC 为哑变量,故参考温
忠麟、侯杰泰和张雷（2005）对调节效应检验的建议,对上述回归

方程进行分组回归。如果分组回归拟合度 R^2 变化显著,说明 VC 具有显著的调节作用。

本书对样本进行分组后,进行层次回归的结果显示,R^2 变化均在 1%水平上显著。因此,VC 信息不对称因素影响抑价的关系具有显著影响。具体表现为,分组后两组的部分变量系数发生了显著变化。

1.全样本检验

(1)不控制年度行业的回归结果分析

在不控制行业年度的情况下,全样本回归结果(见表 5—17)表明,VC 对不同变量作用于 IPO 抑价的程度具有显著影响,但并未改变这些因素的作用方向(符号未发生变化)。当无 VC 持股时,影响抑价的主要变量是网下超额认购倍数、发行费率、发行市盈率、换手率、上市间隔。除了市盈率系数显著为负外,其他均显著为正。特别地,采用中小板综指调整后的抑价受到公司年龄的影响更加显著,说明抑价计量方式可能对结果产生影响,考虑到研究对象的特征,本书认为以中小板综指调整的抑价模型解释力度更高些。

总体上看,超额认购倍数的系数变化不显著,即假设 2a 没有得到支持。但当有 VC 持股时,很明显,影响 IPO 抑价的换手率系数显著性有所降低,市盈率和上市时间间隔系数显著性略有提高,而公司年龄则不再具有显著影响。总之,不考虑行业年度的影响,VC 的存在使投资者不再看重公司年龄反应的不确定性,而是更多地关注企业的投资价值,或者说,有 VC 时,抑价对市盈率、上市时间间隔反应的信息不对称更加敏感,支持了假设 2b。同时,首日换手率对抑价的影响变得更加迟钝,支持了假设 2c。这也说明当企业有 VC 持股时,抑价更多是受到发行市场而非二级市场的信息不对称程度的影响。结合对比分析可知,假设 2 得到了实证支持。此外,发行费率系数降低,说明不考虑年度行业影响时,假设 5 没有得到支持。

(2)控制年度行业的回归结果分析

控制行业年度的情况下,分组样本层次回归结果(表 5—17)表明,VC 持股对个别变量作用于抑价的程度有显著影响,但同样不改变作用方向。同时,控制年度行业后,发行市盈率、成长性和公司年龄的系数同样不再显著。回归结果基本与不控制行业年度结果一致。只是,控制了行业年度后,VC 的调节作用主要表现在对上市间隔系数的影响上。上市时间间隔代理的信息不对称程度,在有 VC 时对抑价的影响更加显著。进一步支持了假设 2b。此外,与不控制年度行业不同,有 VC 组的发行费率系数显著高于无 VC 组,支持了假设 5。

总体看,无论是否存在 VC 持股,行业系数仍然均不显著,进一步证明行业对中小企业板上市公司抑价没有显著影响;年度变量保持了较高的显著性水平,即 2007 年抑价显著较高,而 2008年、2009 年、2010 年系数显著为负,假设 4 得到了部分支持。不同的是,当存在 VC 持股时,2008 年系数显著性略有所降低,原因可能是 2008 年金融危机对拟上市和已上市企业均造成冲击,从而在一定程度上降低了 VC 的投机性。

表 5—17　分层回归结果(全样本)

分组	无 VC 组				有 VC 组			
变量	模型 1	模型 2	模型 3	模型 4	模型 5	模型 6	模型 7	模型 8
(常量)	0.881	1.453 ***	0.690 *	0.593	0.773	0.980 *	0.295	0.366
rissf	9.085 ***	9.887 ***	4.938 ***	5.257 ***	10.434 ***	9.542 ***	7.340 ***	8.449 ***

续表

分组	无 VC 组				有 VC 组			
PE	-0.009 *	-0.013 ***	0.003	0.003	-0.014 ***	-0.012 ***	0.003	0.002
ovbd	0.004 ***	0.004 ***	0.003 ***	0.003 ***	0.005 ***	0.004 ***	0.003 ***	0.003 ***
TO	0.021 ***	0.019 ***	0.039 ***	0.040 ***	0.015 **	0.014 **	0.038 ***	0.036 ***
lisd	0.053 **	0.025 *	-0.004	0.000	0.100 ***	0.098 ***	0.041 **	0.046 **
SG	0.004	0.002	0.000	0.000	0.004	0.004	0.000	0.000
lnage	0.162 *	0.165 ***	0.034	0.041	0.085	0.076	-0.020	-0.020
Year	N	N	Y	Y	N	N	Y	Y
Indu	N	N	Y	Y	N	N	Y	Y
R2	0.404	0.489	0.643	0.637	0.620	0.592	0.720	0.696
Ad-R2	0.360	0.478	0.624	0.617	0.593	0.569	0.677	0.650
P 值	<0.001	<0.001	<0.001	<0.001	<0.001	<0.001	<0.001	<0.001

注:(1)模型 1,3,5,7 因变量为 lnUPzc;模型 2,4,6,8 因变量为 lnUPsc。

(2)为消除多重共线性,回归变量经逐步回归法筛选,VIF 均小于 10,基本表现为略高于 1。

(3)无 VC 模型 DW 值分别为 1.995,1.922,1.935,1.942;有 VC 模型 DW 值分别为 1.927,2.160,1.994,2.028。DW 值均接近于 2 说明回归方程不存在明显的自相关。

(4)在回归过程中检测了异常点并在回归时予以剔除,且经观察方程不存在明显的异方差现象。

2.配对样本检验

与全样本分析相应,本书对配对后的分组样本进行了层次回归分析(见表 5—18)。在不控制行业年度的影响时,与无 VC 组相比,有 VC 组样本中的网下超额认购倍数、发行费率、上市间隔、发行市盈率的回归系数都有所提高,而首日换手率和公司年龄影响变弱。这说明 VC 持股改变了网下认购的需求程度,更具体地说,VC 持股减少了搜集信息报价的人数,导致中签率进一步降低。这也正好反映了 VC 加大了信息搜集成本,使搜集信息报价者预期收益降低,从而选择放弃或者是随机报价。假设 2a 得到了进一步的证据。上市间隔系数显著提高,说明 VC 持股企业上市时间反映的信息不对称更显著地提高了抑价水平。这说明,有 VC 企业为了逐利会更加积极地缩短上市时间间隔,从而进一步向市场传递不确定信号,增加抑价,进一步支持了假设 2b。有 VC 组首日换手率系数显著低于无 VC 组,这为假设 2c 增加了证据。有 VC 组发行费率系数更加显著,进一步验证了假设 5。

表 5—18　分层回归结果(配对样本)

分组	无 VC 组				有 VC 组			
变量	模型 1	模型 2	模型 3	模型 4	模型 5	模型 6	模型 7	模型 8
(常量)	0.475	0.195	−0.322	−0.607	0.773	0.832	0.282	0.385
rissf	8.963***	9.507***	4.513	4.764	10.434***	11.647***	8.500***	9.810***
PE	−0.010*	−0.011*	0.008	0.008	−0.014***	−0.015***	0.002	0.000
ovbd	0.004***	0.004***	0.002**	0.002*	0.005***	0.005***	0.003***	0.003***
TO	0.024***	0.025***	0.046***	0.048***	0.015**	0.012	0.035**	0.031**
lisd	0.062**	0.071**	0.021	0.029	0.100***	0.105***	0.055**	0.062***
SG	0.003	0.004	0.003	0.003	0.004	0.004	0.000	0.000
lnage	0.194*	0.232*	0.068	0.103	0.085	0.082	−0.022	−0.026
Year	N	N	Y	Y	N	N	Y	Y
Indu	N	N	Y	Y	N	N	Y	Y
R2	0.418	0.410	0.590	0.568	0.620	0.614	0.731	0.710
Ad−R2	0.376	0.367	0.515	0.488	0.593	0.586	0.681	0.657
P 值	<0.001	<0.001	<0.001	<0.001	<0.001	<0.001	<0.001	<0.001

注:(1)模型 1,3,5,7 因变量为 lnUPzc;模型 2,4,6,8 因变量为 lnUPsc。

(2)为消除多重共线性,回归变量经逐步回归法筛选,VIF 均小于 10,基本表现为略高于 1。

(3)无 VC 模型 DW 值分别为 2.058,2.046,2.058,2.035;有 VC 模型 DW 值分别为 1.927,1.953,1.987,2.034,DW 值均接近于 2,说明回归方程不存在明显的自相关。

(4)在回归过程中检测了异常点并在回归时予以剔除,而且经观察方程不存在明显的异方差现象。

在配对样本分组并控制了年度、行业的影响后,无 VC 持股样本公司抑价主要影响因素仅包括网下超额认购倍数、换手率和年度变量(2007 年显著为正,其余年度显著为负),而有 VC 样本公司抑价却还受到了发行费率和上市间隔的更显著的影响。同时,网下认购倍数回归系数显著提高,而且上市间隔系数从不显著变为非常显著。可见,与全样本和不控制年度行业的情况相比,配对样本控制年度行业后的回归结果更具有解释力。回归方程的拟合度显著提高,这也证明,假设 1、假设 2、假设 5 均得到证据支持。此外,从年度系数分析,有 VC 组与无 VC 组差异较小,因此假设 4 也得到了一定的证据支持。

遗憾的是,假设 3 没有得到证据支持。结合统计结果分析,之所以 VC 没有显著影响企业业绩对抑价的作用,主要是因为在高度信息不对称的现有市场环境下,企业业绩对企业质量的代表性很低,或者说向市场传递的信息有限,从而导致企业业绩对抑价的影响不显著,进而导致 VC 对 IPO 抑价也无显著影响。

四、对 VC 影响抑价的拓展分析

(一)对研究结果的进一步分析

总体上看,本书结果支持了理论模型与实证假设。分析证明,发行人与机构投资者之间的信息不对称是影响抑价形成的主要因素。代理信息不对称的变量、网下超额认购倍数、上市间隔、首日换手率、发行费率等因素均与抑价显著正相关,这证明了信息不对称程度越高抑价越高的结论。

不考虑年度、行业变量时,反映成长性的变量显著,但结论却是高成长性的企业抑价高。笔者认为,出现这种情况的原因可能是:其一,证监会和深交所对中小企业板上市企业质量要求较高,审核也非常严格,整体上公司质量较好;其二,公司质量好坏主要依据财务指标衡量,而这些财务指标不是按照招股说明书直接公布,就是按照公开数据计算得来,这些信息已经公开,为市场投资者所熟知,因此已经反映在发行定价中;其三,投资者无法排除企业盈余管理的可能性,所以更多关注私有信息的挖掘或者采用"跟庄"策略购买新股。

不同样本回归结果均显示,年度对抑价有显著影响。以不同年度反映市场,则可以认为假设 4 得到了部分支持。结合上市公司年度分布可知,2007 年和 2010 年均是中小企业的集中上市年度,IPO 公司数目分别占上市公司总样本的 18.7% 和 38.4%。但两个年度系数的符号却是相反的。不过,这个结果是没有问题的。结合我国市场状况可以发现,2007 年是中国的大牛市,是真正的热发时期。而其他年度则不同,始于 2008 年的国际的金融危机影响还未消除,股市仍然笼罩在熊市氛围中。2010 年,之所以上市公司数目众多,更多的是源于 2008 年 9 月 16 日至 2009 年 7 月 15 日暂停 IPO 造成的需求压抑爆发。不可否认,我国证监会一系列发行制度改革也发挥了重要作用。

对比分析,VC 持股企业抑价显著高于无 VC 持股企业。分组回归结果也证明,VC 主要通过影响信息搜集成本(网下超额认购倍数)达到影响抑价的目的。超额认购倍数越高,意味着信息搜集成本较高,搜集信息报价的人数较少,从而相对来讲随机报价者较多,而 VC 的存在进一步加大了信息搜集的成本,导致超额认购倍数进一步增加,从而抑价显著提高。同时,有 VC 企业上市间隔对抑价的影响更加敏感,说明 VC 持股企业对机构投资者来说信息不对称程度更高。有 VC 企业首日换手率更高,但对抑价的作用却更小,主要原因在于我国二级市场的不成熟性。有 VC 企业的信息不对称扩散到二级市场后,由于二级市场投资者散户居多,价值评估能力较差,反而吸引了更多的交易者,进一步增加了抑价。这与本书对 VC 抑价模型拓展分析的结论是一致的,即当 VC 因逐利性突击入股时,会进一步加大抑价水平。

(二)对 VC 认证作用的检验

在 James(1992)、Barry,Muscarella,Peavy 等(1990)研究基础上,Megginson 和 Weiss(1991)以 1983—1987 年美国上市公司为样本,控制了行业、发行规模后研究发现,有 VC 支持企业的初始回报和总发行费用显著低于无 VC 支持企业,并以此为 VC 认证假说提供了证据。他们认为,VC 可以证实发行人的发行价格反映了所有可能和内部的信息。采用的回归模型如下:

$$undp = \alpha_0 + \alpha_1 VC + \alpha_2 lnproc + \alpha_3 undwr + \alpha_4 age + \varepsilon$$

(公式 5—9)

$$lnissfee = \alpha_0 + \alpha_1 VC + \alpha_2 lnproc + \alpha_3 undwr + \alpha_4 age + \varepsilon$$

(公式 5—10)

上述模型中包含变量基本与 Megginson 和 Weiss(1991)研究一致,但采用了本文所用变量符号。特别的是,限于数据可得性,本书使用承销商声誉替代了论文中的主承销商所占市场份额。理论上讲,两者是有区别的,但由于文中承销商声誉也是按主承销商承销金额排名的,因此也可以认为两者具有相同的效果。

方程 5—9 回归结果显示,VC 系数显著性不稳健,因抑价计量方式而异,且符号均与 Megginson 和 Weiss(1991)相反。采用中小企业板指数调整的抑价作为因变量时,VC 系数显著为正,与认证假说预测相反。方程 5—10 回归结果表明,VC 系数显著为正,因此也不支持认证假说。因此,本书认为,我国中小企业板 VC 持股并未发挥认证作用,而且还有可能起到了负面作用。

（三）对 VC 逐名作用的检验

Gompers 和 Lerner(1996)研究表明,在美国超过 80% 的 VC 资金是通过有限合伙形式组织,并预先设定好了存续期限,通常为 10 年,附加一个向上浮动 3 年的期权。按照 Gompers(1996)的观点,这一背景决定了 VC 承担了再融资压力,进而导致了 VC 为了向市场投资者"传递投资公司的能力和价值信号",而采用将投资公司中的一个推向上市的做法①。

Gompers(1996)研究并检验了年轻的 VC 企业为了建立声誉和成功融通新资金,会比年长公司更早地推动企业上市的假说。他利用 433 个 IPO 样本证明,与成熟 VC 相比,年轻 VC 支持的公司更加年轻且抑价更高。年轻 VC 公司在 IPO 时担任董事的时间更短,持有更少的股份,并且会为了进行或协调融通后续资金而安排 IPO,即"逐名假说(Grandstanding)"。

表 5—19　不同年龄 VC 持股企业抑价和年龄比较

变量	VC 分组	N	均值	标准差	均值标准误
UP_{zc}	1	78	1.17^*	1.06	0.12
	0	70	0.88	0.98	0.12
UP_{sc}	1	75	1.18^*	1.09	0.13
	0	63	0.86	0.99	0.12
age	1	78	4.92	3.49	0.40
	0	70	4.08	3.05	0.37

注:VC 分组为哑变量,1 表示成熟 VC,0 表示年轻 VC。

① Gompers(1996)推断,推动投资组合公司中的一个上市可能是 VC 最有效的证明业绩的方式。

IPO 时的公司年龄和抑价是逐名假说的两个重要因素。为此,本书将 VC 年龄划分为两组,分组方法采用 Gompers(1996)使用的 6 年为期限,即低于 6 年的划分为年轻 VC,等于或高于 6 年的为成熟 VC①。然后,对样本进行独立样本 T 检验。结果发现,成熟 VC 支持的企业抑价在 10% 的水平上显著高于年轻 VC。而且,与 Gompers(1996)结论不同,当将分组标准修改为 4 年后,这一差异更加显著。但当按 10 年分组时,三种方式计量的抑价均无显著差异,与 Gompers(1996)结果一致。这让"逐名假说"失去了立足之本。按 Gompers(1996)研究方法对我国中小企业板数据进行分析,结果不支持年轻 VC 具有逐名的动机。进一步,从公司年龄看,年轻 VC 投资企业也表现出更年轻的特征。这一矛盾结果是逐名假说无法解释的。

(四)对投机性逐利观点的进一步分析

"成熟"的 VC,往往与承销商有着更密切的关系,不仅有更多的上市机会,也更容易说服企业上市。由于中小企业板成立不久,成熟的 VC 更有实力寻找和选择好项目,并从更多的投资项目退出中获利。机构投资者对此心知肚明,更担心 VC 盈余管理手段高明,或者与承销商勾结为企业过度包装,因此预期搜集信息成本增加,从而降低其对公司的估值,导致抑价增加。

对 VC 来说,并不急于(一般需按要求锁定 1 年才能出售股票)退出,抑价只是暂时的价值损失,它更关心退出时的价格。与年轻 VC 相比,它们与各证券公司和证券分析师更有可能密切合

---

① Gompers(1996)认为,典型的基金(VC)在前 5 年投入资本并在后 5 年收回,所以可能在第 5 年用光现金并需要在此前重新融通新资金。可能此时 VC 逐名的动机减弱或者消除了。因此,按照 4 年和 10 年分组比较结果不显著。

作——更有可能借助分析师的力量,抬高退出时股票价格(黄福广和李西文,2011)[1]。发行人与机构投资者和 VC 相比,更关心的是企业能否顺利融资上市,并借此推动企业成长。因此,对于机构投资者与其博弈过程中更多的利益要求,往往听之任之。

表 5—20   不同年龄 VC 信息不对称变量比较

变量	VCym	N	均值	标准差	均值的标准误
rissf	1	72	0.07	0.02	0.00
	0	62	0.07	0.03	0.00
ovbd	1	72	167.42	111.98	13.20
	0	62	138.64	101.75	12.92
TO	1	72	75.27	9.53	1.12
	0	62	73.25	10.45	1.33
Lisd	1	72	12.93*	3.26	0.38
	0	62	12.03	2.52	0.32
SG	1	72	25.19	27.91	3.29
	0	62	23.37	32.36	4.11
lnage	1	72	1.42**	0.70	0.08
	0	62	1.14	0.74	0.09

相对年轻的 VC,也具有投机性,但因成立时间较短,抗风险能力较差,与承销商、证券公司和分析师等市场中介还没有建立起长期合作关系,结果很可能是没有足够的实力去争夺暴利。能够推动企业上市的年轻 VC,多数是那些专门投资于基本具备上市资格的企业,而这些企业往往业绩较好,不确定性更低,当然 VC 投资

---

① 黄福广、李西文:《风险资本持股对 IPO 抑价的影响:逆向选择与事后认证》,工作论文,2011 年 5 月。

成本也会更高。为了吸引更优质的企业,年轻 VC 更有动机帮助企业揭示更多信息,从而降低信息不对称,提高机构投资者估值,最终降低抑价,以借此增加其后续退出的收益。

针对 VC 抑价模型回归变量的对比分析发现,成熟 VC 表现出网下申购倍数略高、首日换手率略高、上市时间间隔长、成长性略好、公司年龄较大的特征,但只有上市筹备时间和公司年龄两个变量差异显著。这说明与年轻 VC 相比,尽管成熟 VC 持股企业上市时选择了成长性略好的老公司,但因信息搜集成本较高,造成机构投资者的预期收益下降,从而造成了抑价较高的现象。同时,由于成熟 VC 持股企业向市场传递更强的投机性,因而导致上市时间间隔和首日换手率更高。

表 5—21　不同年龄 VC 特征比较

变量	VCym	N	均值	标准差	均值的标准误
unwr	1	78	0.67	0.47	0.05
	0	70	0.61	0.49	0.06
VCinvt	1	78	4.21 ***	2.54	0.29
	0	70	2.54	1.19	0.14
VCha0	1	78	18.24 *	14.42	1.63
	0	70	14.34	13.94	1.67
VChl0	1	78	13.39	10.97	1.24
	0	70	11.10	13.13	1.57
nuinv	1	72	1.86 *	1.23	0.14
	0	62	1.31	1.29	0.16
pinv1	1	72	0.14 *	0.09	0.01
	0	62	0.09	0.10	0.01

变量	VCym	N	均值	标准差	均值的标准误
pinv2	1	72	0.19*	0.13	0.01
	0	62	0.14	0.13	0.02
VCorg	1	78	1.00**	0.00	0.00
	0	70	0.91	0.28	0.03
VCsls	1	78	0.24	0.43	0.05
	0	70	0.20	0.40	0.05

从统计结果看(见表 5—21),成熟 VC 支持企业中高声誉承销商占到 67%,略高于年轻 VC,也间接说明成熟 VC 逐利上市行为更容易获得承销商的支持。而且,年轻 VC 投资于企业的时间显著少于成熟 VC,持股比例、参与管理程度也显著较低,但对比两组财务业绩变量发现,年轻 VC 组持股企业还略好于成熟 VC 组(每股指标、成长性、盈利性均较好些,但只有少数指标显著,限于篇幅,结果未报告)。这也说明,由于资金实力弱或是抗风险能力低,年轻 VC 的逐利动机更弱些,因而更注重对项目的筛选,导致发行人在 IPO 过程中传递的高质量信号减弱了 VC 的不利影响,进而降低了抑价。此外,成熟 VC 普遍为有限责任制形式且多具有国有背景,而年轻 VC 则部分采取了有限合伙制形式,国有成分较少。这也可能是成熟 VC 不去逐名而选择投机性逐利的一个主要原因。有限责任制和国有背景减少了 VC 管理者的逐名和后续融资压力,但由于市场的不成熟而导致其在 IPO 市场中逐利空间巨大。相反,年轻 VC 资质较差(见表 5—22),根本不具备与成熟 VC 竞争的实力,而只能靠寻找质量更好的投资对象争取 IPO 退出机会。

表 5—22　不同年龄 VC 财务特征比较　（单位：万元）

变量	VCym	N	均值	标准差	均值的标准误
VCtass	1	67	107009.46*	186475.88	22781.65
	0	52	42585.41	66471.71	9217.97
VCnass	1	67	72095.66	106523.64	13013.93
	0	53	35082.67	51983.55	7140.49
VCninc	1	67	6470.62	13721.39	1676.33
	0	53	4856.06	15776.42	2167.06

总之，在我国中小企业板上市过程中，VC 普遍具有逐利性，而且越成熟的 VC 投机动机越强烈。由于样本较少、数据有限，本书仅对 VC 的部分特征进行了对比分析。结果表明，相对于现有认证假说和逐名假说，我国 VC 持股企业高抑价现象更适合以 VC 抑价模型提出的投机性逐利动机假设来解释。

（五）关于 PE 与 VC 的界定问题

VC，指的是私有权益投资的一种形式。私有权益投资是由那些公开报价或者私人持股公司中的机构或者富有的个人做出的投资。私有权益投资通常也以私募的形式成立基金，成为私募基金，即通常所说的 PE。从形式上看，两者非常类似——均以未上市企业为投资对象，并通过 IPO、并购或股权转让等形式退出实现回报。但是，两者在投资规模、投资对象和投资阶段方面是具有区别的。

一般来说，从投资对象看，VC 以创业企业为投资对象，专注于高科技高成长企业的早期创业和成长阶段，而 PE 投资期限更短些，往往以拟上市企业为主要投资对象；从投资规模看，PE 投资规模更大，而 VC 则根据自身资金管理特征、项目风险与成长性而定；从投资特征和动机看，VC 突出特征是高风险高回报，PE 更加稳健些，且 VC 在投资过程中会提供监管等增值服务，而 PE 则是致力于协助企业上市并套现。

纵观我国 VC/PE 市场，VC 和 PE 的界限并不明显。吴晓灵指出，VC 的 PE 化、PE 泡沫化是当前投资市场出现的倾向，这在目前中国与国际市场资金宽裕的情况下不可避免的，但这是不可持续的①。因此，区分 VC 和 PE 是一项困难的工作。尽管如此，本书还是根据招股说明书指明的投资机构用途进行了更为细致的区分，将那些未明确指出对高科技企业、高新技术企业进行投资或者具有创业投资、风险投资、产业投资等功能的排除在了 VC 之外，以便更准确地研究 VC 对中小企业 IPO 抑价的影响。值得庆幸的是，当本书从无 VC 样本中剔除 PE 影响后，结果基本保持不变。这使本书的区分工作变得有意义。

---

① 参见马玉荣、吴晓灵：《VCPE 化、PE 泡沫化倾向不可取》，《证券日报》2008年 5 月 22 日。

第六章　研究结论与建议

第一节　研究结论

一、研究观点

（一）发行人与投资者之间的信息不对称是影响 IPO 抑价的主要因素

IPO 抑价是财务学界研究的热点和难点问题。现有研究多从信息不对称角度解释抑价，其中从发行人和投资者之间的信息不对称角度研究抑价问题是一个重要分支。在理论基础分析和制度背景分析基础上，本书将 Chemmanur(1993)基于信息的抑价模型嵌入到张小成(2009)等提出的异质预期抑价模型中，推导出基本抑价模型，并对发行人保留价格、信息搜集成本、发行人质量分布概率、外部投资者对信息的识别能力等因素对抑价的影响进行了详细分析。基本抑价模型是从我国中小企业板市场信息不对称程度较高、整体抑价水平较高以及我国新股发行的特点出发，以发行人与投资者之间信息不对称为框架进行构建的，因此更适合解释我国中小企业扳市场 IPO 抑价现象。在控制了上市时间间隔、首日换手率等影响因素后，实证检验为基本抑价模型提供了证据支持。

（二）VC 通过影响信息搜集成本和企业质量作用于企业抑价水平

根据对我国中小企业、风险资本以及中小企业板市场发展特征的分析,本书以风险资本对企业质量和信息搜集成本的影响为切入点,在基本抑价模型基础上引入了 VC,形成了能够解释现有 VC 影响抑价经典理论和我国 VC 持股企业高抑价现象的 VC 抑价模型。该模型认为,当 VC 以培育企业成长获取超额回报为动机时,参与企业管理程度较高,从而可以改善企业业绩,向市场传递高质量信号,达到降低外部投资者预期风险进而降低抑价的目的;当 VC 以逐名为动机时,会较少参与企业管理,对企业业绩改善帮助也不大,但持股企业较年轻,考虑到 VC 急于退出兑现的动机,很容易造成外部投资者对企业发展前景的担忧,同样条件下需要花费更多成本搜集额外信息,因而抑价相对较高;当 VC 以投机性逐利为动机时,往往表现为上市前的突击入股,显然此时 VC 改善业绩的可能很低,但为了获取暴利,VC 也不会冒险选择那些低质量企业,只是 VC 并不能为企业 IPO 融资项目前景提供认证,因为其根本目的是通过退出谋取超额回报,这种行为增加了外部投资者面临的不确定性,信息搜集成本也相应增加,从而增加了抑价。

手工搜集整理的以 Wind 金融资讯数据库和招股说明书等资料为主的中小企业板上市公司数据为样本的实证检验结果支持了 VC 抑价模型关于我国 VC 投机性逐利的观点。实证结果表明,VC 持股显著提高了企业抑价水平。通过分组回归分析发现,VC 持股通过影响搜集信息决策者的数量和外部投资者对其估值影响抑价,具体表现为当 VC 持股时,代理变量的回归系数变化显著(网下超额认购倍数),这说明与无 VC 企业相比,VC 持股企业因高度信息不对称程度和不成熟的市场条件,而面临搜集信息报价人数较少但随机报价者居多的情况,因此在 IPO 过程中形成了高抑价。

（三）认证和逐名等经典理论不适合解释我国 VC 持股高抑价现象

进一步分析 VC 的特征发现，与成熟 VC 相比，年轻 VC 持股企业年龄并无显著差异，而抑价却显著较高。显然这是认证、逐名等理论假说无法直接解释的。这从侧面验证了 VC 抑价模型对投机性逐利或称 VC 的泛 PE 化是造成我国 VC 持股高抑价的主要原因。这种 VC 持股高抑价现象与逐名假说的结果一致，但影响机理却不同。逐名的依据是年轻的 VC 推动不成熟的企业上市，而投机性逐利假说认为在新兴市场中成熟 VC 更加具有逐名的优势，因为声誉机制不健全使他们具有严重的短视性。VC 持股企业高抑价的根本原因是，成熟的 VC 通过在 IPO 前选择质量不差或较高的企业突击入股，然后伺机退出谋取高额回报。这种行为增加了机构投资者的信息搜集成本和对 VC 持股企业前景的担忧，从而增加了抑价水平。

二、研究局限

（一）模型推导的局限

本书在设计 VC 持股抑价模型时，采用的是先利用发行人和投资者在询价时的博弈特征推导出一般抑价模型，然后将 VC 作为发行人之一引入模型，分析 VC 持股对抑价产生影响的机理。这一做法对分析 VC 影响抑价的机理是间接的，尽管借助于 VC 对信息不对称水平影响来分析其作用于抑价的原因是可行的，也是合理的，而且对结论也不会产生实质影响，但是直接采用发行人、VC 和外部投资三人博弈模型进行分析可能更直接。由于以三人博弈模型研究抑价和 VC 影响的文献稀少，加上作笔者水平有限，本书仅限于在二人博弈分析基础上进行拓展。

（二）实证分析的不足

无论是对抑价影响因素，还是对 VC 持股变量影响抑价的实证分析，本书选择的代理变量仅能间接支持研究假设，所以代表性是有限的。从拟合度可以看出，最高的也仅有 70% 多——尽管这在财务学研究领域已经不低。另外，VC 影响抑价模型表明 VC 对 IPO 抑价的影响有两种路径：一是影响信息搜集成本，实证部分业已证明；二是影响企业质量分布，但限于数据可得性，本书仅对 VC 投资的历史业绩部分予以了证明，而对投资项目质量未给出实证分析，主要是投资项目质量数据现阶段获取难度太大，且代理变量与参照标准不易取得。

限于目前 VC 发展以及相应的研究机构尚不成熟，VC 持股数据也较难取得，尤其是 VC 自身的历史业绩、投资于其他项目的成功率、VC 与企业的契约特征等更难取得。因而造成了本书对 VC 特征的分析仅仅是利用可搜集到的部分数据进行的，但这也耗用了笔者大量时间。

此外，限于时间和精力，本书实证部分没有对承销商与风险投资机构、承销商与机构投资者之间的合作记录进行搜集整理，以更好地佐证本书观点，而只是根据现有研究推断两者关系可能的影响，这略显不足。

三、未来研究方向

（一）理论研究方向

1.引入承销商影响，拓展基本抑价模型

目前，我国承销商超额配售选择权已经展开试点。随着承销商权利的加强，在 IPO 定价过程的作用也将增大，因此有必要引入承销商作为参与者之一，对抑价基本模型进行拓展分析，即利用三人博弈模型对三者的收益函数进行分析,以更准确地描述抑价形成过程。

2.直接将 VC 引入模型,分析 VC 特征对抑价的影响

本书以 VC 投资项目质量和信息搜集成本为切入点,将其引入了基本抑价模型,进而对其影响抑价的机理进行了分析。尽管这种方式并不影响本书对不同动机下 VC 影响抑价结果的分析和解释,但是如果可以找到直接将 VC 特征引入模型的方式来求解最优均衡价格,将更容易理解。

(二)未来实证研究方向

1.对 VC 退出进行跟踪分析

VC 逐利的动机可以通过进一步跟踪其退出时间进行验证。如果 VC 在解禁后仍然持股较长时间,那么投机性逐利假说就不能得到有效支持。而且,通过跟踪 VC 退出时间,可以进一步了解 VC 退出行为对企业业绩产生的影响,如业绩是否显著下滑、股价是否大幅度下跌等。

2.对创业板数据进行实证分析

相对来讲,创业板 VC 持股企业所占比例更高,更适合对 VC 持股影响企业业绩和 IPO 抑价进行实证分析。而且,通过分析创业板数据,也可以为本书提供进一步证据支持。

3.对 VC 是否影响企业项目质量进行实证分析

随着中小企业板和创业板市场的发展,研究 IPO 融资项目获利情况的数据会越来越多。通过对比 IPO 融资项目发展状况,既可以进一步验证 VC 突击入股是否对融资项目质量有显著影响,也可以进一步探究 VC 对盈余管理水平和企业成长的影响。

总之,研究 VC 对企业影响的角度还有很多,目前相关研究较少,主要源于我国 IPO 退出市场建立较晚。随着多层次市场的兴

起,相应的数据将更加丰富,相信相关研究也将逐渐增加。

第二节　对我国中小企业、VC 发展和
IPO 市场建设的建议

一、对我国中小企业发展的建议

　　融资难是世界各国中小企业,尤其是创业型中小企业发展的一大障碍。我国尚处经济转轨时期,中小企业融资面临着严峻的融资难问题。由于信息不对称而产生的融资难问题使得中小企业的经济灵活性难以得到发挥,并且融资难还可能加剧中小企业财务上的脆弱性,这已成为中小企业抗风险能力弱、比大企业更容易陷入破产境地的一个重要原因(李伟和成金华,2005)。因此,需要从各方面入手,积极解决缓解融资约束,促进中小企业健康发展。

　　(一)为高科技型中小企业的融资发展提供持续的政策鼓励和支持

　　科技型中小企业对于经济发展的作用不言而喻,解决其融资难问题既有必要性也有紧迫性。只有政府对中小企业的融资支持政策持续有力,才能够从根本上解决这一问题。但政府的资金支持毕竟是有限的,因此,最重要的还是要为中小企业融资创造良好的环境。政策的引导、法规的保护都至关重要。近些年来,政府鼓励低碳、环保型产业的发展初见成效,在融洽会上这些企业往往是最受关注的。知识产权的保护对于亟待融资的企业来说更为关键,因为这很可能是高科技型创业企业的立足之本。如果无法有效地保护知识产权,创业者很可能会错过许多珍贵的融资机会,从而延误产品上市和企业扩张的最佳时期。鼓励中小金融机构的建

立和民间金融市场的发展也是一条可行路径。中小金融机构拥有较多的社区信息、社会资本和服务优势,相对于大的金融机构而言,它们的贷款固定审查成本更低,其进入和发展有利于缓解中小企业发展的资金缺口问题(李伟和成金华,2005)。林毅夫和李永军(2001)在综合考虑了各种因素之后,提出大力发展和完善中小金融机构是解决我国中小企业融资难问题的根本出路。此外,各级政府部门还可以给予创业者以一定的税收优惠、政策奖励以及各种非物质奖励,从而激发创业热情,创造融资机会。

(二)更新融资观念,积极为中小企业发展提供融资平台

目前,我国对中小企业的融资支持还停留在以行政式的放宽银行贷款政策和直接的资金投入为主导的阶段。这并不符合市场经济发展的规律。随着中小金融机构的发展、VC 的成长和民间金融市场的开拓,社会资金可以更好地积聚起来,并通过专业的投资管理获得升值。如何充分利用市场提高金融机构和中小企业之间的投融资对接,为中小企业发展提供坚实的融资平台,这才是最重要的。要破除中小企业创业者对传统融资形式的依赖,树立多元化融资观念,积极利用社会上存在的各种融资形式。同时,网络、通讯工具的飞速发展让信息传递更为迅速。各级相关政府部门可以借此加大信息扩散速度,如指定网站、网页专门为投融资对接服务,或者通过电视、广播等媒体加大宣传力度,以便为中小企业融资积极做好"红娘"工作。

此外,还要加大力度拓展融资渠道。如积极推动场外交易市场(OTC)的发展,为中小企业吸引投资机构的关注搭建平台;再如促进风险投资、私募基金、融资租赁、典当等非银行融资工具和市场的发展,为中小企业融资挖掘更广阔的空间。

(三)完善信用担保和管理体系建设

我国中小企业信用担保和管理体系建设,已经走上了正轨,逐步脱离了政府主导的影子,向市场主导模式发展。但是距离市场化运作、规范化管理还有一定的差距。因此,还需要从政策导向、自身管理以及风险控制等多方面入手,增强信用担保在中小企业融资过程中的作用。要坚持完善与信用担保相关的法律法规,以保证信用担保业的规范运作,防止行政干预和人情担保事件的发生;强化信用担保机构自身的风险预警和监控机制,提倡行业自律管理,并对信用担保机构开展备案管理、资信评级、绩效考核等工作,逐步实现动态化监管;塑造中小企业诚信理念,推动中小企业信用环境建设,如引导中小企业认真做好信用记录,主动配合并积极参与信用调查、征集和评级工作,建立定期公布中小企业信用等级的信息平台,为中小企业融资营造良好的信用环境,形成良好的企业信用文化(梁冰,2005)。

(四)规范保荐行为,降低 IPO 融资风险和成本

一般认为,保荐人制度的引入将通过连带责任机制把发行人质量和保荐人的利益直接挂钩,其收益和承担的风险相对应(黄运成和葛蓉蓉,2005)。而为了减少上市公司行为不规范引发的连带责任风险,保荐机构会尽职尽责,认真履行保荐职责。但由于惩罚力度较小,保荐机构承销 IPO 业务的收益仍然为正,效果甚微。证监会、深交所等相关部门要加大对 IPO 过程中违规行为的处罚力度,增强保荐机构的风险意识,摒除其盲目承揽项目的动机,进一步规范保荐行为,以促使保荐机构守好 IPO 的第一道防线。这样,既有利于高质量企业降低融资成本,也有利于提高 IPO 融资效率,促进证券市场的健康发展。

在 IPO 筹备过程中,可以采用多种形式进行上市辅导,而不

应拘泥于保荐机构。通过上市前的辅导和培训,可以帮助企业熟悉和掌握上市政策、运作流程、操作技巧,也可以增强中小企业对自身价值和融资能力的判断。同时,也有利于企业了解选择保荐机构的重要性和关注点,增强保荐机构与中小企业间的互动,从而提高 IPO 筹备工作效率,降低 IPO 成本。

二、对规范 VC 发展的建议

VC 的规范发展,是中小企业板和创业板健康发展的重要条件。但从现有制度背景分析,VC 的规范发展是一项艰巨的任务。目前,我国 VC 发展可谓是内忧外患——既面临海外 VC 的冲击,也面临 VC 与 PE 相互之间的竞争,如不从政策引导、制度和自身建设等全方位及时整改,风光过后必将面临严峻的发展挑战,甚至危及生存。

（一）加强对 VC 长期投资理念的政策引导

市场经济条件下,政府主导模式并不利于 VC 的发展。但在当前,我国市场经济建设并不成熟,VC 发展和中小企业发展还离不开政府的积极引导。龙勇和常青华(2006)研究认为,市场导向具有正向的直接作用。即在市场导向程度较高的情况下,突变创新水平较高的高新技术企业更容易获得风险资本。因此把握好对 VC 管理的分寸是非常重要的。首先,政府不应直接参与 VC 的运作和管理,否则过多的行政干预将束缚 VC 的手脚。其次,政府要立足于完善投资环境,包括完善法律环境、深化科技创新体制,改革教育培训机制等,为 VC 培育更多的优质的中小企业和专业化人才。此外,政府还应该积极培育资本市场,为 VC 开辟多元化的融资途径,广开资金来源。最后,加强对 VC 的监管,如要求 VC 定期公布投资组合构成和被投资企业的财务状况;对被投资企业发展情况进行动态跟踪和后续评价；建立考评机制，对那些投机倒把的 VC 实行管制或者市场禁入等。最后，对致力于长期投资的 VC 给予激励补偿，以便引导 VC 向健康良性方向发展。

(二)建立并完善声誉机制

声誉机制的建立和完善有助于 VC 实行自我约束和激励，并因此惠及被投资企业。前面分析表明，如果声誉机制不完善，VC 在退出企业时，很有可能会杀鸡取卵，从中攫取暴利。而在成熟市场中，这种行为会毁坏声誉，从而影响 VC 长期发展。但在新兴市场缺少有约束力的声誉机制时，VC 则可能急于追求暴利。如果声誉在赢利过程中起重要作用，那么风险投资基金就会重视声誉的建立。而声誉起作用的前提条件是可获得声誉信息，而且声誉高低会影响其投资收益的大小。这就需要有专门的机构对 VC 进行声誉评级。

目前，比较权威的业绩评价体系，可以从一些大型的为创业投资领域提供综合服务的公司网站获得，如清科研究中心；或者一些财经报刊也有刊载，如 2010 年《第一财经周刊》联合 100 家快速成长型公司、全球四大会计事务所之一的德勤以增值服务、品牌知名度、专业能力、商业信誉等角度评选国内 VC 名次等。但是，这些声誉评价标准不一，评价过程与依据也不透明，更没有统一的权威部门认定，公信力和影响力相对较小。

因此，有必要积极推动 VC 行业协会的建立，制定严格的评价标准，定期公布 VC 的排名，并对那些优秀的 VC 给予奖励和激励，对那些问题 VC 予以适当的警示和惩罚，以规范 VC 发展过程中的逐利性问题。此外，良好的声誉机制，还可以确保风险投资机构向市场提供正确的认证，并真正参与其持股公司的管理和监督，为发行人提供增值服务，在一定程度上减轻中小板市场的 IPO 抑价。

（三）提高 VC 自身管理水平

无论 VC 是以何种形式组织成立的,在投资过程中都需要较强的专业知识。VC 向来以专业化投资、专家式管理著称,这在我国优势并不明显。因此有必要寻找各种可行途径,尽快提高 VC 团队的自身素质和技能,以更好地从事投资服务。作为 VC 的领导者,不仅要求具备专业才能,还需要具有敏锐的判断力,高超的组织协调能力;而 VC 团队则需要大量的精通法律、财务会计、金融投资、工程技术等专业化人才。

前面分析说明,企业在寻找 VC 时可能存在逆向选择行为,而在接受投资后还可能引发道德风险问题。所以,VC 在投资前需要对投资项目进行审慎的评估和判断,以筛选出有前景、有价值的投资项目;在决定投资时,还要有耐心和技巧与精明的企业家谈判,以尽最大可能降低投资风险;投资后,还要视项目发展状况和特征决定是否派驻管理人员、以何种形式参与管理等。从某种意义上说,被投资企业就像是 VC 生产的一个产品,只有销售出去,才能够获得实实在在的收益。稍有不慎,投资项目就可能夭折。

尽管在我国 VC 可以通过股权转让、股份回购等形式转嫁部分风险,但毕竟其投资目标是获取高额回报。因此提高 VC 自身管理水平,不仅是提高 VC 成功率的必要条件,也是 VC 长期发展的基础。积极引进各类专业化人才充实 VC 团队,通过进修、培训等手段加强对现有员工的教育,与成熟 VC 交流合作,都可以为 VC 提高自身管理水平、降低投资风险提供帮助。

三、中小企业板发行制度建设的意见和建议

中小企业板的建立是完善我国多层次资本市场体系建设的重要举措。它前承主板市场,后启创业板市场,是具有中国特色的股

票市场,为中小企业融资提供了直接的平台,为促进高科技成长型企业发展发挥了一定的作用。但也正是由于它的中国特色,也使得发行制度建设走的是边摸索边过河的道路。因此在发展过程中,还是存在一些问题,需要各方力量齐心协力的配合,逐步改进。现行发审制度不便于科技型中小企业进入资本市场融资,与中小企业成长特点和对融资的急迫需求极不相符(黄丙志和石良平,2007),而且也不利于风险资本退出。

新股发行体制改革是个循序渐进的过程。从市场准入制度、发行审核制度到发行定价制度,牵一发而动全身,因此,需要结合国情和市场,稳步实施、分步推进。必要时,应该出台针对中小企业特征的相关政策,以促进高科技高成长型中小企业和 VC 的发展,更好地为中小企业的投融资创造有利环境。

(一)加大对中小企业板发行上市机制的研究

法律法规体系的变动会引发市场的波动,很可能影响其改革初衷。因此,有必要加大对中小企业板发行上市机制的研究投入,如可以采用问卷或者实地访谈等形式对现有制度中存在的问题进行广泛的调研,并对修订现有法律政策向社会各界广泛征集意见。在修订发行上市相关制度时,不应该头痛医头、脚痛医脚,要全盘考虑、系统思考,增加法律法规的时效性和稳定性,这样既能降低修订成本,也能减少政策变更对股市的影响。

(二)淡化行政管理,强化监督职能

现阶段,中小企业板发展已经走过了 9 年时间,尽管存在一些问题,但整体发展已经步入相对稳定阶段。因此,那些行政干预式的管理手段应该逐步退出舞台,逐步转向背后的监督。无论是发达国家,还是新兴市场,对于拟上市企业和已上市企业的监督都是必不可少的。如何有效发挥政府的监督职能,才是规范中小企业发行与上市行为的重点课题。而要实现监管切实有效,既需要有一套切实可行的监督办法,也需要形而有效的配套奖惩措施,同时还需要有专门的监督人才。而这些工作既需要社会各界的努力,也需要从监督理念、法规研读、人才培养等方面入手进行整改。

　　(三)明确发审委与保荐人的职责,增加审核透明性

　　保荐机构是企业新股发行与上市的看门人,而发审委的审核是企业上市的最后一道关口。如何界定两者的关系,明确两者的职责,是发行审核制度改革的一个重要问题。相关法规已经就保荐机构的持续监督等职责做了明确的规定,但相应的奖惩机制还有待完善。而发审委隶属于证监会,即便过会企业出现问题,一般也不追究其责任。权利义务的不对等,会导致人们对公平公正的质疑。现在,发审委的委员们一般来自于会计师事务所、律师事务所、资产评估机构等部门,选拔形式源于各单位的推荐,最终决定权则在证监会。在发行审核过程中,杜绝人情关系、增加审核的透明性是亟待解决的问题。笔者认为,可以建立追责制,对那些审核过会但 IPO 后发现问题的发行审核要根据工作底稿进行严格追查,明确职责,对于那些以权谋私、未尽职责的委员进行严惩,那些负责推荐和审定的部门与个人也应该负连带责任。只有明确了职责,才能更大程度上减少暗箱操作。对于审核标准、审核程序甚至审核过程,需要进一步公开明细,可以建立旁听机制,以增加对发行审核的监督。

　　(四)深化定价市场化改革

　　前面分析表明,市场化定价机制改革初见成效,但依然存在一些问题。事实证明,坚持走市场化定价道路是正确的。但是,为了防止私下串谋、投机炒作等行为的发生,还需要进一步借鉴成熟市场做法,如逐步试点注册制,在弱化强制锁定的同时,鼓励自愿锁

定行为。加大对盈余管理、上市欺诈等违法违规行为的处罚力度，可以采用市场禁入、限制申购、取消承销资格等形式给予惩罚，借此警示拟上市企业和相关中介机构。为了保护中小股东利益、维护市场公正，一方面要对保荐机构推荐的询价对象进行严格审核和监督，另一方面还需进一步放宽询价对象限制，允许信誉良好的中小投资者参与新股报价。

此外，中小企业板是中国特殊时期特殊环境下的产物，不应该局限于对西方市场的研究借鉴，还应该适当地进行制度创新。让市场主导定价成为发行定价机制的主导，但在市场化定价过程中，保证定价的合理性以及发行企业上市后的正常交易和良好发展也是必须要考虑的问题。为此，不仅需要加大力度研究制定市场化定价机制，还需要积极培育保荐机构、会计师事务所、律师事务所等中介机构，还包括积极引导 VC 参与市场化询价，以规范发行公司与各中介机构的行为，使其相互监督，更好地为发行公司提供增值服务。

参 考 文 献

一、外文部分

Abell Peter, Nisar Tahir, M., "Performance Effects of Venture Capital Firm Networks", *Management Decision*, Vol.45, No.5(2007), pp.923 – 936.

Adizes Ichak, *Corporate Lifecycles: How and Why Corporations Grow and Die and What to Do About It*, Prentice Hall Press, 1988.

Aernoudt, R., "Executive Forum: Seven Ways to Stimulate Business Angels Investment", *Venture Capital*, Vol.7, No.4(October 2005), pp.359-371.

Aggarwal Rajesh, K., Krigman, L., Womack Kent L., "Strategic IPO Underpricing, information Momentum, and Lockup Expiration Selling", *Journal of Financial Economics*, Vol.66, No.1(October 2002), pp.105-137.

Aghion Philippe, Bolton Patrick, "An incomplete Contracts Approach to Financial Contracting", *The Review of Economic Studies*, Vol. 59, No. 3 (July 1992) y pp.473-494.

Akerlof George, A., "The Market For 'Lemons': Quality Uncertainty and the Market Mechanism", *The Quarterly Journal of Economics*, Vol. 84, No. 3 (August 1970), pp.488-500.

Alemany, Luisaand Martí, José, "Unbiased Estimation of Economic Impact of Venture Capitalbacked Firms", (March 2005), EFA 2005 Moscow Meetings Paper.

Marshall Alfred, "'Some Aspects of Competition', The Address of the President of Section F-Economic Science and Statistics-of the British Association, At the Sixtiet Meeting, Held At Leeds, in September, 1890", *Journal of the Royal Statistical Society*, Vol.53, No.4(Dec., 1890), pp.612-643.

Allen, F., Faulhaber G. R., "Signaling By Underpricing in the IPO

301

Market", *Journal of Financial Economics*, Vol. 23, No. 2 (August 1989), pp. 303-323.

Amihud, Yakov, Shmuel Hauser Etc. " Allocations, Adverse Selection, and Cascades in Ipos: Evidence From the Tel Aviv Stock Exchange," *Journal of Financial Economics*, Vol.68, No.1(April 2003), pp.137-158.

Amit, R., Brander, J., Zott, C., "Why Do Venture Capital Firms Exist? Theory and Canadian Evidence", *Journal of Business Venturing*, Vol.13, No.6(November 1998), pp.441-466.

Amit, R., Glosten, L., Muller, E., "Entrepreneurial Ability, Venture investments, and Risk Sharing", *Management Science*, Vol.36, No.10, Focussed Issue on the State of the Art in Theory and Method in Strategy Research(Oct., 1990), pp.1232-1245

Andrew Ellul Pagano Marco, "IPO Underpricing and After-Market Liquidity. Oxford Journals, Economics, Social Sciences", *The Review of Financial Studies*, Vol.19, No.2(Summer, 2006), pp.381-421.

Arnott Richard J., Stiglitz Joseph, "The Basic Analytics of Moral Hazard", *The Scandinavian Journal of Economics*, Vol.90, No.3 (September 1988), pp. 383-413.

Arugaslan onur, Cook Douglas O., Kieschnick Robert, " Monitoring As a Motivation For IPO Underpricing", *The Journal of Finance*, Vol.59, No.5(Oct., 2004), pp.2403-2420.

Asquith Daniel, Jones Jonathan, D., Kieschnick Robert, "Evidence on Price Stabilization and Underpricing in Early IPO Returns", *The Journal of Finance*, Vol.53, No.5(Oct., 1998), pp.1759-1773.

Astrachan Joseph H. Her H., Monica, M., Mcconaughy, Daniel, L., " Venture Capitalists, insider Ownership and Firm Performance Around Ipos: Small Firm Evidence Entrepreneurship in a Diverse World", 2005. *SSRN*: *Http:// ssrn.com/abstract* = 1497816.

Astrachan, Joseph, H. H., Her, M., Monica, Mcconaughy, Daniel, L., " Venture Capitalists, insider Ownership and Firm Performance Around Ipos: Small Firm Evidence ", *Entrepreneurship in a Diverse World*, Vol.12 (2005), pp.2005.

Aylward, E.H., Burt, D.B., Thorpe, L.U., Et Al. "Diagnosis of Dementia in Individuals with Intellectual Disability", *Journal of intellectual Disabilities Research*, Vol.41, No.2 (April 1997), pp.152-164.

Bachelier, L. *Theory of Speculation: The Origins of Modern Finance*, New Jersey: Prrinceton University Press, 1900.

Barnes, E., Cahill, E., Mccarthy, Y., "Grandstanding in the UK Venture Capital Industry", *Journal of Alternative investments*, Vol.6, No.3 (2003), pp. 60-80.

Baron, James, N., "Economic Segmentation and the Organization of Work", Phd Dissertation, University of California, 1982.

Barry Christopher, B., "New Directions in Research on Venture Capital Finance", *Financial Management*, Vol.23, No.3, Venture Capital Special Issue (Autumn, 1994), pp.3-15.

Barry Christopher, B., Mihov Vassil, T., "Debt Financing, Venture Capital, and Initial Public Offerings", (March 2006). *SSRN: Http://ssrn.com/abstract =* 820248 *Or Http:// dx.doi.org/*10. 2139/ssrn. 820248.

Barry Christopher, B., Muscarella Chris, J., Peavy John III, Vetsuypens, Michael, R., "The Role of Venture Capital in the Creation of Public Companies: Evidence From the Going-Public Process", *Journal of Financial Economics*, Vol.27, No.2 (October 1990), pp.447-471.

Beatty, Randolph, P. and Ritter, Jay, R., "Investment Banking, Reputation, and the Underpricing of Initial Public offerings ", *Journal of Financial Economics*, Vol.15, No.1-2 (1986), pp.213-232.

Benveniste Lawrence, M., Spindt Paul., A., "How investment Bankers Determine the Offer Price and Allocation of New Issues", *Journal of Financial Economics*, Vol.24, No.2 (1989), pp.343-361.

Berger Allen, N., Udell Gregory, F., "The Economics of Small Business Finance: The Roles of Private Equity and Debt Markets in the Financial Growth Cycle", *Journal of Banking and Finance*, Vol.22 No.6-8 (August 1998), pp. 613-673.

Berglof Erik, "The Governance Structure of the Japanese Financial Keiret-su", *Journal of Financial Economics*, Vol. 36, No. 2 (October 1994), pp. 259-284.

Berglof Erik, "A Control Theory of Venture Capital Finance", *Journal of Law, Economics & Organization*, Vol.10, No.2(Oct., 1994), pp.247-267.

Bertoni Fabio, Massimo Colombo, Luca Grilli, "Venture Capital Financing and the Growth of New Technology-Based Firms: a Longitudinal Analysis of the Role of the Type of Investor", *Rivista Italiana Degli Economisti*, Vol. 15, No. 3 (December 2010), p.433

Bessler, Wolfgangand Seim Martin, "Venture Capital and Initial Public Offerings in Europe: Underpricing, Long-Run Performance, and Firm Characteristics," Awarded With the "IECER 2011 Best Paper Award" (2011).

Black, B., Gilson, R., "Venture Capital and the Structure of Capital Markets: Banks Versus Stock Markets", *Journal of Financial Economics*, Vol.47, No.3(March 1998), pp.243-277.

Black Fisher, "Noise", *The Journal of Finance*, Vol.41, No.3, Papers and Proceedings of the Forty-Fourth Annual Meeting of the America Finance Association, New York, December 28-30,1985(Jul., 1986), pp.529-543.

Booth James, R., Booth Lena Chua and Deli Daniel, "Choice of Underwriters in Initial Public Offerings", *Journal of Business and Policy Research*, 2010, Vol.5, No.2.

Booth, J., Chua, L., "Ownership Dispersion, Costly information and IPO Underpricing" *Journal of Financial Economics*, Vol. 41, No. 2 (1996), pp. 291-310.

Bottazzi, L., Da Rin, M., "Venture Capital in Europe and the Financing of Innovative Companies", *Economic Policy*, Vol. 17, No. 4, (April 2002), 231-269.

Bottazzi Laura, Da Rin Marco, Van Ours Jan, C., Berglöf Erik, "Venture Capital in Europe and the Financing of innovative Companies", *Economic Policy*, Vol.17, No.34(Apr., 2002), pp.229-269.

Boulton Thomas J., "A Managerial Motive For Initial Public Offering Underpricing".Doctoral Dissertation,University of Pittsburgh,2006.

Bradley Daniel,J.,Jordan Bradford,D.,"Partial Adjustment to Public", *The Journal of Financial and Quantitative Analysis*, Vol.37,No.4(Dec.,2002), pp.595-616.

Brav Alon,Gompers Paul,A.,"Myth Or Reality? The Long-Run Under-performance of Initial Public Offerings:Evidence From Venture and Nonventure Capital- Backed Companies", *The Journal of Finance*, Vol.52, No.5 (Dec., 1997),pp.1791-1821.

Brau James,C.,Brown Richard,A.,Osteryoung,Jerome,"Do Venture Cap-italists Add Value to Small Manufacturing Firms? An Empirical Analysis of Ven-ture and Nonventure Capital-Backed Initial Public Offerings", *Journal of Small Business Management*,Vol.42,No.1(January 2004),pp.78-92.

Brealey,Richard A.,Myers Stewart,C.,*Principles of Corporate Finance*, New York:Mcgraw-Hill(4th Edition),1991.

Brennan,M.J.,Franks,J.,"Underpricing,Ownership and Control in Initial Public Offerings of Equity Securities in the UK", *Journal of Financial Econom-ics*, Vol.45,No.3(September 1997),pp.391-413.

Bruton, G., Filatotchev, I., Chahine, S., Wright, M., "Governance, Ownership Structure and Performance of IPO Firms:The Impact of Different Types of Private Equity Investors and Institutional Environments", *Strategic Management Journal*, Vol.31,No.5(May 2010),pp.491-509.

Bygrave,W.D.,Timmons,J.A.,*Venture Capital At the Crossroads*,Boston: Harvard Business School Press,1992.

Camerer,C.,"An Experimental Test of Several Generalized Utility Theo-ries," *Journal of Risk and Uncertainty*,Vol.2,No.1(April 1989),pp 61-104.

Campbell Terry,L.,Frye Melissa,B.,"Venture Capitalist Monitoring:Evi-dence From Governance Structures",*The Quarterly Review of Economics* 和 *Fi-nance*,Vol.49,No.2,(May 2009),p.265.

Carter Richard,Manaster Steven,"Initial Public Offerings and Underwriter Reputation", *The Journal of Finance*, Vol.45, No.4 (Sep.,1990), pp.1045 -1067.

Chahine Salim, Marc Goergen, "VC Board Representation and IPO Performance", *ECGI-Finance Working Paper No.280*, 2010.

Franzke Stefanie, A., "Underpricing of Venture Capital-Backed and Non Venture Capital-Backed Ipos: Germanya Neuer Markt", *Emerald Group Publishing Limited*, Vol.1, No.10(2004), pp.201-230.

Chahine Salim, Filatotchev Igor, Wright Mike, "Venture Capitalists, Business Angels, and Performance of Entrepreneurial Ipos in the UK and France", *Journal of Business Finance & Accounting*, Vol.34, No.3-4(April/May 2007), pp.505-528.

Chan Yuk-Shee, "on the Positive Role of Financial Intermediation in Allocation of Venture Capital in a Market With Imperfect Information", *The Journal of Finance*, Vol.38, No.5(Dec., 1983), pp.1543-1568.

Chemmanur, Thomas, J.and Loutskina, Elena, "The Role of Venture Capital Backing in Initial Public Offerings: Certification, Screening, Or Market Power?", (September 2006), EFA 2005 Moscow Meetings Paper.

Chemmanur, Thomas J., "The Pricing of Initial Public Offerings", *The Journal of Finance*, Vol.48, No.1(Mar., 1993), pp.285-304.

Chen, G.M., Gao, N., "IPO Underpricing in the Chinese Stock Market", *Journal of Financial Research*, Vol.242, No.8(August 2000), pp.1-12.

Chen Shan - Ang, Guo Shi - Yu, "IPO Underpricing and Investor Sentiment—Base on the SME Board Under the Circumstance of the Full Circulation", *International Journal of Systems and Control*, No.3(2008), pp.158-168.

Chen Henry, Gompers Paul, Kovner Anna, Lerner Josh, "Buy Local? The Geography of Venture Capital", *Journal of Urban Economics*, Vol.67, No.1(January 2010), pp.90-102.

Christopher James, "Relationship-Specific Assets and the Pricing of Underwriter Services", *The Journal of Finance*, Vol.47, No.5(Dec., 1992), pp.1865-1885.

Coase, R H., "The Nature of the Firm", *Economica*, New Series, Vol.4, No.16(Nov., 1937), pp.386-405.

Cook Douglas, Sherry Jarrell, Robert Kieschnick, "US IPO Cycles: The

Role of Uncertainty, Divergent Investor Opinion and Short-Sale Constraints", Working Paper. Dallas: University of Texas, 2003.

Cootner, P H., "The Random Character of Stock Market Prices", Cambridge M A: The MIT Press, 1964.

Cornelli Francesca, Yosha Oved, "Stage Financing and the Role of Convertible Securities", *The Review of Economic Studies*, Vol.70, No.1 (Jan., 2003), pp. 1-32.

Cumming Douglas J, Macintosh Jeffrey G, "A Cross-Country Comparison of Full and Partial Venture Capital Exits", *Journal of Banking Finance*, Vol.27, No.3 (March 2003), pp.511-548.

De Bettignies, Jean-Etienne, Brander, James, A., "Financing Entrepreneurship: Bank Finance Versus Venture Capital", *Journal of Business Venture*, Vol. 22, No.6, (November 2007), pp.808-832.

Dehudy, T.D., Fast, N.D., Pratt, S.E., "The Venture Capital industry: Opportunities and Considerationsfor Investors", Working Paper, Capital Publishing Corp, 1981.

Delong, J., Bradford, Shleifer Andrei, Summers Lawrence H., Waldman Robert J., "Noise Trader Risk in Financial Markets", *Journal of Political Economy*, Vol.98, No.4 (Aug., 1990), pp.703-738.

Dessí Roberta, "Start-Up Finance, Monitoring, and Collusion", *The Rand Journal of Economics*, Vol.36, No.2 (Summer, 2005), pp.255-274.

Dolvin, Steven, "Venture Capitalist Certification of Ipos", *An International Journal of Entrepreneurial Finance*, Vol.7, No.2 (April 2005), pp.131-148

DrakePhilip, D., Vetsuypens Michael, R., "IPO Underpricing and Insurance Against Legal Liability", *Financial Management*, Vol. 22, No. 1 (Spring, 1993), pp.64-73.

Ellis Katrina, Michaely Roni, O'Hara Maureen, "When the Underwriter Is the Market Maker: An Examination of After-Market Trading in Ipos", *The Journal of Finance*, Vol.55, No.3 (June 2000), pp.1039-1074.

Engel Dirk, "The Impact of Venture Capital on Firm Growth: An Empirical investigation", January 15, 2002. ZEW Discussion Paper No.02-02.

FamaEugene, F., French Kenneth, R., "Financing Decisions: Who Issues Stock?", *Journal of Financial Economics*, Vol. 76, No. 3 (June 2005), pp. 549-582.

FamaEugene, F., Fisher Lawrence, Jensen Michael, C., Roll Richard, "The Adjustment of Stock Prices to New information", *International Economic Review*, Vol. 10, No. 1 (Feburary 1969), pp. 1-21.

FamaEugene, F., "Efficient Capital Markets: A Review of Theory and Empirical Work", *The Journal of Finance*, Vol. 25, No. 2, Papers and Proceedings of the Twenty-Eighth Annual Meeting of the American Finance Association New York, N.Y. December, 28-30, 1969 (May, 1970), pp. 383-417.

Florin, Juan "Is Venture Capital Worth It? Effects on Firm Performance and Founder Returns", *Journal of Business Venturing*, Vol. 20, No. 1 (January 2005), pp. 113-136.

Francis B. B., I. Hasan, "The Underpricing of Venture and Non Venture Capital Ipos: An Empirical Investigation", *Journal of Financial Services Research*, Vol. 19, No. 2-3 (April 2001), pp. 99-113.

Filatotchev Igor, Wright Mike, Arberk Mufit, "Venture Capitalists, Syndication and Governance in Initial Public Offerings", *Small Business Economics*, Vol. 26, No. 4 (May 2006), pp. 337-350.

Field Laura, Sheehan Dennis, "IPO Underpricing and Outside Blockholdings", *Journal of Corporate Finance*, Vol. 10, No. 2 (March 2004), pp. 263-280.

Finn Frank, J., Higham Ron, "The Performance of Unseasoned New Equity Issues-Cum-Stock Exchange Listings in Australia", *Journal of Banking & Finance*, Vol. 12, No. 3 (September 1988), pp. 333-351.

Fried Vance, H., Hisrich Robert, D., "Toward a Model of Venture Capital Investment Decision Making", *Financial Management*, Vol. 23, No. 3, Venture Capital Special Issue (Autumn 1994), pp. 28-37

Gaba Vibha, Meyer Alan, D., "Crossing the Organizational Species Barrier: How Venture Capital Practices Infiltrated the Information Technology Sector", *Academy of Management Journal*, Vol. 51, No. 5 (October 2008), pp. 976-998.

Gangi Francesco, Rosaria Lombardo, "The Evaluation of Venture-Backed

Ipos.Certification Model Versus Adverse Selection Model, Which Does Fit Better?", *Computer Science Studies in Classification, Data Analysis, and Knowledge Organization*, No.7(2008), pp. 507-517.

Gary Dushnitsky, Michael J.Lenox, "When Does Corporate Venture Capital Investment Create Firm Value?", *Journal of Business Venturing*, Vol.21, No.6 (November 2006), pp.753-772.

Gibson, G., *The Stock Markets of London, Paris and New York*, New York: Putnam's Sons, 1889.

Gompers Paul, A., Josh Lerner, *The Money of Invention*, Boston: Harvard Business School Press, 2001.

Gompers Paul, Kovner Anna, Lerner Josh, Scharfstein David, "Performance Persistence in Entrepreneurship", *Journal of Financial Economics*, Vol.96, No.1 (April 2010), pp.18-32.

Gompers Paul, Lerner Josh, "The Use of Covenants: An Empirical Analysis of Venture Partnership Agreements", *Journal of Law and Economics*, Vol.39, No.2(Oct., 1996), pp.463-498.

Gompers Paul, Lerner Josh, "Venture Capital Distributions: Short-Run and Long-Run Reactions", *The Journal of Finance*, Vol.53, No.6(Dec., 1998), pp.2161-2183.

Gompers, Paul, "Ownership and Control in Entrepreneurial Firms: An Examination of Convertible Securities in Venture Capital investment", Working Paper, 1999.

Gompers, Paul. "Grandstanding in the Venture Capital industry", *Journal of Financial Economics*, Vol.42, No.1(September 1996), pp.133-156.

Gompers Paul, Lerner Josh, "The Venture Capital Revolution", *The Journal of Economic Perspectives*, Vol.15, No.2(Spring, 2001), pp.145-168

Gorman Michael, William A. Sahlman, "What Do Venture Capitalists Do?", *Journal of Business Venturing*, Vol.4, No.4(January 1989), pp.231-248.

Gort Michael, Klepper Steven, "Time Paths in the Diffusion of ProductInnovations", *The Economic Journal*, Vol. 92, No. 367 (September 1982), pp.630-653.

Grinblatt Mark, HwangChuan Yang, "Signalling and the Pricing of New Issues", *The Journal of Finance*, Vol.44, No.2 (June 1989), pp.393-420

Grossman Sanford, J., Stiglitz Joseph, E., "on the Impossibility of Informationally Efficient Markets", *The American Economic Review*, Vol.70, No.3 (June 1980), pp.393-408.

Grossman Sanford, J., "Further Results on the informational Efficiency of Competitive Stock Markets", *Journal of Economic Theory*, Vol.18, No.1 (June 1978), pp.81-101.

Grossman Sanford J., "On the Efficiency of Competitive Stock Markets Where Traders Have Diverse information", *The Journal of Finance*, Vol.31, No.2 (December 1975), pp.28-30, Papers and Proceedings of the Thirty-Fourth Annual Meeting of the American Finance Association Dallas, Texas, (May 1976), pp.573-585.

Grossman Stanford, J., Hart Oliver, D., "The Costs and Benefits of Ownership: A Theory of Vertical and Lateral Integration", *Journal of Political Economy*, Vol.94, No.4 (August 1986), pp.691-719.

Gupta, Anil, K., Sapienza Harry, J., "Determinants of Venture Capital Firms´ Preferences Regarding the Industry Diversity and Geographic Scope of Their Investments", *Journal of Business Venturing*, Vol.7, No.5 (September 1992), pp.347-362.

Hadass, Leon, Coakley, Jerry, "Post-IPO Operating Performance, Venture Capital and the Bubble Years", *Journal of Business Finance*, Vol.34, No.9-10 (November/ December 2007), pp.1423-1446.

Habib Michel, A., Ljungqvist Alexander, P., "Underpricing and IPO Proceeds: a Note, Economics Letters", *Economics Letters*, Vol.61, No.3 (December 1998), pp.381-383.

Hall John, Hofer Charles W., "Venture Capitalists' Decision Criteria in New Venture Evaluation", *Journal of Business Venturing*, Vol.8, No.1 (January 1993), pp.25-42.

Hanley K., A.Kumar, P.Seguin, "Price Stabilization in the Market For New Issues", *Journal of Financial Economics*, Vol.34, No.2, (October 1993), pp.

177-192.

Hart Oliver, Moore John, "Property Rights and the Nature of the Firm", *Journal of Political Economy*, Vol.98, No.6(December 1990), pp.1119-1158.

Hellmann Thomas, Puri Manju, "Venture Capital and the Professionalization of Start-Up Firms: Empirical Evidence", *The Journal of Finance*, Vol.57, No.1 (Feburary 2002), pp.169-197.

Hellmann Thomas, "The Allocation of Control Rights in Venture Capital Contracts", *The Rand Journal of Economics*, Vol.29, No.1 (Spring, 1998), pp.57-76.

Hellmann Thomas, Puri Manju, "The Interaction between Product Market and Financing Strategy: The Role of Venture Capital", *The Review of Financial Studies*, Vol.13, No.4(Winter 2000), pp.959-984.

Hensler Douglas, A., "Litigation Costs and the Underpricing of Initial Public Offerings", *Managerial and Decision Economics*, Vol. 16, No. 2 (March/April 1995), pp.111-128.

Hill, P., "Ownership Structure and IPO Underpricing", *Journal of Business Finance and Accounting*, Vol.33, No.1-2(January/March 2006), pp.102-126.

Hsu David, H., "What Do Entrepreneurs Pay For Venture Capital Affiliation?", *The Journal of Finance*, Vol.59, No.4(August 2004), pp.1805-1844.

Hughes Patricia, J., Thakor Anjan, V., "Litigation Risk, Intermediation, and the Underpricing of Initial Public Offerings", *The Review of Financial Studies*, Vol.5, No.4(1992), pp.709-742.

Ibbotson, Roger G., "Price Performance of Common Stock New Issues", *Journal of Financial Economics*, Vol.2, No.3(September 1975), pp.235-272.

Jain Bharat A., Kini Omesh, "Venture Capitalist Participation and the Post-Issue Operating Performance of IPO Firms", *Managerial and Decision Economics*, Vol.16, No.6(November/December 1995), pp.593-606.

Jegadeesh, N., Weinstein, M., Welch, I., "An Empirical Investigation of IPO Returns and Subsequent Equity Offerings", *Journal of Financial Economics*, Vol.34, No.2(October 1993), pp.153-175.

Jeng, Leslie A. Wells, Philippe, C., "The Determinants of Venture Capital

Funding: An Empirical Analysis", *The Journal of Corporate Finance*, Vol.6, No.3 (September 2000), pp.241-289.

Jog, Vijay, M., Riding Allan, L., "Underpricing in Canadian Ipos", *Financial Analysts Journal*, Vol.43, No.6 (November/December 1987), pp.48-55.

Kanniainen, Vesa & Keuschnigg, Christian, 2004. "Start - Up Investment with Scarce Venture Capital Support," *Journal of Banking & Finance*, Vol.28, No.8(August 2004), pp.1935-1959.

Kaplan Robert, S., Roll Richard, "Investor Evaluation of Accounting Information: Some Empirical Evidence", *The Journal of Business*, Vol.45, No.2(April, 1972), pp.225-257.

Kaplan Steven, Strömberg Per., "Venture Capitalists As Principals: Contracting, Screening, and Monitoring", *The American Economic Review*, Vol.91, No.2, Papers and Proceedings of the Hundred Thirteenth Annual Meeting of the American Economic Association(May 2001), pp.426-430.

Kaplan Steven, Strömberg Per, "Financial Contracting Theory Meets the Real World: An Empirical Analysis of Venture Capital Contracts", *The Review of Economic Studies*, Vol.70, No.2(April 2003), pp.281-315.

Keloharju, Matti, "The Winner's Curse, Legal Liability, and the Long-Run Performance of Initial Public Offerings", *Journal of Financial Economics*, Vol.34, No.2(October 1993), pp.251-277.

Kendall, M.G., Hill A.Bradford, "The Analysis of Economic Time-Series—Part I: Prices", *Journal of the Royal Statistical Society*. Series A(General), Vol.116, No.1(1953), pp.11-34.

KirilenkoAndrei A., "Valuation and Control in Venture Finance", *The Journal of Finance*, Vol.56, No.2(April 2001), pp.565-587.

Kling Gerhard., Gao Lei, "Chinese Institutional Investors' Sentiment", *Journal of International Financial Markets, Institutions and Money*, Vol.18, No.4 (August 2008), pp.374-387.

Knight, F.H., *Risk Uncertainty and Profit*, New York: Kelley Reprint of Economic Classics, 1921.

Koh, Francis, Walter Terry, "A Direct Test of Rock's Model of the Pricing of Unseasoned Issues", *Journal of Financial Economics*, Vol.23, No.2 (August 1989), pp.251−272.

Kraus, Tilo, "Underpricing of Ipos and the Certification Role of Venture Capitalists: Evidence From Germany's Neuer Markt", (February 17, 2002). *Available at SSRN: Http://Ssrn. Com/Abstract* = 301431 *or Http://dx. doi. org/* 10. 2139/*ssrn.* 301431.

Krigman Laurie, Shaw, W., Womack Kent, L., "Why Do Firms Switch Underwriters", *Journal of Financial Economics*, Vol.60, No.2−3 (May 2001), pp. 245−284.

Kumar A Vinay, "Venture Backed IPO's in India: Issues of Certification and Underpricing", *The Journal of Entrepreneurial Finance* 和 *Business Ventures*, Vol.9, No.2 (2004), pp.93−108

Landskro Yoram, Paroush Jacob, "Venture Capital: Structure and incentives", *International Review of Economics Finance*, Vol.4 (1995), pp.317−332.

Lee Peggy, M., Wahal Sunil, "Grandstanding Certification and the Underpricing of Venture Capital Backed Ipos", *Journal of Financial Economics*, Vol. 73, No.2 (August 2004), pp.375−407.

Lerner Josh, "The Syndication of Venture Capital investments", *Financial Management, Venture Capital Special Issue*, Vol.23, No.3 (Autumn 1994), pp. 16−27.

Lerner, Josh, "Venture Capitalists and the Oversight of Private Firms", *The Journal of Finance*, Vol.50, No.1 (March 1995), pp.301−318.

Roberts Harry, V., "Stock−Market' Patterns' and Financial Analysis: Methodological Suggestions", *The Journal of Finance*, Vol.14, No.1 (March 1959), pp.1−10.

Levis Mario, "The Winner's Curse Problem, Interest Costs, and the Underpricing of Initial Public Offerings", *The Economic Journal*, Vol. 100, No. 399 (March 1990), pp.76−89.

Lin, T.H., "The Certification Role of Large Blockholders in Initial Public Offerings: the Case of Venture Capitalists", *Quarterly Journal of Business and E-*

conomics, Vol.35, No.2(1996), pp.55-65.

Ljungqvist Alexander, Wilhelm Jr. William, J., "Does Prospect Theory Explain IPO Market Behavior?", *The Journal of Finance*, Vol. 60, No. 4 (August 2005), pp.1759-1790.

Ljungqvist Alexander, Nanda Vikram, Singh Rajdeep, "Hot Markets, Investor Sentiment and IPO Pricing", *The Journal of Business*, Vol. 79, No. 4 (July 2006), pp.1667-1702.

Loughran, T., Ritter Jay, R., "The Operating Performance of Firms Conducting Seasoned Equity offerings", *The Journal of Finance*, Vol. 52, No. 5 (December 1997), pp.1823-1850.

Loughran, T., Ritter Jay, R., "Why Don't Issuers Get Upset About Leaving Money on the Table in Ipos", *The Review of Financial Studies*, Vol.15, No.2, Special Issue: Conference on Market Frictions and Behavioral Finance(2002), pp.413-443.

Lowry Michelle, Shu Susan, "Litigation Risk and IPO Underpricing", *Journal of Financial Economics*, Vol.65, No.3(September 2002), pp.309-335.

Mandelbrot, B., "Forecasts of Future Prices, Unbiased Markets, and 'Martingale' Models", *The Journal of Business*, Vol.39, No.1, Part 2: Supplement on Security Prices(January 1966), pp.242-255.

Manigart Sophie, De Maeseneire Wouter, "Initial Returns: Underpricing or Overvaluation? Evidence From Easdaq and Euronm", Vlerick Leuven Gent Management School Working Paper Series 2003-11, Vlerick Leuven Gent Management School, 2003.

Manigart Sophie, De Waele, Koen, Wright, Etc. "Determinants of Required Return in Venture Capital Investments: a Five-Country Study", *Journal of Business Venturing*, Vol.17, No.4(July 2002), pp.291-312.

Marina Balboa Ramón, Nina Zieling, José Martí Pellón, "Does Venture Capital Really Improve Portfolio Companies'Growth? Evidence From Growth Companies in Continental, Documentos De Trabajo En Finanzas De Empresas", 2006 *DOI*: (*Revista*) *ISSN* 1698-8183.

Marshall Beverly, B., "The Effect of Firm Financial Characteristics",

Journal of Economics and Finance, Vol.28, No.1 (Spring 2004), pp.88-103.

Megginson William, L., Netter Jeffry, M., "From State to Market: A Survey of Empirical Studies on Privatization", *Journal of Economic Literature*, Vol.39, No.2 (June 2001), pp.321-389.

Megginson William, L., Weiss Kathleen, A., " Venture Capitalist Certification in Initial Public Offerings", *The Journal of Finance*, Vol.46, No.3, Papers and Proceedings, Fiftieth Annual Meeting, American Finance Association, Washington, D. C., December 28 - 30, 1990 (July 1991), pp. 879-903.

Mikkelson, W.H., Partch, M.M, Shah, K., "Ownership and Operating Performance of Companies That Go Public", *Journal of Financial Economics*, Vol. 44, No.3 (June 1997), pp.281-307.

Miller Danny, Friesen. Peter, H., " A Longitudinal Study of the Corporate Life Cycle", *Management Science*, Vol. 30, No. 10 (October 1984), pp. 1161 -1183.

Myers Stewart, C., Majluf, Nicholas, S., " Corporate Financing and Investment Decisions When Firms Have Information That Investors Do Not Have," *Journal of Financial Economics*, Vol.13, No.2 (1984), pp.187-221.

Na Dai, "Does Investor Identity Matter? An Empirical Examination of Investments by Venture Capital Funds and Hedge Funds in Pipes", *Journal of Corporate Finance*, Vol.13, No.13 (September 2007), pp.538-563.

Nelson, R.R., Winter, S.G., "An Evolutionary Theory of Economic Behavior and Capabilities", Cambridge: Harvard University Press, 1982

Neus, Werner, Walz Uwe, "Exit Timing of Venture Capitalists in the Course of an Initial Public Offering", *Journal of Financial Intermediation*, Vol. 14 (2005), pp.253-277.

Osborne, M.F.M., "Brownian Motion in the Stock Market", *Operations Research*, Vol.7, No.2 (March/ April 1959), pp.145-173.

Penrose, E. T., *The Theory of the Growth of the Firm*, New York: John Wiley, 1959.

Prahalad, C.K., Hamel, G., "The Core Compentency of a Corporation",

Harvard Business Review, Vol.68, No.3(1990), pp.79-79.

Ramy Elitzur, Arieh Gavious, "A Model of Venture Capital Screening", Working Paper, 2006.

Reilly Frank, K., "Further Evidence on Short-Run Results For New Issue Investors", *The Journal of Financial and Quantitative Analysis*, Vol.8, No.1(January 1973), pp.83-90.

Rock, K., "Why New Issues Are Underpriced", *Journal of Financial Economics*, Vol.15, No.1-2(March 1986), pp.187-212.

Rossetto Silvia, "The Price of Rapid Exit in Venture Capital - Backed Ipos", *Annuals of Finance*, Vol.4, No.1(2006), pp.29-53.

Rothschild Michael, Stiglitz Joseph, "Equilibrium in Competitive insurance MaRkets: An Essay on the Economics of Imperfect Information", *The Quarterly Journal of Economics*, Vol.90, No.4(November 1976), pp.629-649.

Ruud Van Frederikslust, Roy Van Der Geest, "Initial Returns and Long-Run Performance of Private Equity-Backed Initial Public Offerings on the Amsterdam Stock Exchange", *Journal of Financial Transformation*, No.10(Januaray 2004), pp.121-127.

Ruud Judith, S., "Underwriter Price Support and the IPO Underpricing Puzzle", *Journal of Financial Economics*, Vol.34, No.2(October 1993), pp.135-151.

Sahlman, W., "The Structure and Governance of Venture-Capital Organizations", *Journal of Financial Economics*, Vol.27, No.2(December 1990), pp.473-521.

Samuelson, P.A., "Proof That Properly Anticipated Prices Fluctuate Randomly". *Industrial Management Review*, Vol.6(Spring 1965), pp.41-49.

Sapienza, Harry, J., "When Do Venture Capitalists Add Value?", *Journal of Business Venturing*, Vol.7, No.1(1992), pp.9-27.

Schmidt Klaus, M., "Convertible Securities and Venture Capital Finance", *The Journal of Finance*, Vol.58, No.3(Junuary 2003), pp.1139-1166.

Schultz, P., Zaman, M., "After Market Support and Underpricing of Initial Public Offerings", *Journal of Financial Economics*, Vol.35, No.2(April 1994), pp.199-219

Scott Latham, Michael R. Braun. , "To IPO Or Not to IPO: Risks, Uncertainty and the Decision to Go Public", *British Journal of Management*, Vol.21, No.3(September 2010), pp.666-683.

Shachmurove Yochanan, "Geography and Industry Meets Venture Capital", PIER Working Paper No.07-015, (March 2007).

Shiller R J., *Market Volatility*, London: M A: MIT Press, 1990.

Simon. Benninga, Mark Helmantel, Oded Sarig. , "The Timing of Initial Public Offerings", *Journal of Financial Economics*, Vol.75, No.1 (2005), pp. 115-132.

Smith A. , "The Wealth of Nations (Books I - III)", *London: Penguin Books*, 1776.

Manigart Sophie, De Waele Koen, Wright Mike & Robbie, Et Al. , "Determinants of Required Return in Venture Capital Investments: a Five - Country Study," *Journal of Business Venturing*, Vol.17, No.4(July 2002), pp.291-312.

Sorenson Olav, Stuart Toby, E. , "Syndication Networks and the Spatial Distribution of Venture Capital investments", *American Journal of Sociology*, Vol.106, No.6(May 2001), pp.1546-1588.

Stigler George, J. , "The Division of Labor Is Limited By the Extent of the Market", *Journal of Political Economy*, Vol.59, No.3 (June 1951), pp.593: 185-193.

Stoll, Hans, R. , Curley Anthony, J. , "Small Business and the New Issues Market For Equities", *Journal of Financial and Quantitative Analysis*, Vol.5, No.3(September, 1970), pp.309-322.

Su Dongwei, Leverage, "Insider Ownership, and the Underpricing of Ipos in China".*Journal of International Financial Markets, Institutions and Money*, Vol. 14, .No.1(February 2004), pp.37-54.

Suchard Jo - Ann. , "The Impact of Venture Capital Backing on the Corporate Governance of Australian initial Public offerings", *Journal of Banking Finance*, Vol.33, No.4(April 2009), pp.765-774.

Tammy K.Berry, Fields L.Paige, Wilkinsc Michael S. , "The Interaction Among Multiple Governance Mechanisms in Young Newly Public Firms", *Journal of Corporate Finance*, Vol 12, No.3(June 2006), pp.449-466.

Teece David, J., Pisano Gary, Shuen Amy, "Dynamic Capabilities and Strategic Management", *Strategic Management Journal*, Vol. 18, No. 7 (August 1997), pp.509-533.

Thaler Richard, H., "Mental Accounting and Consumer Choice", *Marketing Science*, Vol.4, No.3(Summer 1985), pp.199-214.

Thaler Richard, H., "Toward a Positive Theory of Consumer Choice", *Journal of Economic Behavior & Organization*, Vol.1, No.1(March 1980), pp. 39-60.

Tinic Seha, M., "Anatomy of Initial Public Offerings of Common Stock." *The Journal of Finance*, Vol.43, No.4(September 1988), pp.789-822.

Tykvova Tereza, "Who Chooses Whom? Syndication, Skills and Reputation", *Review of Financial Economics*, Vol.16, No.1(2007), pp.5-28.

Tykvova Tereza, "What Do Economists Tell Us about Venture Capital Contracts?", *Journal of Economic Surveys*, Vol. 21, No. 1 (February 2007), pp. 65-89.

Ueda Masako, "Banks Versus Venture Capital: Project Evaluation, Screening and Expropriation", *The Journal of Finance*, Vol. 59, No. 2 (April 2004), pp.601-621.

Vong Anna, P. I., "Rate of Subscription and After-Market Volatility in Hong Kong IPO", *Applied Financial Economics*, Vol. 16, No. 1 (November 2006), pp.1217-1224.

Wadhwa Anu, Kotha Suresh, "Knowledge Creation Through External Venturing: Evidence From the Telecommunications Equipment Manufacturing Industry", *The Academy of Management Journal*, Vol.49, No.4(August 2006), pp. 819-835.

WangClement, K., Wang Kangmao, Lu Qing, "Effects of Venture Capitalists'Participation in Listed Companies", *Journal of Banking and Finance*, Vol.27, No.10(October 2003), pp.2015-2034.

Wasmer Etienne, Weil Philippe, "The Macroeconomics of Labor and Credit

Market Imperfections", *The American Economic Review*, Vol.94, No.4 (September 2004), pp.944–963.

Welch, Ivo, " Seasoned offerings, Imitation Costs, and the Underpricing of Initial Public Offerings", *The Journal of Finance*, Vol.44, No.2 (June1989), pp. 421–449.

Welch, Ivo, "Sequential Sales, Learning, and Cascades", *The Journal of Finance*, Vol.47, No.2 (Jun., 1992), pp.695–732.

Welpe Isabell, M., Kollmer Holger, " Bio – Entrepreneurs and Their investors: a Mutually Beneficial Relationship?", *international Journal of Biotechnology*, Vol.8, No.3–4 (March 2006), pp.304–318.

Wernerfelt, B., "Consumers with Differing Reaction Speeds, Scale Advantages and industry Structure", *European Economic Review*, Vol.24, No.4 (July/August 1984), pp.257–270.

Williams David, R., Duncan W. Jack, Ginter Peter M., "Structuring Deals and Governance After the IPO: Entrepreneurs and Venture Capitalists in High Tech Start–Ups", *Business Horizons*, Vol.49, No.4 (2006), pp.303–311.

Williamson, O.E., " Asset Specificity and Economic Organization", *International Journal of Industrial Organization*, Vol.34 (1985), pp.365–378.

Williamson, O.E., *Markets and Hierarchies*, *New York: Free Press*, 1975.

Winton andrew, Vijay Yerramilli, " Entrepreneurial Finance: Banks Versus Venture Capital", *Journal of Financial Economics*, Vol.4, No.1 (2008), pp. 51–79.

Zacharakis, A.L., Meye, G.D., "Can They Improve the Venture Capital Investment Decision?", *Journal of Business Venturing*, Vol. 15 (2000), pp. 323–346.

Zhao, R, Adizes, I., *Enterprise Life Cycle*, Beijing: Chinese Social Sciences Publishing House, 1997.

Zucker Lynne, G., Darby Michael, R., Armstrong Jeff S., "Commercializing Knowledge: University Science, Knowledge Capture, and Firm Performance in Biotechnology", *Management Science*, Vol.48, No.1, Special Issue on University Entrepreneurship and Technology Transfer (January 2002), pp.138–153.

二、中文部分

毕子男、孙珏:《机构投资者对 IPO 定价效率的影响分析》,《证券市场导报》2007 年第 4 期。

边重:《逐步回归方法介绍》,《数理统计与管理》1983 年第 3 期。

曹凤岐、董秀良:《我国 IPO 定价合理性的实证分析》,《财经研究》2006 年第 6 期。

曾江洪、杨开发:《风险资本对 IPO 抑价的影响—基于中国中小企业板上市公司的实证研究》,《经济与管理研究》2010 年第 5 期。

陈工孟、高宁:《中国股票一级市场发行抑价的程度与原因》,《金融研究》2000 年第 8 期。

杜莘、梁洪昀、宋逢明:《中国 A 股市场初始回报率研究》,《管理科学学报》2001 年第 4 期。

冯金丽、詹浩勇:《我国 IPO 抑价与政府管制关系研究》,《价格月刊》2009 年第 1 期。

付俊文、赵红:《信息不对称下的中小企业信用担保数理分析》,《财经研究》2004 年第 7 期。

傅博娜:《科技型中小企业融资的制约因素与对策分析》,《科技与管理》2009 年第 1 期。

宫立新:《高新技术产业发展中的风险投资问题研究》,博士学位论文,天津大学,2006 年。

郭建斌、岳贤平:《基于内生信息的股票发售机制研究》,《运筹与管理》2006 年第 2 期。

郭名媛:《信息不对称条件下风险投资机构在风险投资中的代理风险规避研究》,《科学管理研究》2005 年第 2 期。

郭星溪:《中小企业融资困境与对策探讨》,《经济与管理研究》2009 年第 8 期。

韩德宗、陈静:《中国 IPO 定价偏低的实证研究》,《统计研究》2001 年第 4 期。

何晓群、刘文卿:《浅谈加权最小二乘法及其残差图——兼答孙小素副教授》,《统计研究》2006 年第 4 期。

侯建仁、李强、曾勇:《风险投资、股权结构与创业绩效》,《研究与发展管理》2009 年第 4 期。

黄丙志、石良平:《构建支撑科技创新的风险资本市场:一个文献综述》,《华东理工大学学报(社会科学版)》2007 年第 3 期。

黄福广、李西文:《风险资本对中小企业融资约束的影响研究——来自我国中小企业板上市公司的证据》,《山西财经大学学报》2009 年第 10 期。

黄新建:《影响上市公司首次公开发行股票抑价的实证分析》,《财经理论与实践》2002 年第 2 期。

黄运成、葛蓉蓉:《股票发行制度的国际比较及我国的改革实践》,《国际金融研究》2005 年第 2 期。

江洪波:《基于非有效市场的 A 股 IPO 价格行为分析》,《金融研究》2007 年第 8 期。

江洪波:《中国 A 股 IPO 价格行为研究》博士学位论文,上海交通大学博士学位论文,2007 年。

蒋健、刘智毅、姚长辉:《IPO 初始回报与创业投资参与——来自中小企业板的实证研究》,《经济科学》2011 年第 1 期。

寇祥河、潘岚、丁春乐:《风险投资在中小企业 IPO 中的功效研究》,《证券市场导报》2009 年第 5 期。

雷星晖、李金良、乔明哲:《创始人——创业投资与创业板 IPO 抑价》,《证券市场导报》2011 年第 3 期。

李博、吴世农:《中国股市新股发行 IPOs 的初始收益率研究》,《南开管理评论》2000 年第 5 期。

李厚德、陈德棉、张玉臣:《信息不对称理论在风险投资领域的应用综述》,《外国经济与管理》2002 年第 1 期。

李伟、成金华:《基于信息不对称的中小企业融资的可行性分析》,《世界经济》2005 年第 11 期。

李延喜、包世泽、孔宪京:《环境风险、资本结构、成长性与高科技企业绩效》,《科研管理》2006 年第 6 期。

梁冰:《我国中小企业发展及融资状况调查报告》,《金融研究》2005 年第 5 期。

林毅夫、李永军:《中小金融机构发展与中小企业融资》,《经济研究》2001 年第 1 期。

林毅夫、孙希芳:《信息非正规金融与中小企业融资》,《经济研究》2005 年第 7 期。

刘二丽、崔毅:《风险投资后管理与被投资企业绩效关系研究综述》,《现代管理科学》2007 年第 8 期。

刘江会:《证券承销商声誉的理论与实证研究》博士学位论文,复旦大学,2004 年。

刘维奇、牛晋霞、张信东:《股权分置改革与资本市场效率—基于三因子模型的实证检验》,《会计研究》2010 年第 3 期。

刘晓明、胡文伟、李湛:《风险投资声誉、IPO 折价和长期业绩:一个研究综述》,《管理评论》2010 年第 11 期。

刘煜辉、熊鹏:《股权分置、政府管制和中国 IPO 抑价》,《经济研究》2005 年第 5 期。

龙勇、常青华:《创新水平差异对融资方式选择影响——基于风险资本与银行债务资本的比较研究》,《中国管理科学》2008 年第 10 期。

罗正英、周中胜、詹乾隆:《中小企业的银行信贷融资可获性:企业家异质特征与金融市场化程度的影响》,《会计研究》2010 年第 6 期。

吕光磊:《我国股票首次公开发行定价发售机制研究》博士学位论文,同济大学,2006 年。

吕玉芹:《中小高科技企业 R 和 D 融资问题探讨》,《会计研究》2005 年第 4 期。

马君潞、刘嘉:《中国 IPOs 价格发现机制实证研究》,《南开经济研究》2005 年第 6 期。

帕特里克·博尔顿、马赛厄斯·德瓦特里庞:《合同理论》,费方域、蒋士成 译,格致出版社、上海人民出版社 2008 年版。

钱苹、张帏:《我国创业投资的回报率及其影响因素》,《经济研究》2007 年第 5 期。

邱冬阳:《发行中介声誉、IPO 抑价及滞后效应》博士学位论文,重庆大学,2010 年。

全丽萍:《非对称信息下中小企业融资问题研究》,《管理世界》2002 年第 6 期。

邵新建、巫和懋、覃家琦等:《中国 IPO 市场周期:基于投资者情绪与政府择时发行的分析》,《金融研究》2010 年第 11 期。

邵新建、巫和懋:《中国 IPO 中的机构投资者配售、锁定制度研究》,《管理世界》2009 年第 10 期。

佘坚:《考虑在险价值的中小企业成长性评价研究——基于沪深中小上市公司的实证》,《南开管理评论》2008 年第 4 期。

苏冬蔚:《噪声交易与市场质量》,《经济研究》2008 年第 9 期。

孙自愿:《IPO 新政下的 A 股"打新"与"炒新"——桂林三金、万马电缆首发上市分析与启示》,《财务与会计》2009 年第 24 期。

谈毅、陆海天、高大胜:《风险投资参与对中小企业板上市公司的影响》,《证券市场导报》2009 年第 5 期。

谈毅、杨晔:《创业投资对企业长期绩效的影响—基于我国中小企业板的实证研究》,《上海经济研究》2011 年第 5 期。

谭庆美、吴金克:《资本结构、股权结构与中小企业成长性——基于中小企业板数据的实证分析》,《证券市场导报》2011 年第 2 期。

唐运舒、谈毅:《风险投资、IPO 时机与经营绩效——来自香港创业板的经验证据》,《系统工程理论与实践》2008 年第 7 期。

田高良、王晓亮:《询价制下我国 A 股 IPO 效率实证研究》,《经济与管理研究》2007 年第 3 期。

田利辉:《金融管制、投资风险和新股发行的超额抑价》,《金融研究》2010 年第 4 期。

汪宜霞:《基于抑价和溢价的中国 IPO 首日超额收益研究》博士学位论文,华中科技大学,2005 年。

汪宜霞:《IPO 首日超额收益:基于抑价和溢价的研究综述》,《当代经济管理》2008 年第 4 期。

王晋斌:《新股申购预期超额报酬率的测度及其可能原因的解释》,《经济研究》1997 年第 12 期。

王克敏、廉鹏:《保荐制度改善首发上市公司盈余质量了吗?》,《管理世界》2010 年第 8 期。

王林:《我国股票发行制度变迁及若干思考》,《经济理论与经济管理》2011 年第 3 期。

王旻、杨朝军、廖士光:《创业板市场对主板市场的冲击效应研究——

香港股市与深圳中小企业板的经验证据与启示》,《财经研究》2009 年第 5 期。

王晓津:《美国创业投资的早期发展》,《财经科学》2005 年第 3 期。

王啸、何秦:《当前企业发行上市体制下的若干问题探讨》,《证券市场导报》2010 年第 12 期。

王智波:《1970 年以后的有效市场假说》,《世界经济》2004 年第 8 期。

温忠麟、侯杰泰、张雷:《调节效应与中介效应的比较和应用》,《心理学报》2005 年第 2 期。

吴东辉、薛祖云:《财务分析师盈利预测的投资价值:来自深沪 A 股市场的证据》,《会计研究》2005 年第 8 期。

吴建祖、辛江龙、贾明琪:《过度反应对 IPO 抑价影响的实物期权模型及实证研究》,《软科学》2008 年第 10 期。

吴佩、姚亚伟:《我国 A 股市场 IPO 抑价多因素影响的实证分析》,《当代经济》2008 年第 2 期。

吴世农:《上海股票市场效率的分析与评价》,《投资研究》1994 年第 8 期。

吴世农:《我国证券市场效率的分析》,《经济研究》1996 年第 4 期。

吴占宇、汪成豪、董纪昌:《中小企业板 IPO 抑价现象及缘由实证研究》,《数学的实践与认识》2009 年第 9 期。

武龙:《噪声申购者、市盈率管制与投资者收益》,《管理科学》2009 年第 3 期。

肖曙光、蒋顺才:《我国 A 股市场高 IPO 抑价现象的制度因素分析》,《会计研究》2006 年第 7 期。

萧端:《高新技术企业利用可转换债券融资研究》,《科技管理研究》2010 年第 21 期。

谢百三、王巍:《新股发行市场询价应缓行》,《价格理论与实践》2004 年第 10 期。

谢建国、唐建平:《中国股票上市发行监管制度变迁:一个博弈论解释》,《世界经济》2005 年第 2 期。

谢平、俞乔:《中国经济市场化过程中的货币总量控制》,《金融研究》1996 年第 1 期。

熊三炉:《论我国创业板推出将促进科技型中小企业发展》,《科技管理研究》2009年第1期。

熊维勤、孟卫东、周孝华:《持股锁定期、信息动量与IPO抑价》,《中国管理科学》2007年第2期。

熊维勤、孟卫东:《承销商进行了IPO托市吗?》,《财经科学》2007年第1期。

熊维勤:《我国IPO高抑价和询价发行机制研究》博士学位论文,重庆大学,2007年。

修国义、高岩:《改善与优化我国中小企业融资结构途径研究》,《科技与管理》2011年第1期。

徐少君、金雪军:《社会资本、法律对中小投资者的保护和IPO抑价》,《制度经济学研究》2008年第1期。

徐文燕、武康平:《承销商托市对新股初始回报的影响——对上海A股市场的实证研究》,《当代经济科学》2002年第1期。

杨记军、赵昌文、杨丹:《IPO发售机制研究进展:一个评论》,《会计研究》2008年第11期。

杨记军、赵昌文:《定价机制、承销方式与发行成本:来自中国IPO市场的证据》,《金融研究》2006年第5期。

杨健:《我国证券发行保荐制度的宏观绩效检验》,《中央财经大学报》2009年第4期。

杨瑞龙、杨其静:《专用性、专有性与企业制度》,《经济研究》2001年第3期。

于栋:《股票IPO理论研究新进展》,《哈尔滨工业大学学报(社会科学版)》2003年第4期。

于增彪、梁文涛:《股票发行定价体制与新上市A股初始投资收益》,《金融研究》2004年第8期。

俞乔:《市场有效、周期异常与股价波动—对上海、深圳股票市场的实证分析》,《经济研究》1994年第9期。

张兵、李晓明:《中国股票市场的渐进有效性研究》,《经济研究》2003年第1期。

张丰:《创业投资对中小企业版IPO影响的实证研究》,《经理管理与研究》2009 年第 5 期。

张捷:《中小企业的关系型借贷与银行组织结构》,《经济研究》2002 年第 6 期。

张平、钟春梅:《中小企业板风险分析》,《科技管理研究》2005 年第 10 期。

张维、白仲光:《基于随机边界定价模型的新股短期收益研究》,《管理科学学报》2003 年第 1 期。

张小成、孟卫东、熊维勤:《投资者行为对 IPO 抑价影响的比较研究》,《中国管理科学》2009 年第 5 期。

张小成、孟卫东、周孝华:《询价下异质预期对 IPO 抑价的影响》,《中国管理科学》2008 年第 6 期。

张小成:《投资者行为对 IPO 抑价影响的比较研究》,《中国管理科学》2009 年第 5 期。

张永东:《上海股票市场非线性与混沌的检验》,《管理工程学报》2003 年第 3 期。

张玉利、段海宁:《中小企业生存与发展的理论基础》,《南开管理评论》2001 年第 2 期。

郑庆伟、胡日东:《风险投资与我国中小企业 IPO 实证检验》,《求索》2010 年第 8 期。

郑小萍、刘盛华:《中小企业融资中信息不对称问题探析》,《中央财经大学学报》2010 年第 9 期。

周孝华、胡国生、苟思:《中国股市 IPOs 高抑价的噪声分析》,《软科学》2005 年第 5 期。

周孝华、熊维勤、孟卫东:《IPO 询价中的最优报价策略与净抑价》,《管理科学学报》2009 年第 4 期。

周孝华、赵炜科、刘星:《我国股票发行审批制与核准制下 IPO 定价效率的比较研究》,《管理世界》2006 年第 11 期。

周月书:《中小企业融资结构及障碍因素研究》博士学位论文,南京农业大学,2008 年。

周宗安、张秀锋:《中小企业融资困境的经济学描述与对策选择》,《金融研究》2006 年第 2 期。

朱红军、钱友文:《中国 IPO 高抑价之谜:"定价效率观"还是"租金分配观"》,《管理世界》2010 年第 6 期。

朱凯、陈信元:《认购方式与 IPO 抑价》,《经济科学》2005 年第 3 期。

邹斌:《中国 IPO 股价的信息含量及其上市首日收益研究》,《管理科学》2010 年第 3 期。

后　记

　　每个从校园里走出来的人,想必都会留恋校园生活—尽管硕士研究生毕业后,我选择在高校当了一名专业教师,但每当我站上讲台,这种留恋便愈发强烈。当我重振旗鼓决定再次选择踏入校园时,内心是充满了渴望与期盼的。当得知需要放弃工作才能被录取时,我也是犹豫的,但最终还是坚定地辞职、报到,勇敢而欣悦地步入了南开大学的校园,重温那个做学生的梦想。读博的岁月,无疑是枯燥的,艰辛的。但是,我很庆幸我的选择,因为我一直相信博士研究生对我的意义不仅仅是学术上的跨越,也是我人生的又一次历练!

　　古人云:"三十而立",而我却在年满三十岁的时候,重新踏入校园走入教室,这种感觉是无法用语言表达的。偶尔,也会怀疑当初的抉择;偶尔,也会抱怨、发牢骚。但那只是一闪念,如今竟然想不起原因,只能淡然笑之。更多的时候,我选择了坚持。三年多的光阴,让我更加懂得了珍惜、感恩和宽容。我想,有了这份经历,以后再也不会惧怕困难,人生的道路也会因此而更加宽广和通畅!

　　一日为师,终生为父。黄福广教授在学术上对我的引导和教育足以让我受益终生。黄教授以其深厚的人格魅力、严谨的科学态度、无私的治学精神和渊博的学术造诣深深的感动并激励着我,引领着我一步一个脚印地跨入学术的殿堂! 本书完成之际,谨以最诚挚的谢意献给我尊敬、淳朴而善良的导师!

感谢北京大学陆正飞教授、天津大学杜纲教授和南开大学齐寅峰教授、刘志远教授、田利辉教授、李莉教授以及复旦大学陈超教授、中国人民大学姜付秀教授、河北大学张双才教授对本书写作和修改提出的宝贵建议,感谢匿名评审专家!

感谢甘露润博士、储轻舟博士、张晓博士、李广博士与我共同探讨学术问题,为本书思路的形成提供了重要启示,特别感谢甘露润博士和储轻舟博士牺牲休息时间为我查漏补缺,让我倍感友谊的温馨;感谢师弟彭涛硕士,帮助我搜集数据资料,他的认真和刻苦令我敬佩;感谢邓勇兵博士、苏东海博士对我从事科学研究工作的鼓励和支持;感谢我的同窗兼室友赵玉亮博士,在三年多的时间中与我坦诚相待,帮助我在本书写作过程中保持了良好的心境;感谢孙凌霞博士、范建红博士、池军博士、陈洁博士以及所有硕士研究生师弟师妹们!

感谢我的父母,他们的理解和支持赐予了我持续进步的力量。与同龄人相比,他们早该坐享清福,子孙绕膝,而我却无法满足他们简单的愿望。多年来,无论是工作还是学习,他们始终默默支持着我,让我倍感亲情的力量与温馨!

感谢我的先生王旭,始终如一支持着我的每个选择。"执子之手,与子偕老",是他最大的心愿。而多年来,我先在外地攻读硕士学位,后又辗转异地读博,不仅未尽到一个妻子相夫教子的义务,也无法伴随他安稳的生活。感谢他的不离不弃和深情厚爱!

感谢郑锦阁女士、李西茂博士以及所有默默支持我的亲朋好友们!

李西文

责任编辑：赵圣涛
装帧设计：肖　辉
责任校对：吴晓娟

图书在版编目（CIP）数据

风险资本对我国中小企业 IPO 抑价影响的研究/李西文 著.
　-北京：人民出版社，2013.11
ISBN 978－7－01－012492－6

Ⅰ.①风…　Ⅱ.①李…　Ⅲ.①中小企业-上市公司-股票上市-
研究-中国　Ⅳ.①F832.51

中国版本图书馆 CIP 数据核字（2013）第 205947 号

风险资本对我国中小企业 IPO 抑价影响的研究
FENGXIAN ZIBEN DUI WOGUO ZHONGXIAO QIYE IPO
YIJIA YINGXIANG DE YANJIU

李西文　著

人民出版社 出版发行
（100706　北京市东城区隆福寺街 99 号）

北京集惠印刷有限责任公司印刷　新华书店经销

2013 年 11 月第 1 版　2013 年 11 月北京第 1 次印刷
开本：880 毫米×1230 毫米 1/32　印张：10.625
字数：320 千字　印数：0,001-1,500 册

ISBN 978－7－01－012492－6　定价：29.80 元

邮购地址 100706　北京市东城区隆福寺街 99 号
人民东方图书销售中心　电话（010）65250042　65289539